KB271289

스캔들 한국사

예능보다 재미있는 한국사

스캔들 한국사

예능보다 재미있는 한국사

씽크북

예능보다
재미있는
한국사

TV 오락프로그램 보다 한국사가 더 재미있다. 당신은 이 말에 동의하는가? 아닐 것이다. 그대가 공부한 한국사는 죄다 지루하고 지겨운 업적 나열에 불과하다. 그런 식으로 한국사를 배우니까 재미없다. 이게 진실이다.

다행히 요즘 인문학 열풍이 분다. 하지만 인문학 강사와 작가는 인생을 지혜롭게 살려면 인문학을 읽으라고 강조한다. 하지만 이건 새빨간 거짓말이다. 왜일까? 철학만 강조하기 때문이다. 물론 철학도 인문학의 한 부분이다. 필자 역시 철학을 좋아한다. 철학자가 자신의 식견으로 복잡한 세상과 인생을 한 문장으로 명확하게 표현하면 입이 다물어지지 않는다. 하지만 아무리 스피노자, 공자, 노자, 칸트, 니체, 헤겔을 떠들어봤자 우리나라 역사를 모르면 반쪽짜리에 불과하다.

예를 들어보자. 당신은 지금 외국 학자와 만났다. 그는 당신에게 인문학에 관해서 설명해달라고 한다. 철학만 읽은 당신은 여태껏 쌓은 지식으로 전 세계 철학자를 나열하며 그들의 사상을 말한다. 외국 학자는 당신의 지식과 식견에 감탄한다. 그리고 이렇게 묻는다.

'이번은 한국 역사에 관해 설명해 달라'

당신은 자신 있게 대답할 수 있는가? 아닐 것이다. 그렇다면 이건 가짜다. 아무리 철학에 뼈가 굵어도 우리나라 역사를 모르면 그건 가짜다. 영어, 중국어, 일본어를 유창하게 말하면서 한국말은 더듬고 사전을 찾아서 겨우 이야기하는 것과 같다. 물론 우리만의 문제는 아니다. 한국사를 단순히 암기과목으로 만들고 업적과 사실만 나열하는 교육이 문제다. 그 결과 한 번도 흥미를 갖고 한국사에 몰두해 본 적이 없다. 점수를 잘 받으려고 기계처럼 암기할 뿐이다. 그래서 한국인이 역사를 싫어한다.

이 책의 존재 이유가 여기에 있다. 기존의 한국사와 다르게 굉장히 쉽고 재미있다. 모든 분야는 흥미다. 이 조건이 충족되어야 깊게 들어갈 수 있다. 당신은 왜 게임을 하는가? 왜 드라마를 보는가? 왜 영화를 보는가? 어째서 한 푼도 받지 않고 외국 영화의 자막을 만드는가? 재미있기 때문이다.

그렇다면 이 책은 무엇일까? 뭐라고 설명할 수 있는가? '인간미'다. 기존의 한국사를 보면 인물의 업적을 나열하고 그를 인간이 아닌 신처럼 표현한다. 그들은 할리우드 영화에 나올법한 활약상을 펼친다. 위인은 시작부터 알에서 태어난다. 그를 살리기 위해 물고기와 새가 모여들고 사슴과 돼지는 버려진 아기를 감싼다. 이 아이는 성장하면서 입이 쩍하고 벌어질 만한 활약을 펼친다. 그 후에 나라를 세운다. 이래서 역사책이 재미없다. 너무 비인간적이다. 마치 영화 다크 나이트 주인공 배트맨이 이렇게 말하는 것과 같다.

"저는 어린 시절부터 호랑이를 한 손으로 때려잡았어요. 공중제비 3회전을 해서 의자에 앉았죠. 날아다닐 수 있었고요. 기관총도 한 손으로 구부렸

어요. 이렇게 타고난 재능으로 제가 사는 도시 '고담'을 지켰죠. 취미로 사업을 하다 보니까 백만장자가 됐고요. 제 인생 별거 없어요.'

정말 재수 없다. 솔직히 짜증난다. 우리는 인간이다. 깨지고, 실수하고, 엎어지고, 울고, 세상의 무게에 힘들어하는 인간이다. 한국사에 나오는 위인도 인간이다. 당연히 실수하고 깨지고 엎어진다. 위인도 우리처럼 인간적인 모습이 반드시 존재한다.

조선 4대 임금 세종대왕은 세상에서 가장 과학적이고 아름다운 문자, 한글을 창제한다. 또 백성을 위한 개혁을 가장 많이 시행한 왕이다. '대왕'이라는 칭호에 가장 잘 어울린다. 즉, '성공'한 인물이다.

하지만 한 인간으로서 세종은 불행한 사람이다. 고기만 즐기고, 운동을 게을리 하고, 책만 읽는 습관 때문에 갖가지 질병에 걸린다. 눈앞에 있는 사람이 누구인지 구분하지 못할 정도다. 또 아들과 딸은 자신보다 먼저 죽고 힘겹게 얻은 며느리는 레즈비언이다.

이 사실을 알고 있는가?

이 책은 때로는 당신의 고정관념을 산산조각 낼 수도 있다.

한국 연예산업의 초석을 닦은 사람은 조선시대 기생이다. 기생의 패션, 헤어스타일은 당대의 유행이 된다. 최초로 단발머리를 시행한 여성이 기생이다. 또 레코드 녹음을 하고 음반을 발표하는 대중 가수다. 기생을 전문적으로 트레이닝 하는 '기획사'도 있다. 기획사는 가수만 양성하지 않는다. 연기자도 양성한다. 기생은 여배우가 되고 화장품 광고를 찍고 잡지모델로 활약한다. 기생이 광고하는 제품은 순식간에 히트상품이 된다. 수지, 전지현, 김태희의 조상이다.

기생은 사회활동도 적극적으로 참여한다. '몸 팔아서 돈 번다'는 비난을 받으면서 모아놓은 재산을 조선독립운동단체에 기부한다.

이 사실을 알고 있는가?

장담하건대 이 책을 다 읽는 순간 당신의 눈이 번쩍 뜨일 것이다.

삼국시대 스캔들

고려, 조선시대 스캔들

사국시대 스캔들

{ } 이차돈 순교 X파일
이차돈 순교는 치밀한 정치 조작이다?

나는 학창시절 공부를 아주 못한 편이다. 그대신 반 분위기를 굉장히 잘 띄운다. 반에 한 명씩 있지 않은가? 공부는 못하는데 인기 많은 친구 말이다. 그게 바로 나다. 그만큼 공부와 담을 쌓고 산 사람이다.

이런 나에게도 한 가지 생각나는 역사가 있다. 신라 불교 공인 1등 공신 이차돈의 순교다. 공부를 하지 않은 내가 어떻게 이차돈 순교를 기억할까? 만화로 역사를 처음 접했기 때문이다. 그때 내 나이 10살이다. 사람의 목이 잘려나가고 하얀 피가 솟구치는 장면은 쉽게 잊히지 않는다. 내가 본 만화 내용은 이렇다.

"저런 천하에 고얀 놈을 보았나, 내 명령으로 숲에 절을 지었다고? 여봐라 저 당장 놈을 죽여라!"

"이 한 몸 죽는 것은 괜찮소, 하지만 부처가 있다면 내가 죽은 뒤 목에서 흰 피가 솟아오를 것이오!"

사형집행자는 칼로 이차돈의 목을 벤다. 그리고 하얀 피가 폭포수처럼 쏟아져 나온다. 이 장면을 보면서 '저 사람이 우유를 많이 먹었는가?' 하고 생각한 기억이 난다.

'이차돈은 영웅이다. 어떻게 목숨과 바꿔서 불교를 전파할 수 있을까? 정말 대단한 사람이다.' 이게 내 기억에 이차돈이다.

그런데……. 어느 날 이 모든 게 무너진다. 불교를 전파하기 위해 죽은 이차돈, 그러나 사실이 모든 게 치밀한 정치 조작이라고? 왕권을 강화하기 위한 명분에 불과하다고? 과연 이차돈 순교의 숨은 이야기는 무엇일까?

불교가 처음 신라에 들어온 과정을 살펴보자. 눌지왕(427~458) 때 승려 묵호자가 일선군에서 민간인에게 전파하다가 왕실까지 인연을 맺는다. 일선군은 고구려와 가까워서 불교가 전파되는 통로다. 이때 처음 불교가 전파된다.

소지왕 10년(488) 때 일이다. 그가 산책을 하는데 갑자기 까마귀와 쥐가 곁에 다가와서 눈물을 흘린다. 그때 쥐가 소지왕에게 까마귀를 따라가라고 한다. 까마귀는 소지왕을 경주 남산 기슭으로 인도한다. 이때 연못에서 갑자기 노인이 튀어나와서 소지왕에게 편지를 전달한다. "이 편지를 뜯어보면 두 사람이 죽고 뜯어보지 않으면 한 사람이 죽는다."고 적혀있다. 소지왕은 고민 끝에 편지를 뜯는다. 편지에는 "거문고를 담아 둔 거문고집을 쏘아라!"는 글이 있다. 대궐로 돌아온 소지왕은 거문고집을 화살로 쏜다. 놀랍게도 그 안에 왕을 죽이려는 왕비와 승려가 숨어 있었다. 두 사람은 그 자리에서 처형당한다.

이 사실은 백성과 왕실에서 이미 불교는 믿는 사람이 있다는 뜻이다. 이런 기반 위에서 법흥왕은 불교를 공인하려고 한다. 백성이 불교를 먼저 받아들였다는 사실이 중요하다. 왕실도 불교를 수용하면 백성을 쉽게 통치할 수 있다. 백성은 풀이요. 왕은 바람이다. 풀은 바람이 불면 자연스럽게 눕는다. 불교를 통해 백성을 자기편으로 만들 수 있다. 귀족 세력을 누르기도 한층 쉬워진다. 불교를 공인하면 '왕이 곧 부처'라는 왕즉불(王卽佛)의 이데올로기가 성립된다. 이는 귀족의 사상을 바꿀 수 있는 좋은 명분이다.

하지만 꿈은 쉽게 이뤄지지 않는다.

법흥왕 재위 때 신라는 왕을 중심으로 나라를 운영하는 중앙집권 체제가 아니다. 6개의 부족으로 나뉘어서 통치하는 부족국가다. 부족장은 높은 지위의 인물이다. 그는 체제가 갖춰지는 과정에서 귀족이라는 칭호를 얻는다. 그 결과 날이 갈수록 힘이 강해진다. 법흥왕은 껍데기만 왕이지 귀족의 눈치를 보는 입장이다. 이는 상당히 위험하다. 귀족이 힘을 모아서 언제든지 반란을 일으킬 수 있다. 사전에 진압하지 않으면 큰 문제가 된다.

협객 김두한의 일대기를 다룬 '야인시대'를 보라. 김두한도 자신의 입지를 구축하려고 왕권강화를 시도한다. 김두한은 상인을 괴롭히고 세금을 많이 걷는 우미관 두목 구마적이 마음에 들지 않는다. 수표교 거지 촌에서 자란 김두한은 약자의 삶을 온몸으로 겪은 인물이다. 그는 서민을 죽이는 체제를 뒤집기 위해 목숨을 건 도박을 시작한다. 구마적과 일대일 승부다. 여기서 패배하면 자신은 물론 조직 식구까지 종로를 떠나야 한다. 김두한은 8분 동안 숨막히는 혈투끝에 구마적을 꺾고 종로를 접수한다. 그러나 어디까지나 종로다. 지방에 있는 보스는 구마적을 꺾은 김두한을 인정하지 않는다. 그가 젊다는 게 더욱 열 받는다. 그래서 우미관에서 열리는 전국연합회에 모두 불참한다. 김두한은 왕권강화의 필요성을 느낀다. 자신의 조직과 함께 지방에 있는 보스를 한 명씩 찾아간다. 그곳에서 멋진 음악을 곁들이며 보스를 신명나게 패준다. 결국 모든 보스를 주먹으로 제압하고 왕권을 강화한다.

나는 당시 김두한의 행동을 이해하지 못했다. 아무리 주먹세계이지만 무력으로 억압하면 누가 진심으로 믿고 따를까? 언젠가 뒤통수를 맞지 않을까? 라고 생각했다. 하지만 법흥왕과 이차돈을 보니 김두한은 오히려 양반이다.

불교 이전에 신라에 공인된 종교는 샤머니즘, 즉 무당이다. 고대에 무당은 단순히 돈을받고 점을 치는 수준이 아니다. 막강한 영향력을 행사하는 인물이다. 점을 쳐서 '이번 개혁은 실행하지 않는 게 좋다.'는 점괘가 나오면 왕은 따라야 한다. 이를 무시하고 실행하다가 실패하면 하늘의 심판을 받는다. 눈치 보는 게 당연하다. 또 개혁을 시행하면 귀족이 몰려와서 사사건건 반대한다. 명색이 왕인데 체면이 말이 아니다.

법흥왕에게 불교 공인은 마지막 승부수다. 귀족세력을 누르고 왕권을 강화하려면 신념, 사상, 가치관을 완전히 흔들어야 한다. 여기에 가장 적합한 게 종교다. 불교는 부처의 역할을 왕이 대신한다는 신념이 있다. 이는 왕권 강화에 좋은 명분이 된다.

법흥왕 역시 한 나라의 왕이자 정치가다. 단순히 불교를 좋아해서, 백성의 복을 기원하고 죄를 씻기 위함이 아니다. 왕권강화를 위한 계획이다. 그러나 무작정 종교를 바꾸면 귀족의 반발이 커진다. 전쟁, 쿠데타, 혁명을 일으키려면 '명분'이 필요하다. 그런데 이것은 조작되기도 한다.

영화 범죄와의 전쟁을 보았는가? 사촌, 고종사촌, 이종사촌, 구촌, 고부, 할아버지의 9촌 동생의 손자까지 탈탈 털어 인맥을 자랑하는 최익현(최민식)은 부산 넘버 투 김판호(조신웅)를 습격해서 사업을 확장하려는 꿈을꾼다. 하지만 최익현은 입만 산 깡패다. 경주 최 씨 충렬공파 집안의 인맥으로 최형배 조직의 이인자가 된다. 즉, 낙하산이다. 그는 자신의 조카이자 동업자인 부산 넘버 원 최형배(하정우)에게 김판호를 제거하자고 제안한다. 최형배는 난감하다. 김판호를 제거할 명분이 없기 때문이다.

"판호, 지랑 같은 식구였습니다. 지금이야 갈라졌다 해도 어째 같은 식구를 건드립니까?"

"그래? 가가 그렇게 싸움을 잘하나?"

"형님, 명분이 없다 이 말입니다. 건달 세계에도 룰이 있습니다. 싸움이야

내가 일등이제~"

　최익현은 명분 조작에 나선다. 무술을 사랑하는 처남, 김 서방(마동석)과 함께 김판호의 업소를 찾아간다. 최익현은 김판호 앞에서 거만하게 다리를 꼬고 입을 털다가 한참을 얻어터진다. 최익현은 이 사건으로 명분을 얻는다.

　법흥왕 역시 명분의 필요성을 느낀다. 그때 찾아 온 사람이 이차돈이다. 진짜 이름은 박염촉, 나이는 26살. 이차돈의 직책은 내사사인(內史舍人), 즉 옆에서 왕을 모시는 인물이다. 그는 왕의 측근이다. 단순히 불교를 사랑하는 사람이 아니다. 왕권 강화를 위한 정치 조작의 중심인물이다. 이차돈을 죽여서 왕권을 강화할 수 있다면 그렇게 한다. 그를 죽이지 않고도 왕권을 강화할 수 있다면 그렇게 한다. 이게 법흥왕의 마음이 아닐까? 왕이 계속 시름에 잠겨 있자 이차돈은 왕과 대화를 시도한다.

　"왕이시여, 어찌 계속 시름에 잠겨 있으십니까?"

　"그대가 보기에도 그렇소? 나는 불교를 공인하고 사찰을 짓고 싶소. 하지만 귀족의 반발이 너무 심하오. 어떻게 해야 할지 모르겠소."

　"신에게 좋은 계책이 있습니다."

　"무엇이오?"

　"귀족이 성스럽게 생각하는 숲 천경림(天鏡林)에 절을 짓겠습니다. 그러면 귀족이 반드시 반발할 것입니다. 저는 왕명으로 절을 짓고 있다고 하겠습니다. 귀족이 성난 얼굴로 찾아와 사실 여부를 물으면 왕께서 그런 일이 없다고 하십시오. 그리고 왕을 기만한 죄로 저를 죽이시면 됩니다."

　"자네의 뜻은 가상하네만, 어찌 멀쩡한 사람을 죽이겠소? 그대의 말은 듣지 않은 걸로 하겠소."

　"왕이시여, 제 목숨은 그리 귀한 게 아닙니다. 이 한 목숨 바쳐서 왕권이 강화되고 나라가 부흥하면 그걸로 충분합니다."

"아, 나라를 사랑하는 그대의 마음이 정말 강인하구려. 내 그대를 평생 잊지 않겠소."

이렇게 정치조작이 시작된다.

이차돈은 귀족 세력의 천신 신앙이 뿌리내린 성지, 천경림(天鏡林)에 절을 짓는다. 예상대로 귀족이 거세게 반발한다.

"이차돈 네 이놈! 누가 감히 신성한 숲에 절을 지으라고 했느냐?"

"저는 왕의 명령을 따랐을 뿐입니다."

귀족은 성난 얼굴로 왕을 찾아 간다. 천경림에 사찰을 지은 명분으로 불교를 완전히 몰아 낼 속셈이다.

"왕이시여, 정말 이차돈에게 천경림(天鏡林)에 절을 지으라고 명하셨습니까?"

"뭐라? 나는 모르는 일이다. 누가 그런 헛소문을 퍼뜨리는가?"

"이차돈입니다."

"여봐라, 당장 이차돈을 잡아와라!"

무사에게 끌려온 이차돈은 법흥왕의 앞에 무릎을 꿇는다.

"그대는 왕의 명령이라 거짓말을 하고 천경림(天鏡林)에 멋대로 절을 지었다. 이것이 내가 그대를 죽이는 이유다. 할 말이 있는가?"

"뭐라 해도 제 목숨만큼 버리기 어려운 것은 없을 것입니다. 그러나 제가 저녁에 죽어 커다란 가르침이 아침에 행해지면, 부처님의 날이 다시 설 것이요, 임금께서 길이 평안하시리다."

이 말을 남기고 이차돈은 저세상으로 떠난다. 이 모습을 지켜본 귀족은 심한 충격을 받는다. 아무리 이차돈이 거짓말을 했다고 하나 그는 왕의 측근이다. 그런 사람을 단번에 죽일 수 있다는 말인가?

왕의 측근조차 저렇게 무참히 죽이는 왕이다. 그런데 왕과 대립관계인 귀족이 큰 잘못을 저지르거나, 왕권에 도전하는 태도를 보이면 어떻게 될까? 그순간 귀족은 온몸으로 죽음의 위협을 느낀다.

이 사건으로 상하관계는 확실하게 성립된다. 신라는 불교를 공인하고 왕이 중심인 중앙집권 체제로 발돋움한다.

국왕이 다스리는 땅은 불국토(佛國土, 부처님의 땅)이고, 모든 귀족은 부처님, 즉 왕의 제자라는 인식이 퍼져나간다. 이제 왕은 귀족이 넘볼 수 없는 초월적인 존재가 된다.

법흥왕은 이후 율령을 반포하고 관리의 옷을 하나로 통일한다. 골품제도를 정비하고 서열을 확실히 정한다. 이는 왕권을 강화하고 체제를 확실히 다지겠다는 뜻이다.

법흥왕은 여세를 몰아 금관가야를 무너뜨리고 신라 영토를 확장한다. 이는 모두 왕권이 강화되면서 일어난 개혁이다. 일등공신은 당연히 불교 공인이다. 그 중심에 이차돈의 순교가 있다.

이차돈의 순교는 이렇듯 치밀한 정치계획에 의해 실행된다. 하지만 우리는 불교를 공인하기 위한 법흥왕과 이차돈의 순수한 마음으로 생각한다. 그런 사람은 정말 드물다. 내가 4천 권의 책을 읽어 본 결과 세상은 절대 아름답게 돌아가지 않는다. 좀 더 구체적으로 말하면 '악당 전성시대다'

이차돈의 순교는 후대에 부풀려진 영웅담이다.

"흥미롭게도 이차돈이 죽기 80년 전에 간행된 불교 경전에 실린 성인들의 순교 이야기를 보면 똑같은 대목이 있다. 445년 중국 위나라에서 혜각 등이 펴낸 현우경(賢愚經)에는 '하늘과 땅이 여섯 갈래로 진동했다' 거나 '피가 마침내 우유가 되었다'거나 하는 구절이 실려 있다. 472년에 역시 위나라에서 간행된 〈부법장인연전付法藏因緣傳〉에도 우유가 흘렀다거나 하늘에서 꽃비가 내렸다거나 하는 대목이 나온다."[1]

국민은 어느 시대나 살기 힘들다. 그래서 동기부여를 받고, 존경할 수 있는 영웅이 필요하다. 그게 자기나라 인물이라면 자부심은 더욱 커진다.

우리는 미국 16대 대통령 링컨을 칭송한다. 노예해방을 위해 전쟁을 일으킨 대통령이기 때문이다. 하지만 그런 명분으로 전쟁을 일으킨 게 아니다. 전쟁목적은 연방이 둘로 갈라지는 사태를 막기 위해서다. 그는 〈뉴욕 트리뷴 The New York Tribune〉 호러스 그릴리Horace Greeley와의 인터뷰에서 이렇게 말한다.

"이 투쟁에서 나의 최고 목표는 연방을 구하는 것이지, 노예제도를 존속하거나 파괴하려는 것은 아닙니다. 만약 단 한 명의 노예도 해방시키지 않고 연방을 구할 수 있다면 그렇게 하겠습니다. 만약 모든 노예를 해방시킴으로써 연방을 구할 수 있다면 그렇게 하겠습니다. 또한 노예 중의 일부를 해방시키고, 다른 일부는 그대로 남겨둠으로써 연방을 구할 수 있다면 마찬가지로 그렇게 하겠습니다. 내가 노예나 유색 인종과 관련해 무슨 일을 하든, 그것은 내가 그렇게 함으로써 연방을 지키는 데 도움이 되기 때문에 그렇게 하는 것입니다."

정치가는 사람이기 전에 정치가다. 이게 내 생각이다. 전두환 정권은 정치에 무관심한 국민을 만들려고 3S정책, 섹스, 스포츠, 스크린을 활성화한다. 너희는 놀아라, 즐겨라, 정치에 신경쓰지마라, 라는 뜻이다. 88올림픽이 서울에서 개최된 건 주목할 사실이다.

이차돈이 죽고 신라에 불교가 정식 공인된다. 이는 분명한 사실이다. 하지만 그가 불교 공인을 목표로 죽은 건 아니다. 왕권강화를 위한 정치조작이다.

{ } 왕이 죽은 밤, 왕의 동생을 찾아가다
역사상 유일하게 두 번 왕후가 된 여자, 우 씨

미국 클린턴 대통령 부부가 차를 타고 가
다가 기름이 떨어져서 주유소에 들르게 되었다.

그런데 우연하게도 주유소 사장이 힐러리의 옛 남자 친구였다.

돌아오길 길에 클린턴이 물었다.

"만일 당신이 저 남자와 결혼했으면 지금 주유소 사장 부인이 돼 있겠지?"

힐러리가 바로 되받았다.

"아니, 저 남자가 미국 대통령이 되어 있을 거야."[2]

힐러리는 당찬 여성이다. 남자에게 인생을 맡기지 않는다. 자신이 남자를
끌고 간다. 그녀는 미국 최고의 퍼스트레이디 중 한 명이다.

한국에 힐러리에 관한 책이 많다. 스스로 주도하는 삶, 남자에게 인생을 맡
기지 않는 태도, 누구를 만나든, 어디를 가든 당당한 모습이 좋은 본보기가 된
다. 오죽하면 '여자라면 힐러리처럼'이라는 책이 베스트셀러가 되겠는가? 이
는 우리 사회에서 여자가 출산, 육아, 경력단절로 커지는 불안감을 말해준다.

힐러리는 자기 능력으로 대통령을 만들 수 있다고 한다. 그만큼 자신감이
넘친다. 그런데 이번에 소개할 인물은 힐러리 보다 한 수 위다. 왜일까?

보통 나라의 대통령은 남자다. 그 옆에 퍼스트레이디가 있다. 대통령이 장

기집권을 하면 퍼스트레이디도 장기집권한다. 하지만 이를 완벽히 뒤집은 사람이 있다. 역사상 유일하게 두 번 왕후가 된 우 씨다.

그녀는 남편이 죽은 밤 남편의 동생을 찾아간다. 협상을 통해 그를 왕에 앉히고 자신은 장기집권을 이어간다. 왕을 스스로 선택한 여자다. 물론 고구려에 형사취수제(兄死娶嫂制)라는 독특한 결혼 풍습이 있다. 형이 죽으면 형수를 부인으로 맞이한다. 부여시대부터 내려온 고대의 풍습이다. 그 이유는 다양하다. 고구려시대는 전쟁 때문에 죽는 남자가 많다. 과부가 된 여성이 다른 남자와 재혼하면 노동력이 되는 자녀, 남겨진 재산이 넘어간다. 이를 막아야 한다는 이유다. 또 여자가 홀로 남겨져 가난에 시달려 죽는 상황을 막기 위해서다.

여기서 한 가지 확실히 하자. 우 씨는 자연스럽게 다음 왕의 부인이 될 수 있다. 그런데 왜 적극적으로 동생을 찾아갔을까?

형사취수제는 형이 죽으면 형수를 부인으로 맞는 풍습이다. 즉, 그녀가 왕후가 된다는 보장이 없다. 우 씨 역시 이 사실을 잘 안다. 그래서 운명을 창조하려고 왕이 죽은 밤, 길을 떠난다.

걸 그룹 걸스데이 노래 여자 대통령을 아는가? 가사를 보면 우 씨 왕후의 개척정신을 담고있다.

우리나라 대통령도 이제 여자 분이신데

뭐가 그렇게 심각해 왜 안 돼 여자가

먼저 키스하면 잡혀가는 건가?

그 애에게 다가가 네가 먼저 키스해

이제 그래도 돼 네가 먼저 시작해

노래는 여자가 먼저 적극적으로 사랑을 어필하라고 주장한다. 우 씨 왕후는 여기에 가장 적합한 사람이다. 우 씨의 첫 번째 왕은 고국천왕이다. 두 사람은 어떻게 결혼하게 됐을까?

고구려 초기는 5부족(계루부, 절노부, 관노부, 소노부, 순노부) 나라를 이루는 연맹 국가다. 우 씨는 절노부 집안사람이다. 이 부족은 태조왕부터 왕위를 세습한 계루부와 대대로 혼인을 맺은 왕비 부족이다. 고국천왕은 왕권 장악을 위한 파트너로 절노부를 선택한다. 그래서 절노부 우소의 딸을 왕후로 맞이한다. 두 사람은 사랑이 아닌 정치결혼이다. 요즘도 상류층은 자신의 입지를 굳히려고 상류층 집안과 결혼한다.

영화 '클래식'을 보았는가? 시골에서 처음 만난 지혜(손예진)와 준하(조승우)는 첫눈에 사랑에 빠진다. 그러나 지혜는 전통있는 가문 집 딸이다. 그 체제를 유지하기 위해 상류층 집안 아들 태수(이기우)와 결혼해야 한다. 지혜와 준하는 서로를 끔찍이 사랑한다. 하지만 신분 차이 때문에 둘의 사랑은 너무 아프다. 결국 준하는 지혜를 포기하고 베트남 전쟁에 출전한다. 아이러니한 사실은 상류층 집안 태수는 베트남 전쟁에 나가지 않고 준하를 배웅한다. 결국 준하는 전쟁에서 두 눈을 잃는다. 그는 지혜를 보내주려고 일부러 다른 여자와 결혼한다. 지혜는 상류층 집안을 굳히려는 어른의 바람대로 태수와 원치 않는 결혼을 한다. 결혼식 사진을 보면 지혜의 입은 웃지만 눈은 울고 있다. 정치적인 결혼은 이렇게 비참한 결과를 낳기도 한다. 고국천왕과 우 씨 역시 그렇지 않을까?

우 씨의 집안 절노부는 원래 강력한 가문이다. 게다가 고국천왕이 왕권을 장악하는데 큰 공을 세웠다. 그러니까 거만함이 온몸을 감싼다. 그 결과 미친 짓을 저지른다. 사치를 일삼고 남의 집 딸을 겁탈하고 토지와 주택을 빼앗는다. 백성은 망나니 같은 절노부의 행실에 분개하고 나라를 원망한다. 고국천왕은 이 소문을 듣고 화가 머리끝까지 치솟는다. 그리고 악의 근원인 절노부 집안을 무너뜨리려는 계획을 세운다. 이를 눈치챈 절노부가 먼저 13년 여름 4월 서울을 침공한다. 하지만 반란은 1년 만에 고국천왕의 손에 진압된다.

우 씨 왕후의 위기가 시작된다. 자기 집안을 무너뜨렸으니 왕이 곱게 보이겠는가? 게다가 그녀는 잘난 집안의 딸에 불과하다. 가문이 무너지면 자신의 앞날도 위태롭다. 더 큰 문제는 결혼 10년 동안 우 씨와 고국천왕 사이에 아이가 없다. 왕후가 아이를 낳지 못하면 권력이 끊기고 신분이 추락한다. 절노부의 반란으로 신하는 강력한 주장을 했으리라.

"왕후가 자식을 낳지 못하니 다른 왕후를 선택하는 게 어떻겠느냐? 반란을 일으킨 가문 집 딸이니 쫓아내는 게 좋겠다."

하지만 고국천왕은 우 씨를 쫓아내지 않는다. 그 대신 이런 말을 남긴다.

"근자에 관직을 은총으로 주고 직책을 덕으로 주지 아니하므로 그 해독이 백성에게 미치고 우리 왕실을 흔들었으니, 이는 다 나의 불명한 소치라. 너희 사부는 각기 현명하고 양심적인 사람을 천거하라."

이때 등용된 사람이 시골 농부 을파소다. 서민을 등용한 건 절노부의 힘을 서서히 무너뜨리겠다는 뜻이다. 우 씨의 입지는 점점 좁아진다.

그러나 다시 한 번 반전이 일어난다. 고국천왕이 재위 19년 만에 죽는다. 이때가 밤이다. 왕의 죽음을 아는 사람은 우 씨와 몇몇 측근뿐이다. 우 씨는 굉장히 침착하고 용의주도한 여성이다. 사람이, 그것도 한 나라의 왕이 죽었는데 이 사실을 알리지 않는다. 대신 자신의 미래와 입지에 대해 곰곰이 생각한다. 그리고 우 씨는 조용히 길을 나선다.

먼저 찾아간 사람은 왕의 큰 동생 발기다. 예기치 못한 왕후의 방문에 발기는 당황한 기색이 역력하다.

"형수님, 이 밤중에 어쩐 일로 저를 찾아 오셨습니까?"

우 씨는 왕이 죽었다는 사실을 알리지 않는다. 발기를 시험해서 자신의 입지를 알아보려는 계략이다.

"나라의 앞날이 걱정되어 이렇게 찾아 왔습니다."

"그게 무슨 뜻입니까?"

"아시다시피 고국천왕과 나 사이에 아들이 없습니다. 왕의 피가 끊기는 것은 큰 죄입니다. 임금이 아들이 없으니 그대가 왕위를 잇는 게 어떻겠습니까?"

발기는 단호하게 거절한다.

"하늘의 운명은 돌아가는 곳이 있으므로 가볍게 논의할 수 없습니다."

발기는 자신이 차기 왕이라고 확신한다. '너의 도움이 없어도 나는 왕이 될 수 있다.'로 해석된다. 그리고 이름처럼 공격적이고 치명적인 결정타를 날린다.

"하물며 부인이 밤에 다니는 것을 어떻게 예(禮)라고 할 수 있겠습니까?"

두 사람의 협상은 이렇게 끝난다. 우 씨는 상당히 위험한 상황이다. 이대로 가면 차기 왕은 발기의 차지다. 오늘 대화를 빌미로 자신을 역적으로 만들 수 있다. 게다가 형사취수제는 죽은 형의 아내를 자신의 부인으로 삼는 제도다. 왕후가 된다는 보장은 어디에도 없다.

우 씨는 오늘 밤 승부를 봐야 한다. 그녀는 수치심을 끌어안고 둘째 동생 연우를 찾아간다. 그의 태도는 발기와 사뭇 다르다. 밤이 늦었지만 왕후가 왔다는 소식에 옷을 차려입고 음식과 술을 내놓아 극진히 대접한다.

"형수님, 이 밤중에 어쩐 일로 저를 찾아 오셨습니까?"

우 씨는 여기서 모든 카드를 내놓고 마음을 돌려야 한다. 다음날 발기가 입을 열면 우 씨는 위기에 처한다. 이번에는 돌려서 말하지 않고 바로 핵심을 찌른다.

"대왕이 지금 돌아가셨습니다. 그런데 아들이 없으니 첫째 동생 발기가 왕의 뒤를 이어야 합니다. 하지만 그는 저에게 다른 마음이 있다고 생각하는지 거만하고 무례하게 대합니다. 그래서 숙부님을 찾아 왔습니다."

연우는 그 말을 듣고 더욱 정성스럽게 우 씨를 대한다. 생각해보라 연우는 넘버 2다. 왕이 될 가능성이 현저히 낮다. 발기가 왕에 올라서 아들까지 낳으면 모든 게 물거품이 된다. 우 씨와 동맹은 연우에게 수지맞는 장사다.

이성을 사로잡는 방법은 '공감대 형성'이라고 하던가? 두 사람은 '권력'이라는 공감대로 하나가 된다.

연우는 직접 고기를 썰어 우 씨에게 대접하려고 한다. 이는 파격적인 행동이다. 고구려 시대에 이런 일은 하인의 몫이다. 연우는 익숙하지 않은 일이라 고기를 썰다가 손가락을 다친다. 그때 우 씨가 치마끈을 풀어 연우의 손가락을 감싼다. 두 사람은 지금 어떤 감정을 느끼고 있을까? 분위기가 야릇해진다. 연회가 끝나고 우 씨는 궁궐에 돌아가야 한다. 그런데 그녀는 여기서 결정타를 날린다.

"밤이 깊어 예기치 못한 일이 생길까 두렵습니다. 그대가 나를 궁궐까지 데려다 주세요."

연우는 그 말을 듣고 우 씨의 손을 잡는다. 두 사람은 깜깜한 어둠을 헤치며 궁궐로 함께 들어간다.

날이 밝자 왕후는 고국천왕의 죽음을 알린다. 그리고 거짓 유언을 만들어서 대신에게 전달한다.

"왕이 어젯밤 말씀하시기를 둘째 동생 연우를 왕으로 삼으라고 했습니다. 나는 그 뜻에 따르겠습니다."

연우는 고국천왕의 뒤를 잇는다. 그가 산상왕이다. 뒤늦게 소식을 들은 발기는 온몸에 분노가 타오른다. 곧장 군사를 일으켜서 왕궁을 포위하고 목 놓아 부르짖는다.

"네 이놈 연우야! 형이 죽으면 다음인 내가 왕위를 잇는 게 예의다! 너는 차례를 뛰어넘어 왕위를 찬탈했으니 큰 죄악이다. 당장 내 눈앞에 나오너라! 그렇지 않으면 너의 처자식까지 죽여 버리겠다!"

하지만 연우는 밖으로 나가지 않는다. 사흘 동안 문을 꽁꽁 닫고 버틴다. 발기는 결국 연우의 자식을 죽인다. 이는 우 씨에게 희소식이다. 왕의 아내와 자식이 죽으면 자신의 입지는 올라간다.

발기는 완강한 연우의 태도에 충격을 받는다. 또 나라의 민심도 자기편이 아니다. 이는 두 가지로 압축할 수 있다. 평소에 난폭한 행동과 교만한 언행으로 마음을 얻지 못한 것이다. 자신의 형수이자 18년간 왕후로 지낸 우 씨에게 던진 모욕적인 언행으로 보아 충분히 가능하다.

두 번째는 왕의 유언이다. 그 말은 곧 법이다. 아무리 발기의 주장이 타당해도 왕의 말이라면 따라야 한다. 고구려는 이제 발기 편이 아니다. 그는 수치심을 견디지 못하고 요동 태수 공손도를 찾아간다.

당시 고구려는 공손도와 요동의 패권을 놓고 치열하게 대립하는 사이다. 그런데 차기 왕 후보인 발기가 찾아와서 항복한다. 그는 누구보다 고구려의 지형과 식량창고, 군사 상태를 잘 알고 있다. 이런 행동은 공손도에게 고구려를 무너뜨려 달라는 뜻이다.

"나는 고국천왕의 친 동생입니다. 왕이 죽고 아들이 없으니 당연히 내가 왕위에 올라야 합니다. 그런데 왕후와 내 동생이 천륜의 의를 어겼습니다. 나는 분해서 못 참겠습니다. 고구려를 무너뜨리고 싶습니다. 나에게 병사 3만을 빌려주시오."

공손도는 제안을 받아들인다. 고구려 왕자를 앞세운 3만 명의 군대는 국내성으로 진격한다.

이에 맞서는 고구려 장수는 계수, 발기와 연우의 동생이다. 그는 184년 후한의 요동태수와 싸운 경험이 있다.

발기는 자신의 나라를 무너뜨리려고 한다. 계수는 이런 형과 목숨 걸고 싸운다. 하늘은 고구려의 편을 들어준다. 전력을 다해 도망치는 발기를 계수가 붙잡는다. 발기가 최후의 협상을 시도한다.

"네가 지금 늙은 형을 죽이려고 하는 것이냐?"

계수는 차마 발기를 죽이지 못하고 이렇게 말한다.

"연우 형님이 왕위를 빼앗은 건 올바른 행동이 아닙니다. 그렇지만 한때의 분노를 참지 못하고 어찌 자기 나라를 무너뜨리려고 하십니까? 죽어서 무슨 면목으로 선왕을 만날 수 있겠습니까?"

계수의 말을 듣자 발기의 얼굴이 화끈하게 달아오른다. 부끄러워서 쥐구멍에 숨고 싶은 심정이다. 결국 칼을 빼내어 자신의 목을 찌르고 죽는다. 계수는 형의 시신을 거두어 소박하게 무덤을 만들고 돌아온다.

이제 세상은 우 씨의 중심이다. 그녀는 엄청난 일을 해낸다. 몰락해 가는 자신의 가문 절노부를 다시 세운다. 그리고 역사상 유일하게 두 번 왕후가 된다. 이는 한국 고대사에 전대미문이다. 그렇다면 왕후로 맞이한 산상왕은 행복했을까? 그렇지 않은 모양이다. 날이 갈수록 권력이 커지는 우 씨와 절노부의 눈치만 보고 있다. 고국천왕이 파격적으로 발탁한 을파소 역시 힘을 잃어간다. 또 우 씨와 산상왕 사이에 7년간 자식이 없다.

아들이 간절한 산상왕은 산천에서 기도를 드린다. 15일 후에 천신(天神)이 나타나서 이렇게 말한다.

"너의 둘째 왕비가 아들을 낳을 것이니 근심하지 마라."

잠에서 깬 산상왕은 신하를 모아서 어젯밤 꿈 이야기를 한다. 을파소가 이에 대답한다.

"천명이란 예측할 수 없으니 임금께서는 기다리십시오."

을파소의 예언은 5년 후 현실이 된다. 왕실 제사에 쓸 돼지가 주통천이란 곳까지 달아난다. 속도가 얼마나 빠른지 아무도 돼지를 잡지 못한다. 그때 이 상황을 지켜 본 스무 살쯤 된 여인이 먹이로 돼지를 유인해서 손쉽게 잡아 버린다. 임금은 이를 신기하게 여겨 평상복을 입고 밤에 여인의 집을 찾아간다. 왕은 시종을 불러서 여인을 달라고 하니 시종은 왕명이라서 거절하지 못한다. 왕이 동침을 하려고 하자 여인이 이렇게 말한다.

"대왕의 명을 감히 어길 수 없지만, 행여나 아이가 생기게 되면 저를 버리지 마세요."

"내 하늘에 맹세하고 약속하리다."

둘은 뜨거운 몸의 대화를 나눈다. 자정이 되자 왕은 궁궐로 돌아온다. 이듬해 3월 왕이 주통천 여인과 동침한 사실을 우 씨 왕후에게 들킨다. 질투심이 폭발한 그녀는 몰래 자객을 보내서 주통천 여인을 죽이려고 한다. 주통천 여인은 암살 계획을 어떻게 알았는지 남장을 하고 도주한다. 하지만 여인을 죽이지 못하면 자객이 우 씨한테 죽는다. 자객은 목숨 걸고 쫓아가서 그녀를 붙잡는다. 허리에서 칼을 빼내는 자객에게 주통천 여인은 이렇게 협박한다.

"네가 지금 나를 죽이려 하니, 이것이 왕의 명령이냐? 왕후의 명령이냐?

나의 뱃속에 왕의 아들이 있다. 나를 죽이는 것은 좋다. 그러나 왕자를 죽이고 뒷일을 감당할 수 있겠느냐?"

자객은 왕의 아들이라는 말에 사지가 벌벌 떨린다. 결국 암살에 실패한다.

9월이 되자 주통촌 여인은 아들을 낳는다. 산상왕은 입이 귀에 걸리며 히죽거린다.

"이는 하늘이 나에게 대를 이을 아들을 주신 것이다."

아들은 산상왕을 이어 왕위에 오른다. 그가 11대 동천왕이다.

그런데 동천왕은 자신을 낳은 주통천 여인이 아닌 우 씨를 어머니로 삼는다. 이후 주통천 여인에 대한 기록은 남아 있지 않다. 우 씨의 권력은 3대까지 이어진다. 정말 어마어마한 여자다. 우 씨는 동천왕 8년, 9월에 세상을 떠난다. 이 유언과 함께…….

"내가 행실이 나빴으니 무슨 면목으로 고국천왕을 뵙겠는가? 만약 나를 계곡이나 구덩이에 버리지 못하겠거든, 산상왕 옆에 묻어 달라"

동천왕은 유언을 받들어 우 씨를 산상왕 곁에 묻어준다. 그런데 다음 날 무당이 나타나서 이렇게 말한다.

"고국천왕이 어젯밤 나에게 강림했습니다. 그가 말하기를 '어제 우 씨가 산상왕에게 가는 것을 보고 분노하여 그녀와 다투었다. 내가 돌아와 생각하니 낯짝이 아무리 두껍다 해도 차마 백성을 대할 수 없구나. 네가 조정에 알려, 일곱 겹의 소나무로 무덤을 가려 달라'고 했습니다."

우 씨는 왕을 선택한 여자다. 무너져가는 가문을 일으킨 당찬 여성이다. 3대에 걸쳐 권력을 잡을 만큼 영향력이 강하다. 그녀는 현대인이 말하는 '성공'에 적합한 사람이다. 그런데 우 씨는 과연 행복했을까? 모르겠다. 책을 쓰는 내내 그녀가 외로워 보인다는 생각이 계속 든다.

전쟁의 꽃은 스파이이다. '잘 키운 첩자 하나 백만 대군 부럽지 않다.' 라는 말이 있다. 그만큼 스파이는 고급인력이다. 2차 세계대전 당시 스파이는 동네 고양이만큼 많다. 히틀러는 자신의 악랄함을 알아서인지, 원래 성격이 그런지, 사람을 잘 믿지 못한다. 측근을 제외하면 그를 자세히 아는 사람은 드물다. 오죽하면 진정한 친구를 '개' 라고 하겠는가? 그만큼 사람을 잘 믿지 못한다.

1943년 히틀러는 전차부대를 앞세워 무방비 상태인 소련을 침공한다. 히틀러는 단연 승리를 예상한다. 그러나 놀랍게도 독일은 이 전투에서 대패한다. 그 결과 전세가 역전되어 독일 패망에 큰 원인이 된다.

사건의 배후에는 한 여자가 있다. 독일 최고의 여배우이자 히틀러의 여자 올가 체코바다. 그녀는 소련이 심어놓은 스파이다.

올가 체코바는 1897년 소련의 부유한 가정에서 태어난다. 그리고 25년 후 소련의 스파이로 발탁되어 독일에 침투한다. 그녀의 임무는 독일 영화배우로 활동하며 나치 고위 장교에게 접근해서 정보는 빼내는 일이다. 사실 그녀가 스파이가 된 건 아픈 딸 때문이다. 올가 체코바는 1916년 유명한 연극배우와 결혼한다. 하지만 두 사람이 낳은 딸은 희귀병을 앓는다. 남편은 아픈 딸을 점점 멀리 한다. 올가 체코바는 딸을 포기하려는 남편과 갈등 때문에 그와 이혼한다. 그런데 1922년 소련의 국사정보국장 라브렌티 베리야가 그녀 앞에 나타난다. 그리고 딸의 희귀병 치료를 빌미로 협박한다.

히틀러와 올가 체코바는 1933년 4월 독일 나치당 연회장에서 괴벨스의 소개로 처음 만난다. 그녀에게 마음을 빼앗긴 히틀러는 항상 올가 체코바와 함께한다. 마치 퍼스트레이디 같다. 히틀러의 일부 측근은 체코바를 너무 믿지 말라고 충고한다. 하지만 히틀러는 충고를 모두 무시한다. 역시 사랑에 빠지면 이성보다 감정이 앞서나 보다.

독일 정보를 소련에 보내던 체코바는 엄청난 사실을 접한다. 독일이 소련을 침공하려고 준비한 쿠르스크 전투에 대한 정보다.

1년 전 소련과 대규모 전투를 치른 독일은 서로 막대한 피해를 당한다. 그후 암묵적으로 휴전하며 휴식기를 갖는 중이다. 소련이 무방비인 이유가 여기에 있다. 하지만 히틀러는 다시 소련 침공 계획을 세운다. 그러나 군사훈련을 재개하고 기밀작전을 짜는 히틀러는 모든 준비를 끝낸다. 체코바가 한발 앞서 소련에 모든 사실을 알린다. 정보를 수집한 소련은 병사 40퍼센트와 기갑부대 75퍼센트에 달하는 병력을 최전선에 배치한다. 그리고 기습해오는 독일군을 전멸시킨다.

체코바는 사건 이후 딸이 있는 소련으로 돌아간다. 히틀러는 가장 신뢰하는 사람에게 처참하게 이용당한다. 하지만 죽는 날까지 체코바의 배신을 모른 채 눈을 감는다.

이렇게 스파이는 나라 전체를 무너뜨릴 수 있다. 병법서 손자병법을 쓴 '손무'도 스파이를 가장 중요한 병력으로 뽑는다. 손자병법 13편 중 용간(用奸, 간첩활용)이라는 편도 있다.

삼국시대 역시 스파이가 난무한다. 이 시기는 8할이 전쟁이다. 독자인 우리는 군사의 용맹함을 배우고 전략을 터득할 수 있다. 하지만 당사자는 하루하루 피가 말린다. 가장 좋은 병법은 싸우지 않고 이기는 것이다. 즉, 사상자를 내지 않고, 전쟁을 하지 않고 무너뜨리는 게 가장 위대한 병법이다.

백제 21대 임금 개로왕은 한낱 바둑 선생에게 속아 멸망한다.

당시 고구려는 장수왕이 즉위해 막강한 힘을 떨치고 있다. 새로운 강국으로 등장한 북위와 관계도 회복한 상태다. 북위는 466년, 고구려 공주를 위왕에게 시집보내라고 요청한다. 일종의 인질이다. 자기 딸이 위왕에게 시집갔는데 어떻게 침략할 수 있는가? 또 이를 빌미로 고구려를 협박할 수 있다. 유비가 손권의 동생을 신부로 맞은 것도 같은 이치다.

하지만 장수왕의 딸은 이미 시집간 상태다. 대신 장수왕의 아우, 승평의 딸을 보내기로 한다. 하지만 북위는 북연과 혼인 관계를 맺고 북연을 무너뜨린 사례가 있다. 그래서 고구려 신하는 이 결혼을 강력하게 반대한다. 장수왕은 이 주장을 받아들여 승평의 딸이 죽었다고 말한다. 그러자 북위는 종실의 딸이라도 달라고 한다. 이는 완벽히 고구려를 무너뜨리려는 계략이다. 장수왕은 말을 둘러대며 끝까지 딸을 주지 않는다. 그러다 북위의 왕이 교체되어 혼인 문제는 무효화된다. 이후 고구려와 북위의 관계는 원만해진다.

한시름 놓은 장수왕은 신라와 백제로 타깃을 돌린다. 468년 2월에 말갈 군사 1만을 동원해 신라의 실직주성을 빼앗는다.

백제 개로왕은 고구려의 침략이 두려워서 재위 18년, 북위에 사신을 보낸다.

"우리 백제는 오랜 기간 고구려에 억눌려 지내왔다. 하지만 더는 물러 설 곳이 없다. 이제 백제가 먼저 고구려를 공격하려고 한다. 그래서 북위의 힘이 필요하다. 두 나라가 연합해 고구려를 공격하면 어떻겠는가?"

그러나 북위의 뜻은 백제와 다르다.

"백제와 고구려 관계는 우리가 알 바 아니다. 북위는 고구려와 사이좋게 지내고 있다. 만약 고구려가 우리를 공격한다면 그때 백제가 도와 달라, 그러면 힘을 합쳐서 고구려를 이길 수 있다."

북위는 백제의 동맹제안을 고구려에게 알린다.

"백제가 북위와 연합해 고구려 침략을 제의하고 있다."

이 사실을 들은 고구려는 백제 토벌 작전을 세운다. 목표는 한성이다. 하지만 그 전에 내부분열을 일으키고 국력을 소모해야 한다. 내부가 흔들리면 밖에서 손쉽게 제압할 수 있다. 장수왕은 백제에 보낼 스파이를 물색한다. 그때 승려 도림이 찾아온다.

"어리석은 중이 아직 깨우침을 얻지 못하여 나라의 도움을 받아 생활하면서도 아무런 이익을 주지 못했습니다. 이제 나라의 은혜에 보답하고자 합니다. 대왕께서 저를 써 주신다면 기필코 대왕의 기대에 부응하겠습니다."

"어렵고 위험한 일에 그대가 직접 찾아와줘서 정말 다행이오, 그대는 백제에 잠입해서 내부를 흔들어 주시오. 고구려의 운명은 그대에게 달렸소."

도림이 스파이가 된 결정적인 이유는 바둑 고수이기 때문이다. 개로왕이 바둑을 좋아한다는 사실은 천하가 알고 있다.

도림스님은 고구려에서 죄를 지었다는 명분으로 백제에 잠입한다. 그는 곧장 대궐 수문장에게 다가간다.

"개로왕이 바둑을 좋아한다고 들었습니다. 신이 오래전부터 바둑에 일가견이 있습니다. 개로왕에게 전해주시길 바랍니다."

수문장은 이 말을 듣고 문을 열어준다. 왜 그랬을까? 바둑을 빌미로 개로왕과 만나려는 별의별 사람이 많을 것이다. 도림이 암살범이라면 수문장 자신이 제일 먼저 죽는다. 그런데 왜 문을 열어줬을까? 뇌물을 받았을까? 여기에 대한 기록은 남아있지 않다. 결국 도림은 개로왕에게 접근하는 데 성공한다.

도림과 바둑을 두는 개로왕은 그의 실력에 감탄한다. 도림은 단 번에 바둑 스승이 된다. 개로왕은 그를 상객(上客)으로 삼고 극진히 대접한다. 공부를 많이 해서 견문이 트여있지, 바둑실력이 환상적이지, 개로왕은 도림을 뒤늦게 만난 걸 자주 한탄한다. 마치 70살에 처음 치킨을 먹은 자의 심정이랄까? 개로왕을 물 만난 물고기처럼 도림에게 빠져든다. 왕의 신임을 얻은 도림은 슬슬 계획을 시작한다.

"폐하, 한낱 승려인 저를 극진히 대접해주셔서 감사합니다. 정말 몸 둘 바를 모르겠습니다. 그런데 생각해보니 신이 폐하를 위해 아무것도 한 게 없습니다. 그저 바둑을 몇 수 두고 이야기 상대만 했을 뿐입니다. 심하게 부끄럽습니다."

"아니요, 무슨 말을 그렇게 하시오? 당치도 않소, 그대는 나에게 가장 큰 기쁨을 주고 있소"

"그렇다면 제가 폐하를 위해, 아니 백제를 위해 한 가치 묘책을 낼까 합니다. 들어 주시겠습니까?"

"좋소, 말해보시오, 어서 얘기해보시오"

"백제는 사방이 산과 바다와 강으로 둘러 쌓여있습니다. 그래서 주변에 있는 나라가 쉽게 공격하지 못합니다. 또 폐하가 왕에 즉위하고 백성의 민심이 날로 높아지고 있습니다. 모든 임금이 꿈에 그리는 모습입니다. 이에 감탄하여 주변 나라는 백제를 섬기기를 원합니다. 폐하가 국가의 위상을 한 차례 더 높이면 주변 나라는 알아서 고개를 숙일 것이옵니다. 제가 볼 때 백제는 딱 한 가지가 부족합니다."

"그것이 무엇이오?"

"외부 상태입니다. 폐하가 머무르는 궁실은 너무 낡았습니다. 또 백성을 감싸고 있는 성곽은 허물어져 있습니다. 또한 선왕의 유골은 개, 돼지처럼 들판에 버려진 채로 있습니다. 이래서 국가의 위상이 서겠습니까? 다른 나라가 위엄을 느끼겠습니까? 부유함을 자랑하고 외부를 강화할 필요가 있습니다."

"그대의 말을 들으니 일리가 있소, 내 곧 그렇게 하리다."

개로왕은 인력을 모조리 끌어모아 대대적인 공사를 시작한다. 왕실은 흙을 다져서 바닥을 단단히 한 후 성벽을 쌓는다. 방을 크게 넓히고 누각을 비롯한 크고 화려한 건물을 짓는다. 큰 무덤을 만들어서 아버지 비류왕의 제대로 안치한다. 한강 변에 둑을 크게 쌓아 홍수를 막는다. 이렇게 전 인력이 동원되자 백성의 불만은 날로 높아간다. 훈련을 받아야 할 군인은 매일 돌을 나르고 벽을 덧칠한다. 대대적인 공사 때문에 국고는 점점 바닥나고 백성과 군대의 불만이 점점 쌓여간다.

국고가 바닥날 때쯤 도림은 몰래 고구려로 도망친다. 그리고 현재 상황을 장수왕에게 알린다.

"왕이시여, 첩자 노릇을 하다 돌아온 도림이 좋은 소식을 갖고 왔습니다."

"그래, 무엇이오?"

"개로왕은 제 꾀에 넘어가 크고 넓은 궁궐을 짓고 국고를 낭비하고 있습니다. 이로 인해 백성의 원망이 높아지고 있습니다. 이제 백제를 공격하시면 됩니다."

"고맙소, 정말 고맙소, 그대는 고구려의 일등 공신이오."

장수왕은 군사 3만을 이끌고 백제 도성을 공격한다. 고구려군이 몰려오고 있다는 소식을 듣자, 개로왕은 깜짝 놀란다. 게다가 조언을 구하던 바둑선생

도림은 보이지 않는다. 개로왕은 등골이 싸늘하다. 가슴에 비수가 날아와 꽂힌다.

"내가 바둑에 빠져 나라를 망가뜨렸구나."

개로왕은 백제의 힘으로 고구려를 막을 수 없음을 직감한다. 그리고 아들 문주를 부른다.

"아버지가 어리석어 적의 농간에 빠졌다. 한낱 바둑에 눈이 멀어 국고를 탕진하고 민심은 잃은 지 오래다. 지금 고구려 군이 쳐들어온다. 나는 죗값을 치를 생각이다. 끝까지 백제에 남아 고구려와 싸우겠다. 하지만 네가 무슨 죄가 있느냐? 너는 우선 난리를 피해 달아나라, 전쟁이 끝나면 다시 백제를 세워다오."

문주는 측근을 이끌고 남쪽으로 도망간다. 신라에 원군을 요청할 생각이다. 그런 가운데 고구려군이 한강을 건너 백제를 공격한다. 개로왕의 백제는 고구려군의 공격에 7일 만에 수도 한성이 함락된다. 필사적으로 도망가던 개로왕은 백제에서 달아난 장수 재증걸루에게 붙잡힌다. 개로왕은 한성 북쪽의 아차성으로 끌려간다. 그 곳에서 비극적은 최후를 맞는다. 장수왕은 개로왕의 시신을 백제에게 돌려주지 않는다. 그는 아차성 어느 근방에 묻혔을 것이다.

이 사건으로 8천 명의 포로가 고구려에 끌려간다. 다행이 아들 문주가 구원병을 끌고 와서 백제는 멸망을 면한다.

이로써 고구려는 100년 전 사건을 앙갚음한다. 이게 무슨 말일까? 100년 전에 백제 스파이 '사기'가 고구려에 잠입한 적이 있다. 도림처럼 고구려를 무단히 흔들었으리라. 그 결과 평양에서 고국원왕이 살해당한다. 그런데 100년 후 같은 방법으로 장수왕이 원수를 갚는다. 이런 걸 보면 인생은 끝을 맞춰봐야 아는 모양이다. 백제가 같은 수법으로 고구려에게 당할 줄 알았을까?

{ 그건 아마도 전쟁 같은 사랑!
사랑하는 여자를 위해 전쟁을 일으킨 안장왕 }

한국 영화중에 필자의 뇌리에 강하게 각인된 건 '쉬리'다. 남한 일급 비밀정보기관 OP의 특수비밀요원 유중원(한석규)과 그의 절친한 친구이자 파트너 이장길(송강호), 북한 8군단 최고 저격수 이방희(김윤진), 8군단 장교이자 지휘관 박무영(최민식)이 주연이다. 북한군 이방희와 남한 비밀요원 유중원은 서로 신분을 숨긴 채 사랑하고 있다.

이방희는 얼굴을 고치고 이름을 이명길로 바꾼다. 의도적으로 유중원에게 접근해서 정보를 훔친다. 사건이 터진다. OP에게 중요한 정보를 제공하는 무기 밀매상 보스 임봉주가 대로 한복판에서 저격당한다. 남은 건 탄피 두 발, 유중원은 8군단 최고 저격수 이방희의 부활을 직감한다. 그녀는 여러 차례 정부 요원을 죽이고 추적을 피한 일급 범죄자다.

유중원과 이장길은 죽은 임봉주의 배후를 조사한다. 그 과정에서 이방희가 임봉주를 통해 국방과학기술연구소에서 개발한 신소재 액체 폭탄 CTX를 훔치려 했다는 사실을 알게 된다. 두 사람은 연구로소 달려가지만, 담당 연구원은 이미 죽었다. OP는 CTX를 안전한 군단사령부로 이송한다. 이 과정에서 남한으로 침투한 박무영과 특수 8군단 정예요원이 CTX를 탈취한다. OP의 결정적인 작전마다 이방희는 한발 앞서서 상황을 장악한다. 내부에 첩자가 있다고 생각하는 OP요원은 서로를 의심한다. 이장길은 첩자의 흔적을 찾으려고 금붕어의 배를 가른다. 그 속에 튜브형 도청장치가 나온다. 이장길은 유중원의 약혼자 이명길이 스파이라는 사실을 깨닫는다.

북한군 작전은 남한 대통령을 포함한 각계 인사(人士)가 참석하는 2002년 남북 단일팀 기념 남북축구대회가 열리는 날, 도시 하나를 날려버리는 CTX 터뜨리는 일이다.

OP대원은 북한군의 정보교란으로 엉뚱한 김포공항에서 방어한다. 하지만 유중원은 이장길의 정보를 통해 월드컵 경기장으로 향한다.

북한군의 작전은 실패한다. OP의 낙하산으로 불리는 수족관 지킴이 어성식(박용우)이 날아가는 풍선을 보고 CTX의 위치를 파악했기 때문이다.

대통령은 북한군이 왔다는 정보를 듣고 경기장을 서둘러 빠져나간다. 이제 남은 방법은 대통령 저격이다. 8군단 최고 명사수 이방희는 저격 총을 들고 단독으로 남한 대통령 사살을 시도한다. 그 과정에서 OP요원과 대치한다. 자신에게 총을 겨누는 남자는 한 달 후 결혼하는 연인 유중원……

국가 임무 때문에 신분을 숨겨야 하는 유중원과 이방희, 서로를 너무 사랑하는 두 사람, 상대에게 총을 겨누는 지금 이 순간, 약혼녀가 8군단 저격수 이방희임을 알게 된 유중원, 두 사람의 눈빛과 표정이 아직도 잊히지 않는다.

고대사에도 이렇게 국경을 초월한 사랑이 있다. 고구려 22대 임금 안장왕, 백제 미녀 한 씨다. 당시 안장왕은 태자 신분이라서 홍안으로 불린다. 그는 백제 계백현 일대의 정보를 수집하고 정세를 염탐하기 위해 적국에 잠입한다. 그런데 홍안의 행동이 너무 눈에 띄었나 보다. 마을을 수호하는 경비는 홍안의 신분을 알아내려고 접근한다.

이상한 낌새를 느낀 홍안은 자신을 쫓는 백제 병사를 피해 몸을 숨긴다.

그곳이 한 씨 미녀의 집이다. 보통사람이 아님을 직감한 한 씨 가족은 그를 극진히 대접한다. 사건이 잠잠해질 때쯤 홍안은 사실을 고백한다.

"나는 사실 고구려 태자일세, 임무를 마쳤으니 나라로 돌아가야 하오. 하지만 한 가지 약속을 하지, 이 곳 영토를 빼앗고 그대를 아내로 삼겠소. 그때까지 기다릴 수 있겠소?"

"흐흑……. 기다리겠습니다. 소녀를 절대 잊으시면 안 됩니다."

그렇게 홍안은 고구려로 돌아간다. 국경을 초월한 사랑, 전쟁을 불러올 수 있는 두 사람의 약속, 이 사랑은 어떤 결말이 기다리고 있을까?

백제 무령왕은 신라와 나제 동맹을 맺고 475년 장수왕의 침입으로 빼앗긴 한강 유역을 되찾는다. 이후 영토 확장을 시행한다. 한강유역을 중심으로 고구려와 백제는 치열한 접전을 치른다.

장수왕의 손자 문자왕은 잃어버린 영토를 탈환하려고 한다. 그러나 나제동맹에 막혀서 일이 점점 어려워진다. 안장왕은 문자왕의 아들로 이름은 홍안이다. 문자왕 7년 서기 497년에 태자로 책봉된다. 22년이 지난 519년에 22대 임금 안장왕이 된다. 오랜 기간 태자로 있었기에 국가의 중요한 일을 도맡는다.

고구려는 나제동맹에 막혀 영토 확장에 큰 어려움을 겪는다. 홍안은 직접 백제의 정세, 지형, 민심을 파악하려고 한다. 정보는 곧 무기다. 홍안은 백제 영토 계백현에 몰래 잠입한다. 적국의 태자가 죽음을 무릅쓰고 적의 영토에 들어간 이유는 계백현, 즉 한강유역이 고구려에게 중요한 영토임을 말해준다.

전쟁이 삼엄해지면 경계심도 높아진다. 홍안의 행동을 의심하던 병사가 그를 뒤쫓기 시작한다. 여기서 잡히면 고구려에 큰 위기가 닥친다. 그는 적국의 태자다. 인질을 빌미로 백제가 협상에 주도권을 가질 수 있다. 아니면 그 자리에서 자신을 사살할 수 있다. 아들이 죽었다는 이유로 문자왕은 감정이 앞선 전쟁을 일으킬 수 있다. 그러면 상황이 심각해진다.

중국 촉나라 장수 관우는 오나라 장수 육손의 계략에 빠져서 목이 잘린다. 관우의 형 유비는 동생의 죽음에 이성이 마비된다. 그 결과 감정이 앞선 전쟁을 일으킨다. 이는 촉나라에 큰 위기를 불러온다.

홍안은 경비를 피해 죽을 힘을 다해서 뛴다. 하지만 눈앞은 막다른 골목이다. 홍안은 본능적으로 담을 뛰어 넘는다. 그곳은 호족 한 씨의 집이다.

"이보시오 주인, 나를 숨겨주시오."

주인은 한눈에 그가 비범한 남자임을 알아챈다.

"안방으로 들어오시오. 호족의 집안이라 이 곳은 쉽게 들어오지 못합니다. 그곳이 안방이라면 더욱 그렇지요."

"고맙소. 주인, 이 은혜는 평생 잊지 않겠소."

홍안을 쫓던 백제 병사는 사흘 동안 골목을 쥐 잡듯이 뒤진다. 홍안은 경비가 허술해질 때까지 한 씨 집에 머무른다. 주인도 그가 비범한 인물임을 직감하고 극진히 대접한다.

계백현의 장자인 한 씨에게 딸이 있다. 나이는 스물한 살, 이름은 주(珠)다. 이름처럼 얼굴도 아름답다. 홍한이 머무는 동안 한주가 온갖 수발을 든다. 홍안은 밥상을 들고 오는 한주에게 첫눈에 반한다. 죽을지도 모르는 위기, 조국이 흔들릴 수 있는 상황보다 사랑이 먼저다. 홍안은 신분을 숨긴 채 한주에게 사랑을 고백한다. 한주도 이성보다 감정이 앞선다. 신분도 모르는 남자의 사랑을 받아준다. 두 사람은 안방에서 몸의 대화를 나눈다.

사흘이 지나고 경비가 허술해진다. 홍안은 임무를 완수했으니 조국에 돌아가야 한다. 그러나 한주가 마음에 걸린다. 마음이야 한주와 함께 고구려로 가고 싶다. 그러나 호족 집안의 딸이 사라졌다는 소문이 퍼지면 한주의 집은 철저한 감시를 받는다. 심지어 출셋길이 막힐 수 있다. 홍안은 한주에게 모든 사실을 말한다.

"한주, 이제껏 신분도 모르는 나에게 잘해줘서 정말 고맙소. 그대에게 오늘 꼭 할 말이 있소."

"네, 서방님 말씀해보셔요"

"나는 고구려의 태자일세, 계백현은 우리에게 중요한 영토지, 백제의 정세를 살피러 이 곳에 숨어 들어왔소. 임무가 끝났으니 돌아가야 하오."

"그러면……. 그러면 저는 어떻게 합니까? 서방님"

"한주, 내 약속하리다. 고구려에 돌아가서 아버지의 허락을 받겠소. 계백현을 탈환하고 그대를 왕후로 삼겠소. 그때까지 기다려줄 수 있소?"

"정말 약속하시는 건가요?"

"남아일언중천금(男兒一言重千金) 남자의 한 마디는 천금과 같은 법, 어찌 한 입으로 두말 하겠소?"

"알겠습니다. 언제까지라도 기다릴게요. 절대 소녀를 버리시면 안 됩니다."

홍안은 치밀한 작전을 세워서 백제를 탈출한다. 고구려로 돌아간 홍안은 문자왕의 뒤를 이어 안장왕이 된다. 한주에게 약속한 대로 여러 차례 군사를 일으켜 백제를 공격한다. 그럴 때마다 작전은 실패로 돌아간다. 욕교반졸(欲巧反拙), 잘하려고 기교를 부리다가 오히려 망치는 법이다. 한주에 대한 생각으로 온갖 잡념과 욕심이 가득하니 전쟁에서 번번이 패한다. 고구려의 패배 소식은 한주에게도 큰 슬픔이다.

어느 날 한주의 마을 계백현에 새로운 태수가 부임한다. 세금을 올리고 물가를 높이니 백성의 원망이 날로 커진다. 또 예쁜 여자라면 자다가도 벌떡 일어난다. 얼마 후 태수는 마을에 나라를 무너뜨릴 만큼 예쁜 여자가 있다는 소문을 듣는다. 그는 넘치는 욕정을 주체하지 못하고 한 씨의 집으로 찾아간다. 인사를 하러 나온 한주를 보자 태수의 눈알이 돌아간다. 사흘 동안 밥을 먹지 못하다가 고기를 발견한 개처럼 안절부절 못한다.

"나는 계백현에 새로 부임한 태수라네, 그대의 미모가 출중하다는 소문을 듣고 찾아왔네. 하하, 이건 상상 그 이상이구먼. 그대는 혹시 결혼했는가?"

"아닙니다. 아직 하지 않았습니다."

"그러면 나와 결혼하겠는가?"

"말씀은 고마우나 소녀 결혼할 남자가 있습니다. 그가 멀리 나가서 아직 돌아오지 못했습니다. 생사를 알아본 뒤에 결정하겠습니다."

"뭐…… 남자가 있어? 도대체 누구냐?"

"……………"

"왜 대답하지 못하느냐? 남자가 누구냐니까?"

"……"

"오호라, 알겠다. 네가 대답하지 못하는데 이유가 있겠지, 적국의 첩자와 혼례를 약속했느냐? 여봐라, 저년을 당장 옥에 가두어라"

한주는 옥에 갇힌다.

애가 타기는 안장왕도 마찬가지다. 전쟁에서 계속 패하고 한주를 보지 못하니까 그리움만 쌓인다. 또 계백현에 양아치 태수가 군림했다는 말은 남자의 가슴에 불을 지핀다. 안장왕은 고구려 장수를 모두 모아서 최후의 카드를 제시한다.

"우리가 선왕의 땅을 회복하기를 수십 차례, 하지만 실패만 거듭하고 있소, 죽어서 조상을 뵐 면목이 없소. 고구려가 어떤 곳인가? 수렵과 전쟁으로 무장한 강력한 군대 아닌가? 누가 계백현을 되찾고 한주를 구출해 오겠는가? 성공하면 3대가 먹고살 수 있는 재산과 일만 호의 백성이 사는 영지(領地)를 주겠다."

그러나 선뜻 나서는 사람이 없다. 잦은 패배로 자신감이 하락한 탓이다. 이때 진대법을 시행한 을파소의 후손 을밀이 출사표를 던진다.

"재주는 없으나 이 을밀이 나라를 위해 한 몸 바치겠습니다. 대신 금은보화와 관직이 아닌 다른 조건을 원합니다."

"얘기해보라, 어서 얘기해보라"

"안학 공주와 결혼을 허락해주십시오"

안장왕에게 '안학'이라는 여동생이 있다. 그녀 역시 절세미인이다. 을밀과 안학은 서로 사랑한다. 하지만 안장왕은 을밀의 신분이 낮아서 허락하지 않고 있다. 그런데 이 긴급한 상황에 을밀이 승부수를 던진 것이다. 안장왕은 한 발 뒤로 물러선다. 동생보다 자기 사랑이 더 중요하다.

"좋다. 용맹하기로 둘째가라면 섭섭한 그대가 해보라. 성공한다면 안학을 신부로 주겠네."

을밀은 계백현으로 출전하기 전에 안장왕에게 말한다.

"신이 먼저 백제를 쳐서 계백현을 되찾고 한주 아씨를 구하겠습니다. 대왕은 군사를 거느리고 천천히 육로로 쫓아오시면 됩니다."

을밀은 스무 명의 정예를 광대로 무장한 채 개백현으로 들어간다.

계백현 태수의 생일이다. 하지만 기쁜 날에 웃지 못하는 태수, 한주를 얻지 못했기 때문이다. 그는 술에 한껏 취한 채 감옥에 찾아가 다시 한주에게 묻는다.

"나랑 혼인하겠느냐, 아니면 죽겠느냐? 오늘 내 생일이다. 너의 대답에 따라 잔칫날이 될 수 있고 제삿날이 될 수 있다."

태수는 드라마 '미안하다 사랑한다.'의 남자 주인공 '소지섭'에 버금가는 터프한 말로 한주를 협박한다. 한주는 태수의 제안에 절절한 시로 화답한다.

이 몸이 죽고 죽어 일백 번 고쳐 죽어

백골이 진토되어 넋이라도 있든 없든

임 향한 일편단심이야 가실 줄이 있으랴.

화가 머리끝까지 난 태수는 한주에게 사형을 선고한다. 즐거운 생일잔치가 순식간에 사형 집행으로 변한다. 밧줄에 온몸이 묶여 꿇어앉아 있는 한주, 칼에 술을 뱉으며 그 주변을 빙빙 돌고 있는 망나니, 뒤에서 흥을 돋우는 스무 명의 광대가 있다.

"여봐라, 적국 첩자와 내통한 저년을 죽여라!"

그때 광대 한 명이 옷깃에 숨긴 칼을 빼서 망나니를 찔러 죽인다. 그 후에 광대 스무 명이 순식간에 태수의 부하를 사살한다. 그리고 큰 소리로 이렇게 외친다.

"고구려가 군사 10만을 이끌고 계백현을 함락하러 왔다. 죽음이 아깝지 않은 자가 있거든 당장 나와라"

10만이라는 말에 겁을 먹은 태수와 측근은 발에 불이 나도록 도망간다. 을밀은 밧줄을 풀어서 한주를 구한다. 그리고 군사를 몰고 성을 넘어 가서 계백현을 탈환한다. 백제 국경 부근에 군사를 대치한 안장왕은 소식을 듣고 계백현으로 들어간다. 을밀에게 구출된 한주는 스스로 높은 산에 올라가서 봉화를 올린다. 두 사람은 이렇게 다시 만난다. 왕이 된 것보다 더 기쁜 안장왕은 한주를 고구려로 데려간다. 약속한대로 을밀과 안학 공주도 혼인한다.

진짜 '전쟁 같은 사랑' 이 무엇인지 보여준 안장왕과 한주의 사랑, 로미오와 줄리엣의 해피앤딩인 두 사람의 이야기는 훗날 '춘향전' 의 모티브가 되었다는 설이 있다.

고려, 조선시대 스캔들

악마를 보았다
충혜왕, 전설로 기억될 난봉꾼

영화 '악마를 보았다'를 보면 정말 악마가 나온다. 연쇄 살인마 장경철(최민식)은 아주 악질이다. 힘없고 약한 여자를 상대로 폭행, 살인, 강간을 저지른다.

국정원 경호원 김수현(이병헌)의 약혼자 주연(오산하)을 시작으로, 버스를 놓친 20대 여성, 학원 차에서 잠든 여중생, 시골병원의 간호사까지, 표정 하나 변하지 않고 범죄를 저지르는 악마다.

고려시대에도 장경철과 비슷한 난봉꾼이 있다. 고려 28대 임금 충혜왕이다. 우리는 패륜아 연산군은 잘 안다. 하지만 그의 스승, 또는 정신적 지주라고 불릴만한 충혜왕은 너무 모른다. 그 행각을 보면 연산군은 오히려 양반이다.

충혜왕은 1315년 충숙왕과 명덕 왕후 홍 씨 사이에서 장남으로 태어난 후 13세에 세자로 책봉된다. 그리고 3년 후에 충숙왕의 뒤를 이어 왕위에 오른다. 충혜왕의 망나니짓은 가정교육과 성장환경이 얼마나 중요한지 실감하게 된다. 그의 아버지 충숙왕부터 살펴보자.

고려가 원나라의 간접 통치를 받은 기간은 원종 11년(1270)부터 공민왕 5년(1356)까지 86년이다. 고려 홍규의 딸 덕비와 결혼한 충숙왕은 전례에 따라 원 황실 영왕의 딸 복국장공주와 다시 혼인한다. 그러나 충숙왕은 복국장공주를 싫어하고 덕비에게만 온갖 애정을 쏟는다. 복국장공주는 질투를 참지 못하고 덕비를 왕궁에서 쫓아낸다. 그래도 충숙왕은 밤만 되면 덕비에게 달려간다. 왕의 측근은 이를 안타깝게 여겨 왕궁과 가까운 곳에 둘만의 공간을 만든다.

덕비에게 빠진 충숙왕 점점 과감하게 행동한다. 정궁으로 사용하는 연경궁에 덕비를 끌어들인다. 이를 눈치챈 복국장공주가 충숙왕을 구박한다. 순간 눈알이 돌아간 충숙왕은 복국장공주를 코피가 터질 만큼 두들겨 팬다. 후유증으로 병을 얻은 복국장공주는 1년 후에 사망한다.

충숙왕은 원나라의 미움을 사서 지속적인 감시를 받다가 유배를 간다. 결국 정치에 흥미를 잃고 아들에게 왕위를 물려준다. 아들 나이는 16세다. 도대체 16살이 무엇을 할 수 있을까? 16살은 중학교 3학년이다. 여자에 눈을 뜨고, 옷을 줄이고, 투 블럭 컷을 하고, 유행하는 신발과 옷을 산다. 오버하는 녀석은 명품시계를 구매한다. 최신 유행곡을 부르짖고 고음을 요구하는 노래가 올라가는지 서로 경쟁한다. 이게 16살이다. 자기 한 몸 꾸미기 바쁘다. 어떻게 나라를 다스리라는 말인가?

물론 조기교육이 이루어지면 괜찮다. 그러나 충혜왕은 그렇지 못하다. 어린 나이에 원나라와 고려를 옮겨 다니느라 정신적으로 혼란스럽다. 미리 세자로 책봉된 게 아니라서 제왕학 교육도 받지 못한다. 교육이라곤 아버지 어깨 너머로 배운 양아치 짓이 전부다.

원의 간섭 아래 사회 전반에 여러 가지 모순과 폐단이 발생한다. 더러운 방식으로 제물을 축적하고, 비정상적인 방법으로 권력을 잡는다. 하지만 나라의 정세가 불안해서 불법적인 일이 묵인된다. 이게 충혜왕이 겪은 어린 시절이다. 그게 받은 교육이다. 이 책을 보는 예비 엄마는 아이의 교육과 성장 환경이 얼마나 중요한지 다시 한 번 깨달으리라.

16세에 왕이 된 충혜는 정치에 관심 없다. 여색을 탐하고, 말을 타고 사냥을 즐긴다. 강에 배를 띄워 경치를 구경하며 여유로운 세월을 보낸다.

원나라의 사정도 그에게 불리하게 돌아간다. 충혜를 후원하는 엔테무르가 죽자, 충혜를 미워하는 바얀이 정권을 잡는다. 방랑자 충혜의 행동은 원나라에 전혀 이득이 안 된다. 결국, 즉위한 지 1년 만에 왕위를 박탈당하고 원에 끌려간다.

그러나 충혜는 여전히 한결같다. 위구르 소년과 어울려 술에 취하고, 위구르 부인과 사랑에 빠져 황제를 호위하는 임무를 빼먹는다. 바얀은 충혜를 발피(潑皮)라고 부른다. 양아치, 건달이라는 뜻이다. 바얀은 충혜를 감당하지 못하고 다시 고려로 돌려보낸다.

아들 충혜가 고려에 돌아오자 아빠 충숙왕은 아들에게 발피, 건달, 양아치라고 부르며 모욕감을 준다. 충숙왕은 아들이 양아치가 된 게 자기 탓인 줄 모른다. 자기 얼굴이 침 뱉는 격이다.

충숙왕은 1339년 46세 나이로 죽는다. 충혜왕은 다시 왕권을 회복한다. 원나라 교역에도 적극적이다. 생산 시설과 왕실 창고를 세우고, 소금 세를 비롯한 각종 세금을 신설한다. 원래 이런 일은 왕의 측근이 대신한다. 그런데 충혜는 왜 직접 뛰어들었을까?

왕권이 원나라 권력자 입김에 좌지우지되던 상황이기 때문이다. 환심을 사려면 뇌물과 정치자금이 필요하다.

기록을 보면 충혜왕은 머리가 상당히 비상하다. 그런데 나쁜 쪽으로만 사용해서 정말 안타깝다.

미국 유명 대학에서 인성교육을 집중적으로 도입한 시기가 있다. 원래 이 학교는 점수만 잘 받으면 되는 기술 위주다. 그런데 A학점을 받은 엘리트가 죄다 범죄자가 되는 걸 보고 인성교육을 필요성을 깨닫는다. '아무리 능력이 뛰어나도 인성에 문제가 있으면 실패한 삶을 산다.'는 게 결론이다. 충혜왕도 비슷한 맥락이다.

뇌물을 주고 환심을 사지만 충혜는 원 황실의 책봉문을 받지 못한다. '한 번 양아치는 영원한 양아치다.'는 인식이 원나라에 박혀있다.

충혜는 태자 시절도 왕이 된 후에도 여전히 난봉꾼이다. 양아치와 어울려서 행패를 부리다가 관원이 달려와 충혜를 땅바닥에 패대기친다. 고려 임금이라고 상상도 못 한 것이다. 상식적으로 왕은 양아치와 어울려 다니지 않는다. 충혜왕은 그 정도로 난봉꾼이다. 이제 그의 만행을 살펴보자.

충혜는 3년 전 아버지의 여자 수빈 권 씨를 강간한다. 그녀는 수치심과 억울함에 식음을 전폐하고 자살한다. 이뿐만 아니다. 외삼촌 홍융의 둘째 부인 황 씨가 있다. 그녀는 홍융이 집안 깊숙이 숨겨두고 타인의 출입을 통제할 정도로 절세미녀다. 그런데 홍융이 죽자 충혜가 그녀의 집을 방문해서 강간한다. 또 부왕과 관계를 가진 남 씨와 몸의 대화를 나눈 후 측근에게 주는 대범함을 보여준다.

한 번은 이런 일도 있다. 어떤 장수가 충선왕의 최측근 권한공의 둘째 부인 강 씨가 아름답다는 소문을 듣고 궁중에 부른다. 장수는 그녀를 보자마자 욕정을 주체하지 못하고 간통한다. 소식을 들은 충혜왕은 두 사람을 때려죽인다. 모든 여자를 자기 것으로 생각하는 모양이다. 항상 정력제를 복용하고 섹스를 달고 사는 충혜왕은 결국 임질에 걸린다. 그 상태로 계속 관계를 맺어 여럿 여인에게 병을 퍼뜨린다.

1319년, 난봉꾼의 정점을 찍는 사건이 발생한다. 충숙왕의 아내 복국장공주가 왕자를 얻지 못하고 요절한다. 원나라는 세조의 고손녀인 위왕 에무게의 딸 조국장공주를 충숙왕의 아내로 들인다. 하지만 이듬해 아들 용상 원자를 낳고 18세의 나이로 죽는다. 설상가상 용상 원자까지 죽는다. 원나라는 또 다시 몽골 황족인 경화공주 백안홀도를 충숙왕의 아내로 들인다. 그런데 이번은 충숙왕이 죽는다. 경화공주는 20대 중반에 과부가 된다.

먹이를 찾아 산기슭을 어슬렁거리는 하이에나는 고기 냄새를 기가 막히게 맡는다. 충혜왕도 색의 냄새를 엄청나게 잘 맡는다. 그는 과부가 된 아버지의 부인이자 자기 어머니, 경화공주에게 흑심을 품는다. 그녀의 마음을 열기 위해 영안궁에서 두 차례 잔치를 베푼다. 원래 사람은 자신에게 잘해주는 사람에게 끌린다. 경화공주는 충혜가 아버지를 잃은 어미를 위해 잔치를 베푼다고 생각할 것이다. 또 동양은 신명만 나면 뭐든지 할 수 있는 우뇌형 민족이다. 잔치는 한껏 흥을 돋을 수 있는 좋은 방법이다.

가는 게 있으면 오는 게 있는 법, 경화공주도 답례로 처소에 잔칫상을 마련하고 충혜왕을 초대한다. 충혜왕은 심복 몇 명과 함께 경화공주의 처소로 가서 신나게 즐긴다. 한바탕 잔치가 끝나자 충혜왕은 술에 취한 척하며 방바닥에 눕는다. 역시 한두 번 해본 솜씨가 아니다. 경화공주는 밤이 늦어서 혼자 침실로 들어간다.

어두운 밤, 경비가 허술한 공간, 드디어 악당이 움직인다. 충혜는 조용히 경화공주의 침실로 들어가 그녀의 몸을 더듬는다. 잠에서 깬 경화공주가 비명을 지른다. 소리를 듣고 한 남자가 침실에 뛰어 들어온다. 근데 하필이면 왕의 심복 송명리다.

"무슨 일입니까?"

"전하께서 술이 과하신 모양이다. 사리분별을 구분하지 못하시는구나. 어서 모시고 가라."

송명리는 당황스럽다. 죽은 선왕의 부인이 내린 명령이지만 상대는 고려 임금이다. 충혜왕은 아무 말도 하지 않는다. 대신 묘한 눈빛으로 심복을 쳐다본다. 무언의 사인을 받은 송명리는 왕을 돕는다. 벗겨놓은 옷으로 경화공주의 입을 틀어막고 양손을 결박한다. 아무런 저항도 못하고 당한 경화공주는 억울하고 수치심이 가득하다. 기껏 잔칫상을 베풀었더니 이런 식으로 보답하는 망할 아들이다. 충혜왕은 일이 끝나자 심복과 함께 궁으로 돌아간다.

다음 날 아침, 뜬눈으로 밤을 지새운 경화공주는 한 가지 계략을 세운다. 원나라로 돌아가 이 사실을 고발하려고 한다. 원나라는 고려에 강력한 영향력을 발휘하고 있다. 어젯밤 일이 알려지면 충혜왕은 물론 고려도 무사하지 못한다. 경화공주는 측근에게 원나라로 돌아가야겠으니 말을 준비하라고 한다. 그런데 충혜왕의 귀에 이 사실이 들어간다. 망나니 아들은 어머니를 막으려고 전국의 모든 말 시장을 폐쇄한다.

하지만 경화공주는 포기하지 않는다. 재상 조적을 불러 지난밤 일을 의논한다. 조적은 이 사건을 기회로 인식한다. 충혜왕을 몰아낼 명분이 생겼기 때문이다. 조적은 군사를 이끌고 한밤중에 궁궐을 습격한다. 갑작스러운 기습에 충혜왕은 당황했지만 활로 대항하면서 군사를 부른다. 결국 반란군은 패배하고 조적은 충혜왕에게 붙잡혀 처형당한다.

충혜왕은 반란의 원인 경화공주를 만호 임숙의 집에 가둔다. 그러나 사건은 원나라 조정에 알려지고 그들은 사신 두린을 고려에 파견한다. 그는 도착하자마자 경화공주를 찾는다. 그녀는 억울하고 수치스러운 사건을 두린에게 모두 알린다. 망나니 충혜왕은 포박되어 연경으로 압송당한다. 그러나 며칠 후 고려 신하의 도움으로 다시 돌아온다. 충혜는 한 번 뜨거운 맛을 봤지만 양아치 마인드는 여전하다. 이후에도 숱한 난봉을 저지르며 역사에 한 획을 긋는다.

그런데 이런 충혜왕도 정말 사랑하는 여자가 있다. 장사꾼 임신의 딸로 단양대군의 노비 임 씨다. 신분이 하늘과 땅 차이인 두 사람은 어떻게 만났을까? 충혜왕의 행적으로 보아 미리 점찍어 둔 여자일까? 아니면 단양대군이 한 자리 차지하려고 소개한 여자일까? 실제로 충혜왕의 난봉 기질을 보고 그런 식으로 권력을 잡는 자도 많다.

충혜왕은 임씨를 정말 사랑한다. 그렇다고 한 여자에게 올인 하는 스타일은 아니다. 재능을 주체하지 못하고 들개처럼 사방팔방 영역표시를 한다. 임 씨가 그 사실을 알고 질투하자 그녀를 은천옹주에 봉한다. 노비 출신 여인이 하루아침에 왕실의 딸과 대등한 신분으로 상승한다. 그릇을 팔던 미천한 신분 때문에 조정은 그녀를 사기옹주라고 비아냥거린다.

하지만 충혜왕은 그녀에게 단단히 빠진 모양이다. 은천옹주 아버지가 기륜이라는 자를 폭행한 적 있다. 노비가 사람을 두들겨 팼으니 문제는 심각하다. 그런데 충혜왕은 직접 기륜의 집으로 가서 그 곳을 모조리 파괴한다.

이 정도로 충혜왕이 은천옹주에게 빠진 데는 이유가 있다. 미모도 출중하지만 체력 또한 위대하다. 충혜왕은 난봉꾼 재능을 강화하려고 정력제를 물 먹듯 복용한다. 그래서 여러 비빈이 충혜왕과 성생활을 힘들어한다. 다치고, 찢어지고 병에 걸리는 일이 잦다. 하지만 은천옹주는 다르다. 그런 충혜왕의 재능을 받아줄 수 있는 유일한 여자다.

남자는 정말 단순하다. 모든 사람이 자기를 배척할 때 믿어주는 여자가 있으면 올인한다.

충혜왕의 정력을 받아줄 수 있는 사람은 은천옹주 뿐이다. 성격만큼 중요한 게 속궁합이다. 이 부분이 어긋나면 부부생활에 큰 문제가 된다. 그래서 부모는 자식이 결혼하기 전에 속궁합을 보기도 한다. 은천옹주는 충혜왕의 완벽한 파트너다. 중학교 3학년이 게임에 빠지듯 은천옹주에게 빠지는 게 당연하다. 은천옹주 역시 충혜왕을 지극히 사랑한다. 그녀의 애틋한 마음을 보여주는 사건이 있다.

원나라 황제의 명으로 사신이 고려에 도착한다. 왕실 소유 재정창고를 봉쇄하고 충혜왕을 폐위해 원나라로 압송한다. 은천옹주는 추운 날씨에 충혜왕이 고생할 것을 염려해 사신에게 털옷을 입게 해달라고 부탁한다.

전설이 된 난봉꾼을 사랑한 은천옹주의 말년은 쓸쓸하다. 충혜왕이 원나라에 압송될 때 궁녀 126명과 함께 쫓겨난다.

충혜왕의 말년은 더 비참하다. 또 다시 강간을 일삼고, 심복을 죽여 민심을 잃고, 신궁을 지어 경제를 무너뜨린다. 결국, 원나라 사신에게 걷어차이고 압송당한다. 원에 압송된 충혜왕을 보고 원순제는 말한다.

"너는 임금이 되어서 백성을 극심하게 괴롭혔으니 네 피를 천하의 모든 개에게 먹여도 부족하다. 하지만 나는 사람을 죽이는 것을 좋아하지 않는다. 너를 게양 현에 유배하니 나를 원망하지 말고 떠나도록 하라"

어린 아들이 보내 준 옷 한 벌 걸치고 충혜왕은 유배지로 떠난다. 그 과정에서 귤을 먹다 죽었다는 설과 독을 탄 술을 마시고 죽었다는 이야기가 있다. 충혜왕이 죽을 때 백성과 신하, 그 누구도 슬퍼하지 않는다. 난봉꾼이 사라졌다고 잔치를 열었을 정도다. 이 정도면 국경일(國慶日) 수준이다.

하지만 충혜왕이 평생 양아치 짓만 한 건 아니다. 원숭이도 나무에서 떨어질 때가 있다. 천하의 색마 충혜왕도 가끔 실수한다. 권력층에게 각종 세금을 부과해서 재정 기반을 강화한다. 1331년에는 가치가 너무 커서 화폐로 쓰기 힘든 은병(銀瓶)을 소은병(小銀瓶)으로 바꾼다. 또 원나라에 사는 고려인을 귀환해 줄 것을 요청한다. 한때 개혁 의지도 보인 왕이다.

충혜왕은 어쩌면 부모의 무관심이 부른 피해자다. 아버지 충선왕 역시 난봉꾼이고 부인을 코피 터질 때 까지 두들겨 팬 사람이다. 또 원나라와 고려를 왕복하며 어린 충혜에게 정신적인 혼란을 심어준다. 충혜가 태자에 늦게 책봉되어 교육받지 못한 것도 큰 잘못이다. 부모의 무관심과 치졸한 성장 환경, 16살에 갑자기 찾아온 성공이 그를 난봉꾼으로 만들었을까?

제비뽑기로 왕을 결정한다고?
소름끼치게 왕이 되기 싫은 공양왕

미국 책을 보면 음모론이 정말 많다. 세계를 속인 200가지 비밀과 거짓말, 전 세계 경제를 조종하는 빌더버그 클럽, 화폐, 종교, 교육이 서민을 어떻게 망치는지 고발하는 '시대정신'도 있다. 그 중 필자의 흥미를 끈 오바마의 속임수라는 책을 보자.

저자 알렉스 존슨은 다큐멘터리 제작자, 탐사전문 기자다. 미국 9.11 테러 사태를 4개월 전에 예측한 인물이다. 캐나다 오타와에서 열린 세계 경제를 조장하는 빌더버그 비밀회의를 취재하러 공항에 도착하자마자 체포당한다. 그의 별명은 걸어 다니는 폭탄이다. 신세계질서와 세계독재정부를 획책하는 빌더버그 국제금융세력, 전쟁과 테러를 유도하는 미국의 부패한 권력층과 그것을 지원하는 언론과 지식인의 이중성을 집중적으로 폭로한다. 그래서 항상 생명의 위협을 받는다. 그가 쓴 오바마의 속임수라는 책에 핵심 내용을 살펴보자.

미국 대통령은 모두 꼭두각시에 불과하다고 한다. 왜냐면 그 자리는 국제 금융가들에 의해 간택된 자리이다. 키가 크고 잘생긴 흑인을 전면에 내세우면 여러 가지 이점이 있다. 인종에 대한 인식 전환, 새로운 정책, 국민의 기대가 그것이다. 하지만 오바마는 금융재벌의 꼭두각시다.

오바마는 대선 공약에서 16개월 안에 이라크에서 철수하겠다고 주장한다.

과거나 현재나 군대는 이라크의 해법이 될 수 없다는 이유로 말이다. 그런데 16개월이 지나자 무려 3만 명의 추가병력을 아프가니스탄에 파병한다. 또 동유에 미사일을 배치해 러시아를 겨냥하겠다고 발표한다.

9.11 테러 6주 후 부시정부가 실행한 애국법, 즉 '테러 용의자는 영장 없이 체포할 수 있다. 테러 용의자는 영장 없이 감시, 도청, 감청이 가능하다'는 법안이다. 오바마는 의원 당시 애국법 폐지를 강력하게 주장한다. 그러나 4년 후 연장법안에서 찬성표를 던진다. 민간인에 대한 영장 없는 불법도청을 비난하지만, 법안통과에 찬성표를 던진다. 또 오바마는 대선후보 시절, 공장 노동자에게 나프타(NAFTA 북미자유무역협정)와 가트(GATT: 관세 및 무역에 관한 일반협정)의 문제를 지적한다. 그리고 노동자에게 유리하고 공정하게 재협상하겠다고 공약한다. 하지만 얼마 후 각 기업체 회장에게는 이렇게 편지를 보낸다.

"사실은 난 나프타와 같은 자유무역협정은 그다지 바람직하지 않다고 본다. 특히 재협상에 대해 언급한 부분은 선거홍보용 '립서비스'에 불과하니 너무 괘념치 않기를 바란다."

저자는 오바마의 이중적인 태도가 금융제국의 꼭두각시이기 때문이라고 주장한다. 그리고 지배세력이 사라지지 않는 한 미국 최후의 진정한 대통령 은 케네디라고 한다.

"원래 케네디는 꼭두각시 인형 노릇을 잘 하도록 간택되었다. 금융재벌들 은 친 나치 성향의 밀수업자이자 투기꾼이었던 아버지의 도덕적 약점들 때 문에 아들 케네디 대통령이 자기들에게 무조건 순종할 거라고 여겼다. 게다 가 케네디를 '섹스 중독자'로 여긴 탓에 그를 더욱 쉽게 손아귀에 넣어 조종 할 수 있다고 판단했다.

그러나 정작 케네디는 그들을 조롱이라도 하듯 개인적인 자각과 결단을 통해 꼭두각시 가면을 과감하게 벗어던져 버렸다. 경제회복, 세계평화, 우주개발계획, 소련과의 협상, 연방준비은행 축소 등의 획기적인 정책들을 대담하고 거침없이 펼치기 시작한다. 그러다가 마침내 사설 연방준비은행을 폐지하는 행정명령에 서명까지 해버렸다. 정면으로 금융재벌들의 심장에 칼을 꽂기 시작한 것이다.(……) 그러니 더 이상 물러설 곳이 없는 금융지배세력으로서는 기회를 엿보며 틈만 노리고 있었을 것이다.

마침내 그들은 칼을 뽑았고, 그 응징은 신속하고 단호했다. 민주정부를 위해 투혼을 발휘하던 케네디 대통령이 댈러스에서 처참하게 암살된 것이다. 그것도 대중이 보는 백주대낮에……. 그건 공개처형이나 마찬가지였다.”[3]

이 책의 내용의 사실여부는 당사자와 그가 주장하는 배후세력만 안다. 하지만 충분히 생각해볼 만한 내용이다. 그런데 우리 역사에도 이와 비슷한 일이 있다. 꼭두각시 왕을 세우고 뒤에서 조종하는 일이 실제로 발생한다.

고려 32대 임금 우왕은 최영과 함께 요동 정벌 단행을 의논한다. 그리고 1388년 4월 군사를 모집한다. 최영을 팔도 도통사로, 조민수를 좌군 도통사로, 이성계를 우군 도통사로 임명한다. 하지만 이성계는 요동정벌을 강력하게 반대한다. 그 이유를 한 문장으로 요약하면 무섭기 때문이다. 하지만 우왕은 이성계보다 최영을 두텁게 신임한다. 그가 이성계의 주장을 반대하며 출병을 고집하자, 왕은 허락한다.

이성계가 이끄는 5만 군사가 위화도에 도착한다. 그러나 폭포수 같은 비가 내려서 강을 건널 수 없다. 이성계는 생각한다.

“지금 중국 땅을 치면 반드시 큰 보복이 돌아올 것이다.”

이성계는 조민수와 모의하여 고려로 돌아간다. 말이 좋아서 돌아가는 거지 사실 반란이다. 우왕은 이성계와 조민수의 회군 소식에 당황하여 관직을 삭탈하고 잡아들이라고 명령한다. 최영은 군사를 동원하여 1차 반란군을 물리친다. 하지만 반란군의 기세에 밀려 조민수와 이성계에게 패배한다. 고려의 실권은 이성계와 조민수가 잡는다. 최영과 측근을 유배 보내고 우왕을 폐위한다. 한낱 장군이 왕을 폐위한다는 건 엄청난 일이다. 말이 장군이지 임금과 맞먹는 권력이다.

우왕이 폐위하자 아들 창왕이 왕위를 이어갈 후보로 떠오른다. 하지만 이성계와 측근은 강력하게 반대한다. 자신이 왕을 폐위했는데 그 아들이 왕에 오르면 어떻게 될까? 입지가 좁아지고, 관직을 박탈당하고 유배를 가고 사형당할 수 있다.

하지만 조민수는 생각이 다르다. 그가 오늘날 이 자리에 있는 이유는 '이인임' 덕분이다. 그는 우왕 즉위에 결정적 역할을 한 사람이다. 조민수는 우왕의 아들을 왕에 앉히는 게 이인임에게 은혜를 갚는 일이라고 생각한다. 결국 우왕의 아들 창왕은 33대 고려 임금으로 즉위한다. 이때가 9살이다. 그렇게 고려는 이성계와 조민수가 중심을 잡아가는 듯 보인다. 그런데 다시 반전이 일어난다. 위화도 회권이 개혁을 단행하는 과정에서 조민수가 강하게 반대한다. 그 결과 탄핵을 받고 창녕으로 유배된다. 이제 고려의 실세는 이성계다.

김저 사건이 일어나다!

1389년 유배된 우왕에게 최영의 측근 김저와 정득후가 찾아온다. 오랜만에 지인과 만난 우왕은 자신의 모든 처지를 토로한다.

"내 신세가 어떻게 이 모양이 됐는지 모르겠다. 하지만 여기서 이대로 죽을 수 없다. 반란의 핵심인 이성계를 제거하면 길이 보일 것 같다. 내가 예의

판서 곽충보와 친하니 그와 의논해보라!"

우왕은 날카로운 검 한 자루를 곽충보에게 보낸다. 그리고 종교행사 팔관회에서 기회를 보아 이성계를 제거하라고 지시한다. 우왕에게 특명을 부여받은 김저와 정득후는 곽충보에게 찾아간다.

"왕의 전갈을 받으셨습니까?, 고려의 운명을 바꿀 수 있는 중요한 일입니다."

"그만큼 어렵고 위험하다고 생각하네. 그러나 고려를 위해서라면 어떤 위험도 감수해야 하네."

그런데 곽충보의 행동은 말과 다르다. 김저와 정득후가 돌아가자 이성계에게 달려가 두 사람의 계획을 낱낱이 고발한다.

이성계는 아프다는 핑계로 팔관호에 참가하지 않고 집에 머문다. 한시가 급한 김저와 정득후는 이성계의 집에 찾아간다. 제 발로 호랑이 굴에 들어간 셈이다. 하지만 모든 걸 예상한 이성계가 군사를 미리 숨겨 놓는다. 김저와 정득후가 그의 집에 오자 군사가 벌떼처럼 몰려나와서 주위를 둘러싼다. 정득후는 더러운 죽음을 피하려고 자신의 칼로 목을 찌른다. 그럴 용기가 없는 김저는 감옥에 갇혀 혹독하게 고문당한다.

예나 지금이나 방법은 정말 잔인하고 단순하다. 고문관이 원하는 대답이 나올 때까지 계속 고문한다. 칼로 발바닥을 째고 불에 달군 인두로 지진다. 고문을 참지 못한 김저는 모든 사실을 실토한다. 우왕이 배후에 있음을 알아낸 이성계는 관련 측근을 모조리 죽인다. 그리고 우왕과 창왕이 왕 씨가 아니라 신돈의 아들이라는 이유로 폐위한다. 이는 훗날 자신에게 닥칠 피바람을 사전에 제거하기 위한 명분이다.

창왕을 폐위했으니 새로운 왕을 만들어야 한다. 신진 사대부는 흥국사에서 대병력의 호위를 받으며 의논한다.

"신우와 신창은 본래 왕 씨가 이다. 명나라에서도 가짜를 폐하고 진짜를 세우라는 지시가 있다. 왕요가 신종의 7세손으로 임금 집안에 가장 가깝다. 그를 왕으로 세워야 한다."

이성계의 주장에 조준이 반대한다.

"왕요는 부귀한 환경에서 자라서 재산만 다스릴 줄 알지 나라를 다스릴 줄 모른다."

성석린이 다시 나선다.

"임금을 세울 때 그가 어진지, 훌륭한 생각을 갖고 있는지 판단해야지 가문으로 따지는 게 아니다."

이견은 좁혀지지 않는다. 위로 갈수록 아집이 센 자가 많다. 모두 자기 분야에서 한 가닥 하기 때문이다. 한참 의미 없는 토론을 하다가 지쳤는지 이상한 제안이 나온다.

"제비뽑기로 결정하는 건 어떻소?"

"그건 또 무슨 말이오?"

"어차피 누구를 세우든 꼭두각시에 불과합니다. 권력은 당신네가 잡고 있지 않소? 그러니 제비뽑기로 아무나 결정하자 이 말입니다."

세계사를 포함한 모든 역사에 혁명을 일으킬 임금 선택법이다. 제비뽑기는 점심으로 한식을 먹을까? 중식을 먹을까? 고민할 때 사용하는 방법이다. 그런데 한 나라의 왕을 결정하는데 제비뽑기를 도입한다. 사대부는 가장 중요한 사안을 가장 단순한 방법으로 결정한다. 운명을 건 제비뽑기에 당첨된 사람은 고려 20대 임금 신종의 7대손 왕요다. 그의 나이 45세, 고려 마지막 임금 공양왕이다.

왕요는 불혹의 나이에 인생 최대 위기가 찾아온다. 평생 부족할 것 없이 잘 먹고 잘 살았는데 이렇게 큰일을 맡아야 하는가? 게다가 우왕과 차왕의 비참한 말년을 두 눈으로 보았기에 목숨 걸고 사양한다. 하지만 거절조차 마음대로 못할 만큼 힘이 없다. 공양왕은 근심걱정에 쌓인 채 뜬 눈으로 밤을 지샌다. 그리고 만만한 측근을 불러 처지를 하소연한다.

"나는 일평생 옷과 음식이 풍족한 삶을 살았다. 수발을 드는 시녀도 많다. 그런데 45살에 이렇게 중대한 책임을 맡아야 한다는 말인가? 한 치 앞도 보이지 않는다."

이성계 일파는 공양왕 즉위 다음 날부터 혁신을 시작한다.

우왕과 창왕의 측근을 모조리 귀양 보내고 심복 윤회종을 시켜 공양왕에게 우왕과 창왕을 죽이라는 상소문을 올린다.

"우왕과 창왕은 역적 신돈의 자식입니다. 왕실의 족보가 아니기에 정통성에 문제가 많았습니다. 다행히 이번에는 왕 씨의 후손이 다시 왕위를 잇게 됐습니다. 하지만 신돈의 자식이 언제 다시 반란을 일으킬지 모릅니다. 나무가 자라기 전에 뿌리를 쳐내야 합니다."

공양왕은 여러 대신을 모아놓고 의견을 물었지만 모두 묵묵부답이다. 이성계 말에 누가 토를 달겠는가? 공양왕은 울며 겨자 먹기 식으로 우왕과 창왕을 죽이라는 명령을 내린다.

서균형은 강릉으로 가서 우왕을 죽인다. 유순은 강화도로 가서 고작 10살된 창왕을 살해한다. 영비 최씨는 10일 동안 음식을 먹지 않고 밤낮으로 울면서 우왕의 시체를 끌어안았다고 한다.

그러나 공양왕이 죽을 때까지 꼭두각시 노릇만 한 건 아니다. 자리가 사람을 만든다. 평생 혼자 잘 먹고 잘살 수 있는 왕손이지만 왕에 올라가면 의식이 달라진다. 자신이 한 나라의 왕임을 인지하게 된다. 모든 상황을 나라와 관련지어서 생각한다. 공양왕의 반격이 시작된다.

이성계 일파는 조민수를 사형에 처해야 한다고 상소한다. 하지만 공양왕은 이를 무시하고 유배지만 변방으로 옮긴다. 다시 한 번 상소문을 올리자 그냥 무시한다.

3월 초에는 홍영통과 우현보가 영삼사서와 판삼사서에 임명된다. 모두 김저 사건에 연루돼 파면된 인물이다. 그런데 왕이 다시 관직에 앉힌다. 이쯤 되면 공양왕은 이성계 세력에 대한 정면도전이다.

이성계 일파는 다시 주도권을 잡으려고 매일 상소문을 올린다. 그렇게 말이 많아지면 반드시 실수가 나온다. 윤소종이라는 자가 공양왕에게 말실수를 한다. 이를 놓치지 않고 처벌하려 들자 이성계가 만류한다. 누구? 바로 이성계다. 고려의 실세다. 하지만 공양왕은 그를 무시하고 윤소종을 금산으로 추방한다.

윤이. 이초 사건!

공양왕이 즉위할 때 윤이와 이초라는 자가 명나라에 가서 고려를 모함하는 말을 한다.

"고려의 이 시중(이성계)이 왕요(공양왕)를 세워 임금으로 삼았습니다. 하지만 그는 왕족이 아니라 이성계의 측근입니다. 이 시중과 왕요는 명나라를 치려고 군사훈련을 하고 기회를 엿보고 있습니다."

이 사건은 고려에 폭풍을 불러온다. 그런데 '윤이, 이초 사건'을 맨 처음 알린 자는 조반이다. 그는 이성계의 측근이다. 굉장히 아이러니하다. 이성계 일파는 사건을 조사하면서 반대파를 모조리 제거한다. 이는 명분을 얻기 위한 정치조작이라고 볼 수 있다. 이성계 일파는 고려의 충신을 회유하거나 내치는 방법으로 혁신을 감행한다. 이에 고려의 충신 김진양, 이첨, 정몽주는 이성계 일파를 모조리 유배하라고 상소문을 올린다. 이때 이성계는 개경에 없었다.

"이성계가 야심을 품고 왕위를 찬탈하려고 하고 있습니다. 그를 제거하려면 수족부터 잘라야 합니다."

공양왕이 대답한다.

"그대가 이성계를 제거할 수 있겠소?"

"물론 어렵습니다. 하지만 젊은 측근부터 귀양을 보내면 충분히 승산 있습니다."

공양왕은 심사숙고 끝에 결단을 내린다.

"5년간 고려를 지배한 이성계 세력을 몰아내자!"

1392년 3월 세자 왕석은 명나라를 방문하고 돌아오는 길이다. 그를 마중 나간 이성계는 황주에서 사냥을 하다가 말에서 떨어져 다친다. 이때 정몽주는 조준, 남은, 정도전, 남재, 조박, 오사충같은 이성계 일파를 탄핵하여 유배 보낸다. 소식을 들은 이성계는 아픈 몸으로 이끌고 개경으로 돌아온다. 정몽주는 병문안을 핑계 삼아 이성계 집을 찾아간다. 먼저 그의 아들 이방원이 술자리를 마련해서 정몽주의 마음을 떠본다.

이런들 어떠하리. 저런들 어떠하리.
만수산 드렁 칡이 얽혀진들 어떠하리.
우리도 이같이 얽혀 백 년까지 누리리.

정몽주는 화답한다.

이 몸이 죽고 죽어 일백 번 고쳐 죽어

백골이 진 토되어 넋이라도 있고 없고
임향한 일편단심이야 가실 줄이 있으랴

이방원은 결심을 굳히고 심복 조영규를 부른다.

"오늘 밤이다"

정몽주는 돌아오는 길에 선죽교에서 철퇴를 맞고 죽는다. 고려의 마지막 등불이 꺼지는 순간이다.

유배당한 이성계 일파가 정계에 복귀하자 전세는 다시 역전된다. 이성계와 일파는 왕대비 앞으로 나아가 이렇게 말한다.

"지금 왕은 아둔하여 임금의 도리를 잃었습니다. 백성의 민심은 떠난 지 오래입니다. 그는 나라의 주인이 될 자격이 없습니다. 스스로 폐위하시기를 바랍니다."

겁에 질린 왕대비는 즉각 폐위를 결정한다. 이성계는 국호를 조선이라 바꾸고 남은 고려 왕 씨를 모조리 말살한다. 간성군에 유배당한 공양왕은 3년 후 삼척에서 이성계의 명령으로 죽게 된다.

공양왕과 케네디는 비슷한 면이 많다. 꼭두각시 역할이었지만 이를 뒤엎고 혁신을 감행한다. 그러나 지배세력의 거대한 벽에 막혀서 최후를 맞이한다.

왕을 제비뽑기로 결정하는 황당한 사건이 고려에 발생한다. 왕보다 강한 힘을 가진 이성계는 꼭두각시 공양왕을 세우고 나라를 조종한다. 과연 역사에만 이런 일이 있을까? 역사가 반복된다는 건 무슨 말일까? 역사에서 지혜를 얻어 현대에 적용한다는 건 어떤 의미일까? 혹시 현대에 꼭두각시 왕이 진짜 있을까? 배후에서 조종하는 세력이 정말 존재할까?

우리가 아는 건 진실인가? 모조리 거짓인가?

연예인은 항상 이슈의 중심이다. 일거수 일투족 하나가 대중의 관심을 불러일으킨다. 특히 그 분야가 '섹스'라면 더 그렇다. 영국에 유명한 남자 배우는 20년 전 섹스 스캔들을 일으킨 적 있다. '그 여자 작사 그 남자 작곡', '어바웃 어 보이', '노팅 힐', '러브 액츄얼리'로 한국에서 유명한 배우 휴 그랜트다.

1995년 그는 유럽과 영국에서 인지도를 얻지만 아직 미국 시장은 그를 모른다. 할리우드 첫 작품인 로맨틱 코미디 '나인 먼쓰'는 그래서 중요하다.

휴 그랜트는 배우 인생에 중요한 전환점을 두고 많은 스트레스를 받았을까? 인터뷰 일정과 홍보에 지친 그는 LA 숙소를 빠져나와 BMW를 타고 도로를 질주한다. 그가 차를 세운 곳은 사창가다. 직업 정신이 뛰어난 몇몇 여자가 BMW 창문을 두드리며 남자를 유혹한다. 휴 그랜의 파트너는 20대 흑인 여성 에스텔라 마리톰슨이다. 두 사람은 본론으로 들어간다. 마리톰슨은 모텔로 가서 성관계를 하는데 100달러라고 한다. 하지만 휴 그랜트가 가진 돈은 60달러다. 이 금액은 오랄 섹스만 가능하다. 그랜트는 마리톰슨을 차에 태우고 인적이 드문 곳으로 간다.

이때 순찰차 한 대가 어두운 곳에 있는 BMW를 주시한다. 주차된 자동차의 후미 등이 계속 깜빡인 탓이다. 왜 붙일까? 오랄 섹스에 흥분한 그랜트가 브레이크를 자꾸 밟았다는 이야기가 있다. 경찰은 몸을 숙이고 다가가 손전등으로 자동차를 비춘다.

"오 맙소사!"

"왜 그래?"

"자네 눈으로 직접 봐야할 것 같아."

"휴 그랜트잖아!!!!?"

'유명인'이라는 명사와 '섹스'가 합쳐질 때 엄청난 시너지를 발휘한다. 다행히 휴 그랜트는 정상적으로 연예계에 복귀한다. 인생이 바뀐건 직업여성 마리톰슨이다. 그녀는 사건 이후 모든 취재에 열광적으로 응한다. 재치 있는 입담과 환상적인 몸매는 잡지모델이라는 성공을 낳는다. 그녀는 밑바닥에서 전전하던 과거와 청산한다. 아들을 학교에 보낼 등록비를 마련하고 성공적인 인생을 산다.

모든 역사는 사람이 기준이다. 그런데 후대에 교훈을 주려는 명목으로 개인의 위대함, 업적만 칭송한다. 실상은 밥 먹고 똥 싸고 울고불고 싸우는 인간이다. 우리와 똑같다. 사건사고가 많고 문제도 발생한다. 예를 들면 왕비와 노비의 섹스 스캔들이다.

고려시대 여성은 당당하고 진취적이다. 혼인 후에도 남편의 성을 따르지 않는다. 이혼하면 언제든지 재혼할 수 있다. 남자가 단순한 변심으로 여자와 헤어질 경우 관직을 박탈당하고 유배를 간다. 아들을 낳지 못한다는 이유로 부인과 헤어지지 못한다. 조선보다 남아선호사상이 약하다. 재산 상속도 아들, 딸 구분하지 않고 똑같다.

하지만 왕실 여성은 유일한 예외다. 왕이 죽으면 평생 혼자 살아야 한다.

아들을 낳지 못하면 궁궐이 아닌 사돈집으로 들어가 혼자 산다. 억울하지만 대부분 이 제도를 받아들인다. 하지만 그렇지 않은 여성도 있다. 언제, 어느 시대나 제도에 순응하지 않는 반항아, 혁명가는 있다. 이자겸의 동생 장경궁 주다. 그녀는 홀로된 외로움을 참지 못하고 힘 좋은 노비와 몸을 섞는다.

이자겸 가문은 신라 대대로 왕실에서 인정하는 귀족이다. 조상이 김수로 왕의 후손 '허기'라고 전해진다. 허기의 후손은 태조 왕건의 건국을 돕는다. 가문으로 따지면 고려 왕실에 전혀 꿇리지 않는 이자겸이다. 이런 당당한 태도로 문종의 아들과 친한 관계를 유지한다. 태자로 책봉된 왕훈과 술자리를 자주 가질 정도로 친밀하다.

1083년 7월, 문종이 죽자 왕훈이 12대 임금 순종으로 즉위한다. 문종의 제사가 끝나자 이자겸은 단도직입적으로 순종에게 말한다.

"제 누이를 왕비로 받아 주십시오."

이때 순종의 후비가 정의 왕후 왕 씨와 선희 왕후 김 씨다. 순종이 태자일 때 김 씨가 후비 후보자 중에 선택되어 궁으로 들어간다. 하지만 순종의 아빠 문종이 김 씨를 싫어해서 외가로 돌려보낸다. 그래서 순종은 마흔이 넘도록 아들이 없다. 순종은 이자겸의 청을 기쁘게 받아들인다. 이자겸의 여동생은 제3의 비 장경궁주가 된다.

하지만 좋은 일은 나쁜 일과 함께 온다고 하던가? 순종은 문종의 장사를 지낸 그달에 모든 죄수를 석방한다. 집권 초기에는 이렇게 모든 왕의 의욕적이고 적극적이다. 그런데 원래 몸이 병약한 데다 아버지의 제사 때 너무 울어서 병이 깊어진다. 결국 즉위 100일 만에 죽는다.

순종이 아들을 남기지 못하자 동생 왕욱이 왕위를 계승해 13대 왕 선종이 된다. 그 결과 순종의 비는 모조리 궁궐을 떠난다. 장경궁주는 이때 사돈집으로 들어간다.

그녀의 입장에서 이 상황은 정말 황당하다. 우선 정치결혼이라는 점이 그렇다. 출세, 상류사회 진출을 목적으로 한 정치결혼은 사랑이 없다. 게다가 본인 의지도 아니다. 야심에 가득 찬 오빠의 탐욕스러운 계산이다. 그런데 왕비가 된지 100일 만에 남편이 죽으니 평생 혼자 살아야 한다. 이건 차라리 저주다.

소설가 마크 트웨인은 이런 말을 한다.

"지금부터 20년 후, 당신은 했던 일보다 하지 않은 일로 인해 실망할 것이다. 밧줄을 던져라. 안전한 항구를 떠나 항해하라."

이 말처럼 우리는 20년 후 실행한 일보다 실행하지 않은 일로 더 큰 후회를 한다. 장경궁주 입장을 생각해보라. 뼈대 높은 집안의 딸이라서 남자 한 번 제대로 사귀지 못한 여인이다. 스스로 던져야 하는 밧줄은 오빠가 던져버린다. 밧줄을 받은 사람은 100일 후 죽는다. 이제 밧줄은 끊겼다. 정말 수동적인 삶이다. 남자 한 번 경험하지 못한 장경궁주는 평생 상상만 하면서 살아야 한다. 시녀가 몸을 섞는 소리를 들으며 간접경험만 해야 한다. 이 시대는 야동도 존재하지 않는다. 최악의 조건이다.

밤이면 찾아오는 외로움에 장경궁주는 몸서리 쳐진다. 물론 왕실에서 평생 먹어도 남아도는 음식, 평생 입어도 넘치는 옷, 쓰레기처럼 매일 버려도 가득 쌓일 만큼 돈을 보내준다. 하지만 인간은 그것만으로 살지 못한다. 심리학자 매슬로는 인간의 욕구를 5단계로 나눈다. 세 번째가 애정과 소속감의 욕구다. 인간은 절대 혼자 살지 못한다. 무리를 이루어야 한다. 서로 만져주고 비비고 엉켜야 한다. 강아지가 만져달라고 애교를 부리는 것도 같은 맥락이다. 그런데 장경궁주는 이 욕구가 완전히 차단당한다. 혈기왕성한 성인 여성에게 너무 가혹한 일이다. 그런데 장경궁주의 인생을 바꿀 사건이 발생한다. 여느 날처럼 왕실은 생활에 필요한 물품을 그녀에게 보낸다. 하지만 이번은 뭔가 다르다. 튼실한 노비가 지게에 비단을 가득 싣고 온다. 그순간 장경궁주의 마음이 요동친다. 그런 마음을 모르는 시중이 옷감을 가리키며 이렇게 말한다.

"태후마마께서 직접 하사하신 비단입니다. 남편을 여읜 슬픔을 지우고 평안하게 살라고 위로 차원에서 보내셨습니다."

이순간 장경궁주는 비단보다 노비에게 더 끌린다. 태후마마가 하사하신 비단과 저 녀석을 통째로 바꾸고 싶다. 이때 시중이 구원의 메시지를 던진다.

"이 아이는 궁에서 일하던 노비입니다. 성품이 착하고 힘도 장사입니다. 태후마마께서 잡일을 시키라고 비단과 함께 보냈습니다."

장경궁주는 화려한 비단보다 노비와 함께하는 게 더 기쁘다. 오랜만에 남자와 마주한 그녀는 노비에게 말을 건넨다.

"네 이름이 무엇이냐?"

"태산입니다. 아버지께서 다른 노비가 옷가지를 옮길 때 산을 옮기라고 지어주신 이름입니다."

"그래? 네놈이 이름값을 하는지 지켜보겠다! 그렇지 않으면 당장 쫓아낼 것이야!"

"명심하겠습니다."

노비와 왕비는 하늘과 땅만큼 차이 나는 신분이다. 그러나 장경궁주는 생각이 다르다. 여성 성공의 정점이라고 할 수 있는 왕비까지 올랐지만 남은 게 무엇인가? 불필요한 의식주와 외로움뿐이다. 그녀에게 신분 차이는 아무것도 아니다.

장경궁주는 태산을 남자로 바라본다. 그렇다고 노비에게 사랑을 고백할 텐가? 그 정도로 용기 있는 여성은 아니다. 그래서 장경궁주는 혼자 애 태운다.

하루는 밤이 외로워 도저히 잠을 이루지 못한다. 장경궁주는 웃옷을 걸치고 사가를 한 바퀴 돈다. 그때 곡간에서 야릇한 소리가 들린다. 물건이 흐트러지고 남녀는 신음 섞인 소리를 야무지게 발산한다. 문틈으로 안쪽을 바라보던 장경궁주는 깜짝 놀란다. 태산과 시녀가 몸의 대화를 나누고 있다. 난생처음 타인의 정사장면을 목격한 그녀는 심장이 요동치고 체온이 급격히 상승한다. 그런데 계속 그 자리에 있는 것도 이상해서 조용히 방으로 돌아온다. 오늘 잠은 다 잤다. 그녀는 태산에게 배신감을 느낀다. 마치 도서관에서 매일 마주치는 훈남이 여자 친구를 데려왔을 때 느끼는 감정이다.

장경궁주는 다음 날 모든 시녀를 밖으로 심부름 보낸다. 남은 사람은 태산과 장경궁주 뿐이다.

"태산아, 잠깐 방으로 들어와라."

"네. 마마 부르셨습니까?"

"어제 무엇을 했느냐?"

"네? 평소처럼 장작을 패고, 우물에서 물을 퍼 나르고, 밭을 일구었습니다."

"정말 평소와 똑같이 했느냐?"

"네. 그렇습니다. 마마님"

"그렇다면 곡간에서 시녀와 뒹구는 것도 네놈의 일이냐?"

사태를 파악한 태산이 무릎을 꿇고 머리를 바닥에 처 박는다.

"마마 죽을 죄를 졌습니다."

"너를 어떻게 하면 좋을까?"

"살려 주십시오. 시키는 건 뭐든지 다 하겠습니다. 늙으신 어머니는 저 하나 바라보고 삽니다. 제가 아니면 오늘 당장 굶어 죽습니다. 제발 용서해주십시오."

"시키는 건 무엇이든지 다 하겠다는 말이냐?"

"예. 뭐든지 다 하겠습니다."

"어제 시녀와 했던 대로 나와 몸의 대화를 나눌 수 있겠느냐?"

태산은 자신의 두 귀를 의심한다. 그리고 장경궁주를 경계한다. 마마가 누명을 씌워 나를 죽이려는 게 아닐까? 하는 마음에서다.

"네? 마마께서 왜 저 같이 미천한 놈과 몸을 섞으려고 하십니까? 제게는 벽에 그림을 그려 대대손손 사건을 전할 만큼 가문의 영광입니다. 하지만 마마께서는 가문의 수치입니다. 어쩌자고 그러십니까?"

"노비 주제에 무슨 말이 이렇게 많으냐? 네 말처럼 나는 임금의 여자다. 그러나 100일 만에 남편이 죽고 평생 과부로 살아야 하는 처지다. 네가 이런 심정을 아느냐? 지금은 왕비도, 왕실가문도 아니다. 사랑이 그립고 남자가 필요한 여자일 뿐이다."

처음 보는 장경궁주의 태도에 태산도 당황한다. 그는 속는 셈 치고 장경궁주를 품에 끌어 안는다. 어젯밤 곡간에서 발휘한 힘과 스피드보다 두 배 강력하고 두 배 빠르다. 두 사람은 먹이를 찾아 산기슭을 어슬렁거리다 10일 만에 썩은 고기를 발견한 하이에나처럼 강력한 몸의 대화를 나눈다.

늦게 배운 도둑질이 무섭다. 장경궁주는 매일 늦은 밤에 태산을 불러 격렬한 몸의 대화를 나눈다. 하지만 꼬리가 길면 밟히는 법, 자신과 곡간에서 몸에 대화를 나누지 않는 태산에게 시녀는 의문을 느낀다. 남자가 섹스를 거부할 때는 다른 여자가 생겼거나 더 좋은 파트너가 있을 때다. 시녀는 태산의 뒤를 밝는다. 그리고 태산의 파트너가 장경궁주임을 알고 충격을 받는다.

시녀는 다음 날 모든 동료에게 이 사실을 퍼뜨린다. 틀에 박힌 시녀생활에 노비와 왕비의 섹스 스캔들은 가뭄의 단비 같은 이야깃거리다. 밥 먹을 때도 그 이야기, 뒷간에 같이 갈 때도 그 이야기, 잠자리에 누워서도 그 이야기다. 발 없는 말은 천 리를 간다. 하지만 시녀의 말은 만 리를 간다. 이 소문은 저잣거리까지 퍼져서 장경궁주의 오빠 이자겸의 귀에 들어간다. 야망에 가득 찬 이자겸은 소문이 당황스럽다. 만약 진실이라면 자기 위치가 위태롭기 때문이다. 그는 누이를 직접 찾아간다.

"오라버니, 정말 오랜만이에요. 어쩐 일이십니까?"

노비와 몸을 섞은 사람 치고 너무 태연하다. 이자겸은 혼란스럽다. 그러나 정신을 차리고 질문한다.

"저잣거리에 이상한 소문이 돌고 있습니다."

"하하 그래요? 무슨 소문인데요?"

"궁주님이 노비와 늦은 밤마다 몸을 섞는다는 소문입니다."

"그렇군요."

"하하 궁주님의 담담한 말투를 보니 역시 소문은 믿을 게 못되나 봅니다."

"아니요. 사실이에요"

"지……. 지금 뭐라고 하셨습니까? 사실이라고 했습니까?"

"네. 저는 태산과 사랑에 빠졌어요."

야망에 가득 찬 이자겸은 온몸으로 분노를 느낀다. 현재 고려 임금인 선종은 이자겸을 싫어한다. 어떻게든 쫓아 낼 명분을 찾고 있다. 그런 상황에서 궁주의 행실은 이자겸을 무너뜨릴 좋은 명분이다. 이자겸은 짧은 순간에 자신의 위치와 출세를 계산한다. 그리고 궁주에게 폭격기 같은 속도로 말을 뱉어낸다.

“궁주!!!! 지금 제정신입니까? 자기 위치를 망각하신 겁니까? 한 나라의 왕비였던 여자가 노비와 정분을 나누고 있습니까? 궁주의 몸은 개인 것이 아닙니다! 우리 가문과 나라 전체의 것입니다! 아직도 그걸 모르십니까?”

“오라버니, 그만 하세요! 저는 왕비도 뭣도 아니에요. 사랑이 필요한 여자에요. 오라버니가 출세를 위한 목적으로 강제로 혼인시켰잖아요. 남편도 죽은 마당에 얼마다 더 참아야 합니까? 평생 암컷 구실 못하는 강아지처럼 지내야 합니까? 그래도 강아지는 매일 친구와 어울려서 놉니다. 그런데 저는 항상 혼자에요! 개만도 못한 팔자라 이겁니다! 얼마나 더 참아야 합니까?”

“궁주, 정신 차리세요. 나라의 법 보다 왕의 명령이 더 무겁습니다. 이 사실이 왕의 귀에 들어가면 궁주는 죽을 수도 있어요. 내 말 알겠습니까?”

죽을 수도 있다는 말에 장경궁주의 이성이 돌아온다.

“그러면 제가 어찌해야 합니까?”

“내가 알아서 하겠습니다. 누가 소문을 묻거든 모르는 일이라고 말씀하세요.”

“알겠습니다.”

이자겸은 장경궁주 집에 있는 모든 시녀와 노비를 모으고 이렇게 말한다.

“두 번 말하지 않겠다. 너희가 모시는 장경궁주에게 흉측한 소문이 돌고 있다. 이 말이 진실이 아닌 건 너희 모두가 알고 있다. 누가 묻거든 헛소문이라고 사실대로 말해라. 명을 어기는 자가 있으면 그 날이 제삿날이다. 알겠느냐?”

“알겠습니다.”

그렇게 이자겸은 자기 얼굴에 침을 뱉는다. 제발 왕의 귀에 이 사실이 들어가지 않기를 바랄 뿐이다.

하지만 시녀의 말은 만 리를 간다. 결국 이 소문은 왕의 귀에 들어간다. 선종은 자신의 형수가 노비와 몸을 섞은 사실을 듣고 경악한다.

"왕의 여자가 천한 노비와 몸을 섞다니! 있을 수 없는 일이다. 노비를 갈기갈기 찢어 저잣거리에 내 걸어라! 놈을 본보기로 삼아야겠다. 그리고 장경궁주는 관직을 삭탈하라! 더는 왕실 여성이 아니다. 집안을 관리하지 못한 이자겸은 벼슬을 없애고 궁에서 쫓아내라!"

야망에 가득 찬 이자겸의 꿈은 동생의 욕정으로 물거품이 된다. 장경궁주는 사가를 떠나 산에 칩거하며 남은 생을 보낸다.

장경궁주와 노비의 사랑을 어떻게 봐야 할까? 왕실을 어지럽힌 끔찍한 사건인가? 아니면 사랑을 갈망하는 여인의 순정인가? 나는 이렇게 생각한다. 만약 숙종이 둘 사이를 인정했으면 어떻게 됐을까? 장경궁주와 사랑한 태산의 직책을 올려줬다면? 왕실까지는 아니지만 어느 정도 벼슬을 줬다면? 신분제의 혁명을 불러일으킬 수 있는 사건이 된다. 태산의 가문은 달라지고 그는 고려 노비제도를 완전히 뒤엎을 수도 있다.

그러나 현실은 다르다. 숙종에게 태산은 왕실의 물을 흐린 망나니에 불과하다.

드라마 같은 노비의 인생역전
반석평, 재상이 된 노비

어느 시대나 개천에서 용 나기가 어렵다. 척박한 맨땅에서 기적을 일구어낸 현대 창업자 정주영도 예외적인 인물이다. 그의 업적이나 스토리가 주목받는 이유가 무엇인가? 그만큼 개천에서 용 나기가 어렵다.

우리는 숨 쉬는 사람을 절대 주목하지 않는다. 전 세계 누구나 가능하다. 하지만 숨 쉬지 않고 사는 사람이 있다면 단번에 주목받는다. 정말 예외적인 경우이기 때문이다.

어느 시대나 출셋길은 상류 1퍼센트가 차지한다. 평범한 서민이 성공할 확률은 바늘구멍에 낙타 통과하기다. 그러나 어느 시대나 바늘구멍을 통과하는 사람은 있다. 도전하는 사람이 많으면 그만큼 확률이 높아진다. 그 사람은 각종 인터뷰, 강연, 책을 통해 시대의 희망이 된다. 우리는 그런 사례를 보며 감동받고 희망을 가진다.

물론 그 사람의 노력과 열정은 충분히 배울만하다. 하지만 '이 사람이 성공했으니 너희도 하면 된다. 누구나 할 수 있다.' 는 한쪽으로 치우쳐진 메시지는 위험하다. 국가, 정부가 해결해야 할 등록금 문제, 취업지옥, 자본지옥, 사교육을 개인에게 모조리 떠넘기기 때문이다.

이번에 소개할 사람도 그렇다. 신분의 벽이 높은 조선시대에 기적을 일으킨 인물이다. 가장 미천한 신분인 노비에서 재상까지 오른다. 그는 하늘이 도와준 사람이다. 그만큼 조선은 신분에 대한 구분이 엄격하다. 노비가 학문을 닦고 과거시험을 보고 관직에 등용됐다는 건 상당히 이례적이다.

하지만 이 사람이 주목 받는 이유도 조선 노비가 성공할 확률이 제로이기 때문이다. 어느 시대를 살든지 어떤 성공자의 강연을 듣든지 그 점을 잊으면 안 된다. 균형 잡힌 시각으로 이번 사례를 읽어주기를 바란다.

밑바닥에서 하늘까지 올라간다는 건 어떤 기분일까? 누구나 안 된다고 하는 일에 도전해서 성공하면 어떤 생각이 들까?

예를 하나 들어보자. 당신은 조선시대 노비다. 출셋길은 이미 막혀있다. 그런데 학문에 엄청난 재능을 보인다. 노비는 재능을 주체하지 못하고 몰래 글공부를 지속한다. 그는 지독한 노력으로 과거에 합격하고 재상의 신분에 오른다. 당신은 이게 가능할거라고 생각하는가? 아마 대부분이 불가능하다고 생각한다. 오히려 그런 꿈을 갖는 걸 미친 짓으로 취급한다. 현실과 이상을 구분하지 못하는 어린아이라고 치부한다.

그런데 세상은 불가능을 가능으로 바꾸는 사람도 있다. 세상은 그런 인물을 원한다. 그런 자가 TV에 나오고 강연을 하고 책을 쓴다. 역설적으로 우리는 이런 사람에게 감동하고 많은 용기를 얻는다.

반석평은 양반 '반서린'의 서자로 태어난다. 하지만 어린 시절 이 참판 댁 노비로 들어간다. 가문이 몰락하거나, 범죄를 저지르거나, 부모님이 노비이면 자신도 노비가 된다. 반석평도 그런 경우라고 생각된다.

우리 인식에 박혀 있는 노비는 어떤 모습일까? 주인 옆에서 무거운 짐을 나른다. 장작을 팬다. 밥을 짓는다. 명령에 복종한다. 월급은 받지 못하거나 일정부분 떼인다. 부엌살림, 안방심부름까지 온갖 궂은 일을 도맡는다. 부조리를 참지 못하고 도망가면 추노 꾼에게 잡힌다. 글 읽는 선비를 보면 속으로 욕한다.

"부모 잘 만나서 한가하게 책이나 보고 있구나. 나는 저 자식보다 힘도 쌔고 집안일도 잘하는데 평생 이렇게 천하게 살아야 하는가?"

이런 느낌이다. 하지만 반석평은 어딘가 좀 다르다. 절대 책을 무시하지 않는다. 오히려 일은 못 할지언정 글은 반드시 배워야 한다고 믿는다. 이런 생각을 할 수 있는건 그가 처음부터 노비가 아니었기 때문이다.

반석평은 무슨 수를 써서라도 글을 배우려는 생각으로 가득하다. 마침 이 참판 집에는 석평과 또래인 이오성이 있다. 이 참판은 이오성의 학문증진을 위해 선생을 모셔 놓은 상태다. 석평은 생각한다.

"선생에게 글을 좀 가르쳐 달라고 할까?"

하지만 쉬운 일이 아니다. 노비가 문밖이나 마루 끝에서 공부를 몰래 훔쳐보면 반드시 응징 당한다. 볼기짝을 심하게 맞거나 아니면 팔려간다. 신분의 벽을 견고하게 유지하려는 사대부의 알팍한 수작이다. 고대 그리스에서 책은 귀족의 전유물이다. 서민이나 노비가 책을 읽으면 자기 생각을 뛰어넘는다. 그러면 더는 지배하지 못한다. 조선시대도 같은 맥락으로 보인다.

이오성은 매일 글을 배우지만 매번 혼난다. 하나를 가르쳐주면 열 가지를 잃는다. 오성은 양반이니 글공부니 모든 게 귀찮을 뿐이다. 글은 제쳐놓고 매일 가재잡고 도랑치고 놀러 다니기 바쁘다. 석평의 눈에 오성은 존재 자체가 부러울 뿐이다.

석평은 타오르는 열정을 주체하지 못하고 매일 오성의 공부를 엿 듣는다. 중요한 이야기는 잊을까 봐 땅바닥에 돌로 새긴다. 그렇게 한 자 한 자씩 석평은 공부를 터득해간다.

석평은 문리가 트이면서 점점 마음에 욕심이 생긴다.

"나도 제대로 공부하고 싶다. 평생 이렇게 살 수 없다. 기회만 온다면 도전해보고 싶다."

하지만 노비가 과거를 보는 사례는 조선 500년 어디에도 없다. 이 참판이 갖고 있는 노비문서도 큰 걸림돌이다. 석평은 공부가 깊어질수록 세상의 현실과 자신의 처지가 그대로 보였으리라. 공부가 깊어갈수록 절망감도 커진다. 하지만 끝내 공부를 포기하지 않는다. 글이 좋은데 어떻게 하겠는가?

석평의 인생을 보면 실학자 다산 정약용의 말이 떠오른다. 그는 천주교를 믿는다는 이유로 관직을 박탈당하고 강진으로 유배를 간다. 이는 가문의 몰락을 말한다. 그래서 집안은 대대로 출셋길 막힌다. 그 결과 다산의 아들도 공부를 손에서 놓는다. 하지만 다산은 편지로 자신의 철학을 전한다.

"폐족의 자식이라 출셋길은 막혔지만 오히려 성인의 경지에 두고 공부를 할 수 있다. 요즘 선비는 출세를 목적으로 공부를 한다. 하지만 너희는 그것에 신경 쓰지 않아도 되니 오히려 더 잘된 일이다."

필자는 이 문장을 보고 심한 충격을 받았다. 생각이 뛰어난 사람을 보면 한 차원 높은 수준에서 사고한다. 평범한 사람은 죽었다 깨어나도 하지 못할 생각을 한다. 그게 정말 놀랍다. 석평도 다산과 같은 생각이다. 비록 출셋길은 막혀도 성인의 경지를 목표로 계속 공부할 수 있다.

석평은 큰마음을 먹고 오성에게 통감을 읽고 싶으니 빌려줄 수 있느냐고 묻는다. 오성은 굉장히 털털하게 빌려준다. 정말 아무 생각이 없나 보다. 석평이 글공부를 한다는 소문은 오성과 그의 스승, 그리고 이 참판의 귀에 들어간다. 몇 번이고 꾸짖지만 석평은 돌아서서 공부하고 또 공부한다. 이 참판은 이 모습을 보면서 씁쓸함을 느낀다.

"내 아들은 모든 걸 다 가졌으나 공부가 게으르다. 석평은 공부가 부지런하고 머리가 총명하나 아무것도 가진 게 없다. 하늘은 두 사람을 왜 이렇게 만들었는가?"

그런데 이 참판은 보통 선비와 다르다. 생각이 열려있고 누구에게나 배울 줄 아는 사람이다. 그래서 석평을 도와주기로 결심한다. 이 부분은 석평에게 굉장한 행운이다.

"석평아, 잠깐 이리 와 보거라"

"예, 대감님 부르셨습니까?"

"요즘도 글공부를 계속 하느냐?"

"그게……."

"괜찮다. 혼내려는 게 아니다. 어서 말해 보아라"

"그렇습니다. 아직도 공부하고 있습니다."

"너는 신분이 미천하다. 아무리 글공부가 뛰어나도 과거를 보지 못한다. 이 사실을 아느냐?"

"네. 알고 있습니다. 그런 생각이 들 때마다 가슴에 한이 맺힙니다. 한동안 글을 멀리 한 적도 있습니다. 하지만 지금 이대로도 좋습니다. 평생 글공부를 할 수 있다면 노비로 살아도 괜찮습니다."

"석평아, 나는 너에게 기회를 주고 싶다. 내가 아는 양반 중에 아들 없는 부자가 있다. 그 집에 수양아들로 보내주겠다."

"저……. 정말입니까? 대감님, 그 말이 사실입니까?"

"하하 사실이다. 네 발목을 묶는 노비문서도 없애 주겠다. 하지만 다시는 이 집에 발을 들여서는 안 된다. 이 집과 관계가 새어나가면 너에게 좋을 게 없다. 약속할 수 있겠느냐?"

"네. 대감님 약속할 수 있습니다. 정말 감사합니다. 이 은혜는 절대 잊지 않겠습니다."

이 참판은 뜻 모를 미소를 지으며 석평의 노비문서를 불태운다. 석평은 곧장 짐을 챙기고 부잣집 양반 집으로 들어간다.

어른만 있는 조용한 집에 매일 글소리가 들리니 양부모도 기분이 좋다. 석평은 물 만난 고기처럼 마음껏 글공부를 한다.

"하늘 천 땅 지, 내 인생 따라지, 하지만 괜찮지, 노비문서 불태웠지, 양반 집 아들이지, 앞길이 열렸지,"

과거시험에 응시한 석평은 1507년 중종 2년에 문과에 병과로 급제한다. 합격소식을 들고 온 석평을 보자 양부모의 집은 떠나갈 듯 기쁘다. 친구에게 소식을 들은 이 참판도 겉으로 표현하지 못하지만 내심 뿌듯하다.

성공은 케첩과 같다. 처음은 아무리 쥐어짜고 흔들어도 나오지 않는다. 그러나 한 번 터지면 줄줄 새어 나온다. 석평은 과거 급제 후 예문관검열이라는 관직을 받는다. 또 함경도에 경차관으로 파견된다. 9년 후에는 경흥부사가 된다. 탄력을 받아서 형조 판서까지 지낸다.

사람은 성공하면 어려웠던 과거를 잊는다. 말은 아니라고 하지만 그의 행동과 사람을 대하는 방식을 보면 알 수 있다. 그래서 성공자를 만나 함께 일을 하면 그의 인격에 실망해 발길을 끊기도 한다. '개구리 올챙이 시절 기억 못 한다.' 라는 속담은 정말 정확하다.

하지만 석평은 다르다. 마음을 가장 낮은 곳에 두고 산다. 노비를 대하든 양반을 대하든 항상 똑같다. 이 낮은 마음은 힘들게 얻은 관직을 포기할 생각마저 하게 만든다.

석평은 수레를 타고 궁으로 들어가는 길이다. 그때 그의 앞에 옷은 양반이지만 행색과 몰골은 거지꼴인 청년이 지나간다. 석평은 그를 보자마자 깜짝 놀란다. 자신에게 통감을 빌려주던 이 참판의 아들 이오성이다.

여기서 이 참판 집안의 몰락을 알아보자. 오성은 글공부를 등한시하기로 유명하다. 그런 태도가 성인이 되고 집안을 책임질 때까지 지속된 모양이다. 오성은 과거시험을 치를 수준이 못 된다. 집안의 기둥 이 참판은 죽고 재산은 점점 비어간다. 그래도 오성은 한결같이 공부하지 않아 결국 하늘에서 바닥으로 추락한다.

석평은 은인의 아들이 몰락하자 두 눈이 붉어진다. 그러나 섣불리 나서지 못한다. 무슨 일이 있어도 절대 아는 척하지 말라는 이 참판과 약속 때문이다. 하지만 그건 사람의 도리가 아니다. 석평은 이 참판과의 약속을 어긴다.

"수레를 멈춰라"

석평은 수레에서 뛰어내려 오성에게 다가간다.

"도련님, 오성 도련님이십니까? 소인 석평입니다. 알아보시겠습니까?"

오성은 당황한다. 한 끼 때울 궁리를 하면서 돌아다니는데 양반이 갑자기 찾아와 자신을 알아보겠느냐고 묻는다. 음식이라면 알아보겠지만 사람 얼굴을 알아 볼 기력은 남아있지 않다.

"저 석평입니다. 어린 시절 대감님 댁에서 일하던 석평입니다."

그제야 오성은 눈앞에 양반이 누구인지 알아본다. 그러나 아버지가 말해준 게 있어 끝까지 모른 척 한다.

"저는 한낱 거지에 불과합니다. 대감님 같은 높은 분은 모릅니다. 사람을 잘못보신 것 같습니다"

돌아서는 오성을 석평이 붙잡는다.

"어찌 한 번 섬긴 주인을 잊겠습니까? 선친 이 참판 대감님이 아니었다면 평생 노비로 살았을 놈입니다. 과거에 약속이 있더라도 이건 사람 도리가 아닙니다."

석평은 오성을 자기 집으로 데려간다. 그에게 산해진미를 대접해서 그동안 받은 은혜에 보답한다. 그리고 다음 날 모든 걸 내려놓고 임금을 찾아간다.

"전하, 신을 죽여주옵소서. 저는 나라의 제도를 더럽히고 신분을 속였습니다. 양반집 자식이 아니라 미천한 노비의 자식입니다. 그동안 전하를 속이고 호의호식을 누렸습니다. 이제 그 벌을 받으려고 합니다. 제 관직을 박탈하고 몰락한 저의 주인집 아들에게 관직을 주십시오."

중종은 한 번에 너무 많은 걸 들었는지 놀란 기색이 역력하다.

"그대의 뜻은 잘 알겠다. 대신과 논의할 테니 기다리고 있으라."

긴 시간 회의 끝에 중종이 입을 연다.

"죄인 반석평은 들어라. 신분을 감추고 임금을 속인 죄는 죽어 마땅하다. 하지만 그대의 공적과 옛 주인을 생각하는 마음을 높이 사서 한 번 눈감아주겠다. 또 그대가 요구한 대로 옛 주인에게 관직을 주겠다."

"감사합니다. 전하 정말 감사합니다."

중종은 왜 석평을 용서해줬을까? 확증은 없지만 심증은 있다. 자신의 정치에 도움되기 때문이다. 혹은 그의 솔직함을 높이 샀을 수 있다. 아니면 상류층 세력의 힘을 약하게 하려고 인재등용을 폭넓게 하려는 의도일 수 있다. 고구려 고국천왕이 농부 을파소를 발탁한 것도 같은 이유다.

신분을 고백한 석평의 앞날은 그리 탄탄하지만은 않다. 그를 견제하기 위해 사대부는 출신의 미천함을 이유로 승진에서 발탁하라는 등 온갖 권모술수를 부린다. 그런 멸시에 굴하지 않고 석평은 묵묵히 자기 일을 한다. 그게 이참판과 이오성에게 은혜를 갚는 일이다. 결국, 종 1품 좌찬성까지 오른다.

노비라는 한계를 극복하고 재상이 된 반석평은 1540년 5월 19일 69세로 생을 마감한다. 그리고 404년 후 충청북도 음성에 반석평의 후손이 태어난다. 그는 현재 UN사무총장으로 일하고 있다. 우리는 이 사람을 '반기문' 이라고 부른다.

역사를 공부하지 않은 사람도 세종대왕은 안다. 그가 굵직한 업적을 남겼다는 사실도 안다. 만 원짜리 지폐에 등장하는 것도 안다. 그만큼 조선과 한국에 많은 영향력을 끼친 인물이다. 인터넷 서점에 '세종'이라고 검색하면 관련 도서가 천 권이 넘는다. 그가 지금도 위대한 인물로 칭송받고 있다는 뜻이다.

세종은 어린 시절부터 타의 추종을 불허하는 독서광이다. 책 한 권을 30번 읽을 정도면 정말 대단한 일이다. 그게 어린아이라면 더욱 놀랍다. 무엇을 하든 어린 시절부터 시작하면 학습속도와 성장력이 엄청나다. 세종은 눈을 뜨면 책을 읽는다. 밥 먹을 때도 책을 보면서 먹는다. 밤이 늦도록 책을 읽는다. 아버지 태종은 아들이 병이 들까 걱정되어서 책을 모조리 숨겨 놓는다. 그걸 또 찾아내서 치열하게 읽는다. 이 정도 책에 미친 남자다. 그 결과 다방면에 풍부한 지식을 얻고 통합적인 관점을 가진다. 독서는 세종이 혁신가, 개혁가로 발돋움하는 토대다.

세종은 태종의 셋째 아들이다. 폐위된 양녕 대신에 세자로 책봉된다. 두 달 후 왕위를 이어받아 세종대왕이 된다.

세종 2년에 '현명한 사람이 모인 큰 집단'이라는 뜻의 집현전을 설치한다.

이 곳은 세종의 놀이터다. 온갖 학문을 연구하고 학자와 모여 토론한다. 책벌레 정인지, 성삼문, 신숙주는 모조리 여기에 모인다. 세종의 전폭적인 지원을 받아 예산과 인력에 구애받지 않고 꾸준히 공부와 연구에 매진한다.

세종 때 임금의 학문을 연마하고 신하와 국정을 협의하는 경연이 1,898회나 열린다. 아버지 태종이 4회를 실시한 것과 대조되는 기록이다.

세종은 독서를 토대로 다양한 분야에 손을 뻗는다. 계속 다양한 책을 만들다 보니 인쇄술이 10배나 발달한다. 과학에도 관심이 많다. 천문학을 연구하는 서운관을 설치한다. 그가 등용한 과학자는 측우기를 발명한 장영실이다.

훈민정음은 또 어떤가? 세계적인 언어학자 촘스키도 극찬한 실용적인 문자다. 한문은 백성이 읽기 어려워 소송을 걸거나 재판할 때 억울한 사람이 생기는 일이 많다. 또 한문 자체가 어려워 백성과 지식인의 격차는 날이 갈수록 커진다. 백성은 억울하고 답답한 경우가 많다. 하지만 훈민정음은 이런 불편과 불만을 모조리 커버한다.

훈민정음 탄생 과정은 우리 모두가 배워야 한다. 대부분 인간은 세상을 있는 그대로 받아들인다. 언어, 교육, 정치, 경제 모든 게 그렇다. 그래서 평생 누군가 정한 틀에 자신을 끼워 맞춘다. 그러나 세종은 여기에 갇히지 않는다. 자신이 새로운 문자를 발명한다. 필자는 이 부분을 굉장히 높게 산다.

하지만 세종의 개혁이 지금처럼 정치, 기술, 조정, 경제에만 국한된 건 아니다. 백성에 대한 사랑도 지극하다. 7일에 불과한 노비의 출산휴가를 100일로 늘린다. 남편도 1개월 휴가를 줘서 출산을 돕게 한다. 주인이 실수라도 노비를 죽이면 주인을 엄격하게 처벌한다.

세종 즉위 후 7년간 조선은 혹독한 가뭄에 시달린다. 굶주림으로 9,000호 가구 중에 2,000호가 사라진다. 토지 6만 결 중에 3만 결이 황폐화된다. 백성은 흙으로 떡과 죽을 만들어서 목숨을 연명한다. 이런 위기 속에 세종은 현재 광화문 거리에 가마솥에 죽을 끓여 백성을 먹인다. 심하게 굶주리거나 아픈 사람은 끝까지 보살펴 회복하게 한다. 자기만 호의호식할 수 없어서 경회로 동쪽에 초가집을 짓는다. 이곳에서 모든 업무를 처리하고 잠도 잔다. 그래도 명색이 임금이라 신하는 몰래 짚을 깔아주고 집을 꾸민다. 하지만 깜짝 이벤트를 세종에게 들켜서 혼쭐난다. 역시 '대왕'이라는 칭호에 가장 잘 어울리는 임금이다.

그러나 세종의 개인사가 정책이나 개혁처럼 화려한 건 아니다. 오히려 불행하다. 조선을 건국한 태조 이성계는 무예에 깊이 몸담은 사람이다. 집안은 대대로 무예를 습득하고 연마한다. 하지만 세종은 예외다. 무예를 할 시간에 책을 읽는다. 그 시간조차 아까운 모양이다. 하루 종일 책만 읽고 운동하지 않으면 어떻게 될까? 건강이 정말 나빠진다. 나도 이런 생활을 1년 동안 해봐서 잘 안다. 건강이 나빠지는 걸 온몸으로 느낀다. 아버지 태종도 경기도 관찰사에게 '세종이 몸이 뚱뚱하니 무예를 익혀 몸을 조절하라'는 명령을 내릴 정도다.

세종의 식성도 문제가 많다. 채소를 싫어하고 고기만 사랑한다. 어느 정도냐면 태종이 죽을 때 제사 중이라도 세종에게 고기를 먹이라는 유언을 남긴다. 세종이 고기가 없으면 밥을 먹지 못하는 걸 알기 때문이다.

하루 종일 책만 읽는다. 운동은 전혀 하지 않는다. 채소는 싫어하고 고기만 좋아한다. 건강이 어떻게 되겠는가?

일과를 보면 자기착취라는 말이 떠오른다. 새벽 5시에 일어나 하루를 시작한다. 새벽 6시에 근정전에서 열리는 대조회에 참석한다. 이는 두 시간 동안 진행된다. 오전 8시에 사정전에 도착해서 실무부서에게 업무보고를 받는다. 곧바로 경연장으로 가서 집현전 학사와 공부한다. 그가 참여한 횟수는 1,898회다.

오전 일정을 마치고 왕실 어른에게 문안을 드린다. 오후 3시, 다시 업무에 들어간다. 주된 업무는 상소문 검토다. 별의별 상소문이 다 올라온다. 임금과 신하는 표면적으로 상하관계다. 그러나 실질적으로 대립관계, 더 나아가임금은 고급노예라고 할 수 있다. 얼마나 힘에 부치겠는가? 궁궐 출입이 잦은 폐위된 양녕대군을 멀리하라는 상소가 2백 건에 달한다. 형이랑 친하게지내고 싶은데 신하는 이를 극구 반대한다. 혹시 쿠데타라도 일으킬 수 있기때문이다. 형과 밥도 마음대로 먹지 못하는 게 임금이다.

저녁 8시 왕의 공식적인 업무가 끝난다. 하지만 세종은 연장업무를 시작한다. 그래서 밤을 새우는 날이 잦다. 그리고 다음 날 다섯 시에 일어난다. 잠도 못자고 일에 시달리면 스트레스는 극에 달한다. 몸은 지치고 정신도 피폐해진다.

지금 관점으로 보면 새벽형 인간이다. 또 성공을 위해 노력하는 전형적인모습이다. 어떤 작가는 하루 18시간을 자기 분야에 몰입하고 잠을 4시간 자라고 한다. 하지만 세종의 사례가 말해주듯 정말 위험한 행동이다. 정신을망가뜨리고 건강을 해친다. 이런 자기착취는 스스로 주인이자 노예이기 때문에 누군가를 탓하지도 못한다. 건강관리를 못 한 자기 탓이 된다.

세종의 어린 시절은 풍족함 그 자체다. 항상 먹을 게 널려있고 진귀한 책도 많다. 이런 환경을 보면 행복한 유년을 보냈을 거라고 생각된다. 하지만그렇지도 않다. 아버지 태종은 당시 태자였던 양녕대군이 왕에 올랐을 때 일어날 수 있는 외척의 반란을 걱정한다. 그래서 자신의 처남 민무구, 민무질,민무휼, 민무회를 제거한다. 이때 세종의 나이 17살이다. 왕권 강화를 위함이지만 사돈을 죽이는 아버지의 잔인한 태도는 정신에 큰 충격이 올 수 있다. 이 사건으로 아버지 태종과 어머니 원경왕후의 사이는 극도로 악화된다. 여자에게 절대로 하면 안 되는 게 친정 부모님 욕, 형제를 무시하는 발언이다. 함께 살기는 하겠지만, 여자는 그런 발언을 평생 가슴에 담아둔다. 그런데 태종은 아예 여자의 친정식구를 죽여 버린다. 두 사람이 부부 관계를 유지하는 것만 해도 기적이다. 세종의 눈에 두 사람은 어떻게 보였을까? 당장 서로 물어뜯을 것 같은 눈빛, 한 마디도 나누지 않는 서먹함은 어린아이에게 불안감을 심어준다. 특히 이혼 얘기가 오가면 아이는 밤새도록 잠을 이루지 못한다. 다음날 엄마나 아빠가 사라질까 봐 걱정한다.

태종은 혼란스러운 세종의 마음에 기름을 들이 붓는다. 세종이 즉위할 때 왕권 강화를 위해 장인어른을 역모죄로 죽여 버린다. 세종의 정신은 이미 만신창이다. 또 세종은 어린 시절 책을 가까이해서 조정의 기대를 한몸에 받은 세자다. 그러니 '나라를 잘 만들어야 한다. 개혁해야 한다. 강대국으로 도약해야 한다', 는 부담감이 항상 따라 다녔으리라.

세종이 즉위할 때 다시 비극이 일어난다. 큰 아버지 정종이 죽는다. 국상이 끝나갈 때 어머니 원경왕후가 죽는다. 2년 후에 아버지 태종이 죽는다. 부모님이 연달아 돌아가시는 건 굉장한 비극이다.

세종의 하루일과도 큰 문제가 있다. 그는 '좋은 사람, 훌륭한 임금' 콤플렉스가 있는 모양이다. 그 어떤 오락도 하지 않는다. 오로지 책을 읽고 국정에 종사한다. 이런 사람은 자제력이 강하고 주관이 뚜렷하다는 평가를 받는다. 하지만 스트레스를 풀지 못해서 몸과 마음이 병든다.

세종의 건강은 어떻겠는가? 29세에 두통과 이질을 여러 날 앓고 당뇨가 온다. 매일 밤 물 한 바가지를 마시며 고생한다. 30대 중반에 풍병과 종기가 걸린다. 40대 초반에 안질과 소갈증이 온다. 심지어 한쪽 다리가 말을 듣지 않는다는 기록도 있다. 세종이 자신의 병에 언급한 기록을 보자.

"내가 풍병을 얻은 것은 지난 번 경복궁에 있을 때라 여겨진다. 한창 더운 여름철 한낮 이 층에 올라갔다가 창문 앞에 누워 잠깐 잠이 들었는데 양어깨 사이가 찌르는 듯 아팠다. 이튿날 회복되었는데 그 후 4, 5일이 지나자 또 통증이 오고 밤사이 약간 붓기도 했다. 그 뒤부터는 시도 때도 없이 발작해서 지금까지 이어지고 있으니 아무래도 숙병(宿病, 오래된 병)이 된 것 같다."[4]

등창(종기), 소갈증(당뇨) 임질(방광염)에 대한 기록이다.

"내가 젊어서부터 한쪽 다리가 치우치게 아프다가 10여 년에 이르러 조금 나았는데, 또 등창(등에 나는 큰 부스럼)으로 오래 고통을 받았다. 아프기 시작하면 마음대로 돌아눕지도 못하여 그 고통은 이루 말할 수가 없다.(……) 또 소갈증이 있은 지 열서너 해가 되어 하루에 마시는 물만 해도 몇 동이가 될 정도였다. 3년만 지나면 피부가 지치고 상할 것이라 걱정했는데 이제 좋아진 지 2, 3년쯤 되었다. 지난해 여름에 또 임질(淋疾)을 앓아 오래 정사를 보지 못하다가 가을 겨울에 이르러 조금 나았다."[5]

안질(백내장)에 대한 기록이다.

"지난봄 평강에서 무예를 끝낸 뒤 왼쪽이 아파 각막을 가려야 했다. 또 오른쪽 눈이 이내 어두워져 한 걸음 앞에 사람이 있는 것은 알겠지만, 누구인지 분간되지 않아 무예를 한 것을 후회한다. 한 가지 병이 겨우 나으면 한 가지 병이 또 생기니 나의 쇠로함이 심하다."[6]

필자는 세종의 건강에 뭐라고 말해야 할지 모르겠다. 그냥 가슴만 아프다. 우리가 칭송하는 대왕은 외롭게 소리 없는 아우성을 지르고 있다.

그래도 일을 멈추지 않는다. 14년에 〈삼강행실도〉와 〈팔도지리지〉를 만든다. 훈민정음은 반 실명이 됐을 때 창제한다. 이 정도면 학자가 아니라 예술가에 가깝다. '내 사랑 내 곁에'를 부른 가수 김현식도 배에 물이 차는 상황에서 앨범을 녹음하고 콘서트를 강행한다. 반 고흐도 정신과 건강에 심각한 문제가 있지만 그림을 계속 그린다. 예술가는 이런 기질이 있다. 내 눈에 세종도 그렇게 보인다.

세종대왕이 음악에 일가견이 있다는 사실을 아는가? 연주자가 현을 연주하는데 음 하나가 계속 거슬린다. 당대 최고 음악가의 귀도 틀린 음을 인지하지 못하는데 오로지 세종만 이 사실을 눈치챈다. 연주자가 세종의 말을 듣고 음을 고치자 제대로 소리가 난다. 세종의 인생을 보면 예술과 학문이 통합된 삶이다.

불행은 여기서 끝나지 않는다. 세종의 맏딸 정선공주가 열세 살 되던 해 갑자기 죽는다. 자식을 잃은 부모의 마음은 어떤 것일까? 세종의 제문이 말해준다.

"목숨이 짧은 것은 이미 운명으로 정해진 것이지만, 부녀간의 정은 이다지도 끊기가 어려운 것이구나. 네가 혼인해서 행복하게 사는 것을 보려고 했더니 어찌 이런 슬픔을 당할 줄 알았겠느냐, 아비가 너의 병구완을 잘못한 까닭이냐, 기도함이 부족한 탓이더냐, 너의 고운 목소리와 아름다운 모습은 눈에 완연하건만, 곱고 맑은 너의 넋은 어디로 갔단 말이냐, 가슴을 치며 통곡하고, 아무리 참고 참으려 해도 가슴 아픔을 참을 길이 없구나."

세종의 슬픔이 고스란히 느껴진다. 우리는 누군가의 노래를 듣거나 글을 읽으면서 눈물을 흘릴 때가 있다. 그 사람의 슬픈 이야기가 고스란히 전해지기 때문이다. 세종의 제문을 옮기면서 내 가슴이 정말 아프다.

자식의 죽음은 다시 이어진다, 세종 48세에 다섯째 아들 광평대군이 생선 가시가 목에 걸려서 20세에 죽는다. 한 달 후 일곱째 아들 평원대군이 19세에 죽는다. 일 년 후 소현왕후도 세상을 떠난다. 이 정도면 세종이 정신적 자살을 경험했다고 생각된다. 그런데 며느리가 또 문제를 일으킨다.

세종 9년, 큰아들 향(문종)이 14세에 4살 연상 휘빈 김 씨와 결혼한다. 그런데 향은 여자에게 관심이 없다. 학문에 깊고 사색적이며 조용한 사람이다.

그런 성향이 휘빈 김 씨에게 욕구불만을 안겨준다. 휘빈 김 씨는 향의 사랑을 얻고자 아브라카다브라, 주술을 시작한다.

휘빈 김 씨가 들은 주술법은 이렇다. '남자가 좋아하는 부인의 신을 베어다가 불에 태워서 가루를 만들어 술에 타서 남자에게 마시게 하면, 내가 사랑을 받게 되고 저쪽 여자는 멀어져서 배척받는다.' 휘빈 김 씨는 남편이 좋아하는 듯 보이는 여인의 신발을 훔친다. 이 사실을 들은 세종은 노발대발한다. 자기 관점에서 도저히 용납하지 못할 짓인가 보다. 그녀는 결국 폐위된다.

세종은 두 번째 부인 순빈 봉 씨를 며느리로 맞이한다. 이 여인은 첫 번째 부인과 다르게 외모도 예쁘고 강력한 가문도 아니다. 세종에게는 좋은 조건이다, 하지만 향은 그렇지 않다. 순빈 봉 씨에게 사랑을 주지 않는다. 속궁합 겉궁합이 좋지 않다. 사랑이 아닌 정치적인 결혼은 이런 폐허를 낳는다. 이는 세종의 욕심이다.

세종은 어떻게든 아들에게 마음에 드는 여인을 붙여주고 싶었나 보다. 아니면 빨리 손자를 보고 싶은 마음일까? 후궁 제도를 창안해 세자에게 3명의 후궁을 붙여준다. 그중 한 명인 승휘 권 씨(현덕왕후)가 임신하자 순빈 봉 씨의 질투는 하늘을 찌른다. '승휘가 아들을 낳으면 나는 쫓겨 날 것이야!' 하면서 통곡한다. 시아버지 세종은 분노하는 순빈 봉 씨의 마음에 기름을 끼얹는다. 집안에 경사가 났으니 순빈 봉 씨에게 기뻐하라고 강요한다.

순빈 봉 씨는 '향'이 원래 여자를 싫어하는 줄 알았다. 하지만 승휘 권 씨의 임신으로 그 사실이 아닌 게 밝혀진다. 순빈 봉 씨는 혼자 있는 고독함과 훗날 자신의 입지가 불안해서 임신했다고 거짓말을 한다. 그러나 곧 들통난다. 세종의 눈 밖에 난 순빈 봉 씨는 삐딱해진다. 잠에서 깨면 술을 마시고, 밥을 먹을 때도 술을 마신다. 업무를 볼 때 술을 마시고, 잠자기 전에 술을 마신다. 세종이 유년시절 책에 미친것과 같은 현상이다.

남편은 자기를 사랑하지 않는다. 주변에 남자는 고자가 된 내시뿐이다. 순빈 봉 씨는 타깃을 여자로 바꾼다. 소쌍이라는 궁녀와 잠자리를 갖고 사랑을 나눈다. 처음 느껴본 몸의 대화에 순빈 봉 씨는 완전히 환락에 빠진다. 소쌍과 항상 잠자리를 갖고 온종일 붙어 지낸다. 하지만 소쌍은 그렇지 않다. 적극적인 순빈의 태도에 겁을 먹는다. 이 사실이 세자 향의 귀에 들어가고 세종에게까지 알려진다. 세종은 대신과 논의한 끝에 순빈 봉 씨를 폐위한다.

세종의 인생을 보면 '작용-반작용' 법칙이 생각난다. A물체가 B물체에게 힘을 가하면 B물체도 A물체에게 똑같은 크기의 힘을 가한다는 이론이다.

이를 성공과 실패에 적용해보자. 농사로 생계를 연연하는 서민이 있다. 가난한 집안이지만 아들이 유일한 자랑거리다. 공부도 잘하고 무예도 뛰어나다. 아들은 무과에 합격해서 보란듯이 집안을 일으킨다. 그런데 훈련 도중에 크게 다쳐서 하반신이 마비된다. 아버지와 아들은 신세를 한탄하며 절망으로 하루하루를 보낸다.

그러다가 나라에서 전쟁이 터진다. 그리고 마을에 젊은 남자를 모조리 군사로 끌고 간다. 군사로 동원된 젊은이는 전쟁에서 비참하게 죽는다. 하지만 농부의 아들은 하반신이 마비라서 전쟁터에 끌려가지 않는다. 평생 평화롭게 산다.

이게 성공과 실패에 대한 작용-반작용이다. 세종대왕의 삶을 보면 그런 지독하게 불행하다. 표면적으로 엄청난 업적을 이룬다. 하지만 개인사나 가족사는 독하게 불행하다. 외부적으로 엄청난 성공을 했기에 개인사는 처참하다. 반대로 개인사가 처참하기에 외부적으로 엄청난 성공을 이룬다. 임금이 아닌 한 인간으로서 세종은 과연 행복했을까?

18세 소녀와 사랑에 빠진 퇴계 이황
이황과 두향, 가슴을 저미는 사랑 이야기

홀로 창 앞에 기대앉으니 밤기운이 차갑고
매화나무 가지 끝에 둥근 보름달이 떠오르네.
굳이 부르지 않아도 미풍이 불어와 맑고 깨끗한 향기 절로 뜰에 가득하네.

매화를 향한 이황의 사랑이 절실하다.

"소녀를 생각하는 마음이 있다면 이 매화에 물을 주소서"

이황이 단양군수로 부임할 때 만난 기생 두향의 말이다. 그녀는 이황과 헤어짐이 아쉽고 지난 시간이 그리워서 매화를 선물했으리라. 이황은 매화를 두향처럼 생각하며 애지중지 키우고 있다.

12월 3일, 이황은 이질에 걸려 설사를 한다.

"덕홍아, 거기 있느냐?"

"예 스승님. 무슨 일이십니까?"

"매화를 다른 곳으로 옮겨 놓거라. 매형에 대하여 조촐하지 못하면 내 마음이 미안해서 그렇다."

"알겠습니다. 스승님"

이황은 설사를 하자 곁에 있는 매화를 다른 곳으로 옮기라고 한다. 이황은 매화를 사랑한다. 매화는 두향이다. 이황은 두향을 사랑한다. 그러나 두 사람은 9개월 짧은 만남을 끝으로 다시는 만나지 못한다.

8일 아침이다. 이날은 아침에 맑았다가 오후 다섯 시가 되자 갑자기 흰 구름이 지붕 위에 모인다.

"덕홍아, 나를 좀 일으켜다오"

"예, 스승님"

이황은 바깥을 바라보다가 자리에 다시 앉는다. 그 상태로⋯⋯. 죽음을 맞이한다.

"스승님! 스승님!!! 흑흑⋯⋯."

이황의 죽음은 조정에 퍼진다. 류성룡을 포함한 여러 학자는 성인을 잃었다며 이황의 죽음을 슬퍼한다.

"내가 죽으면 해조가 분명히 관례에 따라 예식을 갖추어 장사를 치르도록 청할 것이다. 너는 나의 유언이라 칭하고 상소를 올려 끝까지 사양하라. 그리고 무덤길에 비석을 세우지 말고 작은 돌의 전면에 퇴도만은진성이공지묘(退陶晩隱眞城李公之墓)라고 쓰고, 후면에 내가 지어둔 명문(名文)을 새기라."

이황의 마지막 유언이다.

두향은 이황의 죽음을 듣고 단양에서 나흘을 걸어서 안동에 도착한다. 하지만 그녀는 장례식에 참가하지 못한다. 이황과 어떤 연결고리도 없기 때문이다. 대(大)학자의 장례에 기생이 온다면 명성이 흐려지고 뒷말이 나올 수 있다. 두향도 그 사실을 안다. 그래서 제사가 끝날 때까지 도산서원만 먼발치에서 바라본다.

싫어하는 사람도 막상 죽으면 인간은 슬퍼진다. '좀 더 잘해줄 걸, 용서하고 이해할 걸,' 하면서 후회한다. 그런데 사랑하는 남자가 죽었으니 그 슬픔이 오죽 하겠나?

"흑흑……. 정말 너무 하십니다. 꼭 한 번 다시 만나고 싶었습니다. 그게 그렇게 어려웠나요? 어떻게 저만 남기고 먼저 가시는지요?"

이황은 단양군수로 부임하면서 두향과 처음 만난다. 이때 이황의 나이 48세 두향의 나이 18세다. 두 사람은 통하는 게 많아서 급속도로 가까워진다. 하지만 이황이 다른 곳으로 부임하면서 9개월의 짧은 사랑은 끝난다. 그리고 다시는 만나지 못한다.

TV나 영화를 보면 기생이 화려하게 그려진다. 노래도 잘하고 춤도 잘 추고 시도 곧잘 외운다. 황진이 같은 기생은 남자를 쥐락펴락하며 주도적인 여성상을 보여준다. 기생 출신 거상 김만덕은 유통업을 통해 부자가 되어 기근에 시달리는 제주도민을 살려낸다. 사대부를 포함한 유명인사가 직접 만나고 싶어 하는 여성이다. 하지만 이것은 극소수에 불과하다.

기생의 소속은 관청이다. 고을의 관장과 수령이 바뀔 때 행사에 동원된다. 한 마디로 재주 부리고 웃음 파는 직업이다. 소속은 관청이지만 신분은 천민이다. 기생의 아들을 남자가 거두지 않으면 천민이 되고 딸은 기생이 된다.

기생은 대부분은 처참하다. 남자에게 몸을 주고 이용당하고 버려진다. 술에 중독되고 성병이 생긴다. 이 직업의 가장 큰 단점이 나이다. 늙고 볼품없는 기생은 아무도 부르지 않는다. 그러면 혼자 쓸쓸한 말년을 보낸다. 조선 기생은 13세를 성인으로 본다. 20세가 되면 늙은이 취급한다. 기생 수명은 휴가 나온 군인의 시간만큼 짧다. 그래서 유학자 이황과 기생 두향의 사랑은 의미 있게 다가온다.

이황은 단양군수에 부임한 지 한 달 만에 단영의 명승인 사인암을 찾는다. 세상 것과 잠시 멀어져서 경치를 즐기고 있다. 그때 어디선가 청아한 노랫소리가 들린다.

즐겁구나. 산속에 숨어 사는 삶은 큰 사람의 너그러운 모습일러라.

홀로 잠자고 홀로 말하니 그 깊은 뜻 길이 잊지 말아라.

즐겁구나. 언덕에 숨어 사는 삶은 큰 사람의 한가로운 마음일러라.

홀로 잠자고 홀로 노래하니 그 기쁨 이에서 지나침이 없으리.

즐겁구나. 물가에 숨어 사는 삶은 큰 사람의 유연한 모습일러라.

홀로 잠자고 홀로 밤을 새우니 그 즐거움 남에게 알려 무엇 하리

이황은 소리가 나는 곳을 돌아본다. 그곳에 꽃가지를 꺾으며 청아하게 노래를 부르는 소녀가 있다. 이황은 관리를 불러서 묻는다.

"저 아이는 누구인가?"

"이 곳에 소속된 두향이라는 아이입니다. 노랫소리는 청아하고 춤사위도 한 마리 '학' 처럼 아름답습니다. 뿐만 아니라 학식도 깊지요. 나리 앞으로 불러올까요?"

이황은 '그렇게 하라' 라는 말이 앞니까지 튀어나오지만 폭발하는 감정을 억누르고 거절한다.

"됐네, 이 사람아, 지금은 일하고 있잖은가?"

밤이 되자 이황은 연못이 보이는 마루에서 조용히 책을 읽는다. 그때 두향이 작은 상을 들고 들어온다.

"관리는 어디에 가고 네가 왔느냐?"

"예, 저에게 나리를 모시라고 하였습니다."

이황에게 두향은 세 번째 여자다. 첫 번째 여자 김해 하 씨와는 21세에 결

혼한다. 집안끼리 결혼이라서 정치적 색깔이 짙다. 김해 하 씨는 좀 못생긴 편이다. 세 아들을 낳고 6년 후 돌연 세상을 떠난다.

두 번째 아내 권 씨는 정신이 모자란 여성이다. 그러나 이황은 그녀를 무시하거나 함부로 대하지 않는다. 아내를 존중하고 있는 그대로 받아들인다. 이황이 조문을 가려다 도포 자락이 해져서 아내에게 꿰매달라고 한다. 그랬더니 권 씨는 빨간 헝겊을 대서 도포를 꿰맨다. 이황은 말없이 도포를 입고 조문을 간다. 그곳에 모인 조문객은 이황은 도포 자락을 보고 묻는다.

"흰 도포는 빨간 헝겊으로 기워야합니까?"

이황은 그냥 웃고 만다. 아내의 정성을 생각해서다. 조금 부족한 아내지만 진심으로 사랑하고 이해한다. 그러나 권 씨도 이황이 46살이 되던 해에 세상을 떠난다. 2년 후에는 둘째 아들까지 잃는다. 그해에 단양군수로 부임되어 기생 두향을 만난다.

"올해 나이가 어떻게 되느냐?"

"소녀 18살이옵니다."

두향은 세조 때 사대부가의 몰락한 후손이다. 그녀는 16세에 황시초와 결혼한다. 그러나 석 달 만에 남편이 죽어서 다시 기생이 된다. 이황과 두향 모두 사랑하는 사람을 잃은 아픔이 있다. 두향은 거문고를 잘 타고 매화를 사랑한다. 글공부도 깊어서 이황에게 절대 밀리지 않는 수준이다. 이황은 두향과 대화를 나누면서 그녀가 단순한 기생이 아님을 직감한다. '학식은 깊고 사물의 이치를 꿰고 있는 아이다.' 두 사람은 학문과 시를 이야기하면서 밤을 보낸다. 양아치 선비만 상대하던 두향은 오랜만에 코드가 맞는 사람을 만나서 기쁘다. 자진해서 거문고를 타고 노래를 부르고 춤을 춘다.

두향은 처음 만난 이황과 몸의 대화를 나누고 싶다. 하지만 이황은 차가운

말로 분위기를 망가뜨린다.

"오늘 너와 즐거운 시간을 보냈다. 속세에 찌든 병든 마음을 오늘 모조리 푸는구나, 이제 그만 돌아가거라."

"물러가라는 말씀입니까?"

"그렇다. 밤이 늦었다."

사실 이황도 이미 두향에게 빠져있다. 그런데 왜 그녀를 보냈을까? 첫째, 자신의 가치관에 맞지 않는 행동이다. 둘째, 자신과 사랑에 빠진 여자는 모두 다치거나 죽었다. 이런 이유로 두향을 내치지 않았을까?

안달난 건 오히려 두향 쪽이다. 그녀는 갖은 교태를 부려 남자를 유혹한다. 하지만 이황은 냉정하다. 시와 학문을 논하는데 거침없지만, 몸의 대화는 거부한다. 그러나 이황도 두향을 깊게 사랑하고 있다.

두 사람의 사랑은 9개월 만에 막을 내린다. 원래 고을 수령은 임기가 5년이다. 하지만 이황의 형 온계가 충청도 관찰사로 부임하게 됐다. 형제가 같은 도에서 근무하는 게 옳지 않다는 이유로 경상도 풍기군수로 옮긴다.

"저도 데려가 주세요."

"그럴 수 없다."

두향은 사랑하는 남자의 바짓가랑이를 잡고 울고 불며 매달린다. 하지만 이황은 끝내 거절한다. 왜 그랬을까? 자신이 사랑하는 여자는 모두 다쳤기 때문인가? 아니면 직위와 명성과 정치에 기생이라는 여자는 큰 방해를 받을 수 있어서?

두 사람의 마지막 밤, 이황은 이빨까지 튀어나오는 속마음을 간신히 표현한다.

"내일이면 떠난다. 기약이 없으니 두려울 뿐이다"

두향이 슬프게 화답한다.

"이별이 하도 서러워 잔 들고 슬피울제 어느덧 술 다하고 임마저 가는구나. 꽃지고 새 우는 봄날을 어찌할까 하노라"

두 사람은 마지막을 그렇게 보낸다.

떠나는 날 두향은 이황에게 매화를 선물한다.

"소인을 생각하는 마음이 있다면 이 매화에 물을 주소서"

이황은 말없이 매화를 받는다. 그는 이 매화를 평생 애지중지하며 키운다. 늙어서 벼슬을 관두고 안동에 갔을 때도 매화와 늘 함께한다. 현재 도산 서원에 있는 매화는 두향이 준 매화의 후손이다.

이황이 매화를 애지중지한 걸 보면 두향을 죽을 때까지 사랑한 모양이다. 그런데 왜 다시는 만나지 않았을까? 마음만 먹으면 얼마든지 만날 수 있다. 그런데 왜 만나지 않았을까?

이황이 단양군수를 떠나자 두향은 신임 군수를 찾아간다.

"저는 이전에 부임한 단양군수를 사랑하고 있습니다. 몸이야 멀어졌지만 제 마음속에 아직도 그 분이 있습니다. 제 이름을 기적(妓籍)에서 지워주시기를 원합니다."

군수는 두향의 진심에 감동해서 이름을 지운다. 그녀는 강 언덕에 초막을 짓고 은둔생활을 한다. 평생 남자를 만나지 않고 오직 이황만 그리워한다. 나중에 그가 죽자 거문고로 초혼가를 탄 후 자결한다.

가는 자는 가고

남는 자는 남는다.

가는 자의 꿈까지

남은 자는 가꾸어야 한다.

새벽안개 흐린 사이로

미처 행장도 꾸리지 못한 채

잠시 다녀온다는 발길로 떠난,

아직도 문을 벌컥 열고 들어설 것 같은

그대를 아주 보내며

함께 떠난 나의 영혼을 부른다.

목숨처럼 사랑한 사람아

목숨보다 사랑한 그대여

이제는 그대 떠난 하늘을 인정하고

남은 자의 꿈으로 살아있기 위해

나는 이 남루한 눈물을 보이나니

그대는 또 어느 젊은 부부의 어여쁜 아기로 태어나기 위해

망각의 강을 건너고 있느뇨.

가는 자는 결국 가고

남는 자들만 남아 부른다.

_서정윤–초혼가

"하지만 소크라테스, 해가 아직 산 위에서 빛나고 있네. 남들은 독약을 마시라는 통고를 받고도 음식을 먹고 마시고 사랑하는 사람들과 한참 동안 함께 지내다가 아주 늦게 서야 독약을 마시네. 서두르지 말게, 시간은 아직 남아있네."

"크리톤, 자네가 말하는 그 사람들은 그렇게 하는 것이 당연한 일일 걸세. 그들은 그렇게 함으로써 조금이나 위안을 얻을 수 있다고 생각하기 때문일세. 그러나 나에게는 그렇게 하지 않는 것이 당연한 일일세. 나는 독약을 좀 늦게 마신다고 해서 무슨 위안이 된다고 생각하지 않으니까." (…)

이 말을 듣고 크리톤은 곁에 서 있던 사환 아이에게 눈짓했습니다. 그러자 그 사환 아이가 밖으로 나갔다가 한참 만에 독약을 건네줄 사람과 함께 들어왔습니다. 소크라테스는 그 사람을 보고 말했습니다.

"당신은 이런 일에 밝을 테니 어떻게 하면 좋은지 일러주시오." (…)

"약을 마시고 다리가 무거워질 때까지 걸으십시오. 다리가 무거워지면 누우세요. 그러면 약 기운이 돌 겁니다."

이렇게 말하면서 그는 잔을 소크라테스에게 내밀었습니다. 소크라테스는 잔을 입술에 대고 아주 태연하고 즐거운 얼굴로 그 약을 마셨습니다. (……)

그때까지만 해도 우리들은 슬픔을 억제할 수 있었지만 그가 그 약을 다 들이키는 것을 보고는 더 이상 참을 수가 없었습니다. 그래서 나도 모르게 눈물을 줄줄 흘렸습니다. (……)

나보다 먼저 크리톤은 울음을 억제할 수 없어 밖으로 나가려고 일어섭니다. 아폴로도로스는 진작부터 울고 있었는데 이때에는 큰 소리로 흐느껴 울어 우리들 모두의 가슴을 메어지게 했습니다. 오직 소크라테스만이 여전히 조용했어요.

소크라테스가 말했습니다.

"그게 무슨 짓들인가? 내가 여자들을 내보낸 것은 그들이 이런 행동을 할까 봐 그런 걸세. 사람은 평온하게 죽어야 한다고 나는 들어왔네. 조용히 하고 침착해 주게."

그는 이리저리 걷더니 한참 만에 다리가 무겁다고 말하고는 반듯이 드러눕더군요. 그에게 약을 건네준 사람이 시킨 대로 말입니다.

소크라테스가 눕자 독약을 건네준 사람은 때때로 소크라테스의 다리와 발을 살펴보더군요. 그리고 한참 있다가 발을 세게 누르면서 감각이 있느냐고 묻더군요. 소크라테스가 '없다'고 하니까 그다음엔 다리를 눌러 보고 점점 위쪽으로 올라가면서 그렇게 했습니다. 그렇게 함으로써 그 사람은 우리에게 소크라테스의 몸이 차가워지고 뻣뻣해지고 있다는 것을 알려 주었습니다. 그는 다시 소크라테스의 몸을 누르면서 "독이 심장에까지 이르면 그는 죽게 됩니다." 라고 우리에게 말하더군요. (……)

1, 2분 후 소크라테스의 몸이 조금 움직였습니다. 그러자 그 사람이 소크라테스의 얼굴을 가렸던 천을 벗겼습니다. 그의 눈은 떠 있는 채였습니다.

이것을 보고 크리톤은 그의 눈을 감겨 주고 그의 입을 다물게 해주었습니다.

오, 에케크라테스, 이것이 우리의 친구, 우리가 알고 있는 한 동시대 사람들 중에서 가장 훌륭하고, 가장 현명하고, 가장 올바른 사람의 최후입니다."[7]

그렇게 철학자 소크라테스는 최후를 맞는다. 그는 누명을 썼지만, 굳이 변명하지 않고, 토론을 즐기다가 사형 집행을 받는다. 탈출할 기회는 얼마든지 있다. 하지만 소크라테스는 그 모든 걸 내려놓는다. 그의 말을 빌리면 죽음이 좋은지 삶이 좋은지는 '신'(神)만이 알기 때문일까? 소크라테스가 일반인에게도 유명한 이유는 철학뿐만 아니다. 죽음 앞에 당당한 태도 역시 중요한 부분이다. 입으로만 떠드는 철학이 아니라 실천하는 철학이다. 누명을 쓰고 사형 선고를 받지만 죽음을 피하지 않는다. 그렇기에 지금도 대철학자로 불린다.

여기서 재미있는 상상을 해보자. 독배를 마셨는데 소크라테스가 죽지 않으면 어떻게 될까?

소크라테스가 잔을 입에 대고 태연한 얼굴로 마신다. 간수가 묻는다.

"어떻습니까?"

"멀쩡하네."

몇 번이고 독배를 마시지만 소크라테스는 죽지 않는다. 간수도 당황하고 소크라테스 자신도 당황한다. 그의 지인은 통곡하다가 그 상황을 보고 배꼽이 빠지도록 웃는다.

이렇게 사형이 집행됐다면 어땠을까? 진지하고 장엄한 대서사시에서 코미디로 바뀌는 순간이다. 이건 패러디 영화에서나 볼 수 있는 상황이다. 그런데 조선에 정말 이런 일이 일어난다.

"하하, 내 평생 나쁜 짓은 하지 않았다. 그런데 이렇게 비참한 최후를 맞이하는구나. 내 자식들아, 글을 공부하지 않으면 쌍놈이 된다. 반드시 글을 공부하거라. 하지만 과거는 보지 마라. 높은 곳에 올라갈수록 바람 잘 날 없는 법이다."

임형수는 사약을 마신다. 그런데 멀쩡하다. 사형 집행자는 다시 사약을 가져온다. 두 번, 세 번, 네 번, 여덟 번을 마셔도 살아있다. 이제 배가 부를 지경이다. 임형수의 죽음에 통곡하는 지인도 이 모습을 보며 폭소한다. 이 순간 가장 당황스러운 건 사형집행자다……

을사사화

기묘사화 이후 탄핵당한 김안로는 반대 세력을 몰아내고 다시 정치에 복귀한다. 정권장악에 성공한 김안로는 지위를 막론하고 자신과 뜻이 맞지 않는 사람을 몰아내 조정을 공포에 떨게 한다. 김안로의 다음 타깃은 문정왕후다. 그녀는 35살에 아들 경원대군을 낳는다. 그래서 김안로의 조카 세자가 위험하고 자신도 위태롭다. 어떻게든 경원대군과 문정왕후를 제거해야 한다.

그런데 오히려 제거당한 쪽은 김안로다. 문정왕후를 몰아내려고 음모를 꾸미다가 그녀의 숙부 윤안임의 밀고로 유배된 후 죽는다.

조선 11대 임금 중종에게 3명의 왕비가 있다. 정비 신 씨는 중종 즉위 후 간신의 딸이라는 이유로 폐위된다. 장경왕후 윤 씨는 세자 호(인종)를 낳고 7일 만에 죽는다. 그리고 1517년 윤지임의 딸이 왕비로 채택된다. 그녀가 문정왕후다.

문정왕후가 경원대군을 낳자 남매인 윤원로, 윤원형은 경원대군을 세자로 책봉할 계획을 세운다. 그러나 세자의 외숙 윤임이 이를 저지한다. 그 결과 윤임(대윤파)과 윤원형(소윤파)의 대립 구도가 생긴다.

중종이 죽고 인종이 즉위하자 그의 외척인 대윤파가 정권을 잡는다. 하지만 인종은 즉위 9개월 만에 죽는다. 그리고 열두 살의 어린 나이인 경원대군 (명종)이 왕위를 잇는다. 하지만 열두 살이 뭘 알겠는가? 자연스럽게 문정왕후가 수렴청정을 한다. 정권은 다시 소윤에게 돌아간다.

소윤파는 이번 기회에 대윤파를 제거하기로 한다. 대윤파 윤임 등이 역모를 꾸미고 있다고 상소문을 올린다. 그 일을 처리한 사람은 소윤파 문정왕후다. 결국 대윤파는 처참하게 최후를 맞이한다. 이때 죽은 자가 윤임, 유관, 유인숙, 계림국, 이휘, 나숙, 나식, 정희등, 박광우, 곽순, 이중열, 이문건이다. 윤임 일파에 사림 세력이 한꺼번에 죽었기에 '을사사화'라고 한다.

양재역 벽서사건

을사사화 2년 후 1547년, 윤원형 세력은 윤임파의 남은 세력을 완전히 제거하려고 정치 조작을 시작한다.

9월 18일, 부제학 정언각과 선전관 이노가 경기도 과천의 양재역에서 익명의 벽서를 발견한다. 내용은 이렇다.

"여자가 정권을 잡고 간신 '이기' 등이 아래에서 권세를 농간하고 있으니, 나라가 장차 망할 것을 서서 기다릴 수 있게 되었다. 어찌 한심하지 않은가?"

두 사람은 익명서를 들고 궐에 들어와서 보고한다. 내용을 읽은 문정왕후는 분노로 몸을 부들부들 떤다.

"어찌 아직도 이런 더러운 글이 떠돌고 있느냐? 이 글은 모든 사람이 볼 수 있는 역관에다가 붙었다. 이미 많은 사람이 글을 보았다. 가볍게 넘길 사건이 아니다. 진상을 조사하여 관련된 자를 모조리 처벌하라."

그 결과 이언적, 정자, 노수신, 정황, 유희춘, 백인걸, 김만상, 권응정, 권응창, 이천계 등 20명이 유배당한다. 이 사건으로 을사년 이후 1백 명의 선비가 죽는다.

여기에 임형수라는 인물이 있다. 그는 나주에서 태어나 22세에 대과에 급제하여 벼슬길에 오른다. 글쓰기, 활쏘기, 칼 쓰기 등 문무를 통합한 인재다. 성격이 호탕해서 인기도 많다. 그의 절친 중에 퇴계 이황도 있다.

두 사람은 임금이 마련해 준 젊고 재주 있는 문관의 공부방 '호당'에서 처음 만난다. 둘은 코드가 맞아서 자주 어울려 술을 마신다. 이황 하면 빼놓을 수 없는 게 술과 시다. 두 학자는 술을 마시고 시를 읊조리며 조선의 미래를 토론한다.

임형수는 성격이 호탕하고 문무가 뛰어나 중종의 기대를 한몸에 받는다. 그래서 문관임에도 무관 출신이 담당하는 변방 회령의 판관에 임명한다. 그러자 사간원에서 문관을 보낼 수 없다고 그의 임명을 만류한다. 중종은 "이 사람은 문무의 재주를 겸비하여 장차 크게 쓸 사람이다. 변방에 보내서 시험해보려고 한다." 하고 그대로 보낸다.

예상대로 임형수는 2년간 변방을 훌륭하게 다스린다. 전심전력을 다 해 부정부패의 뿌리를 뽑는다. 능력도 뛰어나지만, 정이 많아서 백성을 따뜻하게 보살핀다. 소문을 듣고 주변 오랑캐 무리가 귀화해 오는 경우도 많다. 그들은 임형수를 큰아버지라 부르며 따른다.

이곳에서도 임형수의 호탕한 행동은 계속된다. 하루는 며칠 분 식사를 몰아서 먹고, 하루는 아무것도 먹지 않는다. 이를 이상하게 여겨 이유를 물으니 이렇게 답한다.

"무장이 전쟁을 대비한다면 이런 식성을 길러야 한다."

이렇게 호탕하고 민심과 왕의 신뢰를 한몸에 받는 그에게 위기가 찾아온다.

명종 즉위 1545년에 을사사화가 일어나자 임형수는 제주 목사로 쫓겨났다가 파면당한다. 2년 후 양재역 벽서 사건이 일어나자 윤임 일파로 몰려 43살에 죽음을 눈앞에 둔다.

억울하게 사약을 받은 임형수는 부모님께 큰절을 올린다. 부모님과 그의 지인, 백성, 오랑캐, 자식까지 모두 통곡한다. 임형수는 마지막으로 자식을 불러 이렇게 말한다.

"나는 살면서 한 번도 나쁜 일은 한 적 없다. 그러나 끝내 누명을 쓰고 최후를 맞이하게 됐다. 너희는 이제부터 내 말을 잘 들어라. 사람으로 태어나 글공부를 하지 않으면 상놈이 된다. 무슨 일이 있어도 반드시 학문을 익혀야 한다. 대신 과거는 보지 마라."

말을 마친 임형수는 사약 사발을 든다.

"이 술은 주거니 받거니 할 상대가 없구나." 하면서 크게 운다. 그러자 옆에 있던 시중이 울면서 안주를 대접한다. 임형수는 "상여꾼의 벌주도 안주를 못 먹게 하던데, 하물며 이 술이 어떤 술이라고 안주까지 먹겠느냐?" 하고 사약을 벌컥벌컥 마신다. 주변은 온통 눈물바다다. 여기서 황당한 상황이 발생한다. 사약을 마신 임형수가 죽지 않고 멀쩡히 앉아 있다. 목마른 자가 시원한 물을 마시듯 개운한 표정이다. 가장 놀란 건 사형집행자다.

"어떻게 된 일인가? 왜 죽지 않는가?, 여봐라 사약을 제대로 만들었느냐?"

"예, 틀림없습니다. 누구나 마시면 한 방에 죽습니다. 정말 기이한 일입니다."

"사약을 다시 가지고 오거라"

두 번째 사약이 나오자 주변은 다시 눈물바다가 된다. 임형수는 또다시 사약을 벌컥벌컥 마신다. 그런데 또 멀쩡하게 앉아 있다. 이제 사형집행자는 임형수가 무섭다.

"여봐라! 도대체 어떻게 된 일이냐? 사약을 마시고 죽지 않는 자가 어디에 있느냐? 이는 반드시 나라가 망할 징조다! 다시 사약을 가지고 오너라!"

세 번째 사약이 나온다. 임형수는 다시 벌컥벌컥 마신다. 이제는 상황을 즐기고 있다. 임형수는 또 멀쩡하게 자리에 앉아있다. 이 순간 가장 두려운 사람은 사형집행자다.

"여봐라! 사약을 만드는 사람을 바꿔라. 앞의 제조자는 임형수와 친분이 있는 사람일지도 모른다."

네 번째 사약이 나온다. 임형수는 다시 벌컥벌컥 마신다. 순간 찬물을 끼얹은 듯 주변이 조용해진다. 임형수의 상태가 이상하다. 표정이 일그러지고 배를 부여잡는다. 그 순간 꺼억~ 하는 소리를 내며 시원하게 트림을 한다. 이제 사형집행자는 울고 싶을 지경이다.

다섯 번째 사약이 나온다. 통곡하던 임형수의 측근도 이제는 신기한 눈으로 상황을 바라본다. 엄격하고 무거운 사형 집행장이 한 순간에 광대놀음으로 변한다.

임형수는 다시 벌컥벌컥 마신다. 조용히 눈을 감는다.

"으윽……. 배가 너무 부르다"

사형집행자와 사약 제조자는 당황스럽다. 날고 긴다 하는 인물도 사약 앞에서 한 방에 저세상으로 간다. 조광조가 그렇고 장희빈이 그렇다. 그런데 지금 내 눈앞에 있는 자는 누구인가? 하늘은 왜 이렇게까지 이 자를 살리려고 하는가? 무엇을 바라는 건가?

여섯째 사약이 나온다.

임형수는 이제 눈 하나 깜짝하지 않고 사약을 벌컥벌컥 마신다. 이건 사약 먹방도 아니고 도대체 어떻게 된 일인가? 임형수는 사형집행자에게 농담을 던진다.

"사약을 좀 더 진하게 달여 오는 게 어떻소? 하하"

"조……, 좋다. 사약을 좀 더 진하게 달여 주마. 그 대신 이번은 두 사발을 한꺼번에 마시거라!"

"알겠소."

임형수는 양손으로 사약 두사발을 쥔다. 맥주 두 캔을 온몸에 쏟으며 벌컥벌컥 마시는 상남자처럼 사약을 마신다. 그런데 또다시 멀쩡하게 앉아 있다. 이제 힘들어서 죽을 것 같다.

"아무래도 이런 방법으로 죽지 못하겠소. 목을 매달아 죽는 게 어떻소?"

"그……. 그렇게 하라, 네가 죽을 수만 있다면 수단과 방법을 가리지 마라!"

지금 이 순간 가장 간절한 사람은 사형집행자다. 임형수를 죽이지 못하면 자신이 죽는다. '사약 여덟 발을 마셨지만 죽지 않았습니다.'는 말을 누가 믿어줄까? 임형수와 관계 된 인물이라 생각하고 자신을 죽일 게 분명하다. 그런데 간절한 사형집행자에 비해 임형수는 덤덤하다.

임형수는 높은 나무에 줄을 매단다. 그리고 자신의 목을 줄 안으로 밀어 넣는다. 그 순간 밑에서 임형수를 받치는 나무판자를 발로 찬다. 그렇게 마흔 세 살의 임형수는 떠난다.

세상은 정말 넓고 거대하다. 별의 별 사람과 사건이 있다. 임형수는 호탕한 성격처럼 최후의 순간까지 유머와 재치를 잃지 않는다. 사약이 몸에 맞는 사람이 있을 줄 누가 알았을까?

{ } 궁녀, 그것이 알고 싶다
TV가 알려주지 않는 궁녀의 일생

궁녀는 왕, 왕비의 시중을 들고 모든 일을 맡아서 처리하는 전문직이다. 사극을 봐도 역사 영화를 봐도 궁녀의 모습은 쉽게 찾아볼 수 있다. 그러나 그들의 삶이 제대로 조명된 적은 없다. 역사에 굵직한 업적을 남긴 임금, 신하, 개혁자, 장군만 있다. 그래서 궁녀는 가깝지만 멀리 있는 사람이다. 그나마 드라마 대장금이 방영되어 궁녀의 삶을 대중에게 알려준다. 하지만 대장금이라는 이름부터 제대로 알아야 한다. 의술과 관계된 궁녀를 장금이라고 한다. 키가 크고 덩치가 있으면 대장금이다. 키가 작고 덩치가 왜소하면 소장금이다. 배우 이영애와 대장금이라는 이름은 어울리지 않는다.

궁녀는 어떻게 살았을까? 몇 살 때 궁에 들어오고, 무슨 일을 하고, 어떤 사랑을 했을까? 한국 역사에서 궁녀에 대한 기록은 백제 의자왕 때 나온다. 누구나 아는 삼천궁녀다. 하지만 이는 의자왕이 여자를 좋아하는 성향을 과장한 행위다. 이 기록으로 삼국시대부터 궁녀가 존재한다는 사실을 알 수 있다. 그렇다면 궁녀로 산다는 건 무엇일까? 궁녀의 인생은 어떻게 진행될까?

궁녀는 노비나 천민에서 뽑는다. 물론 상류층과 일반인 중에서 궁녀가 된 사례도 있다. 이는 제도가 불안정한 상황에서 나온 현상이다. 어디까지나 예외다.

조선 17대 왕 효종이 기존의 틀을 깨고 일반인을 궁녀로 선발하려고 시도한다. 그러자 딸을 궁녀로 만들지 않으려고 서둘러 시집보내는 사람이 많았다. 이는 궁녀가 선호직업, 선망의 대상은 아니라는 뜻이다. 현대로 풀이하면 3D직업, 극한직업이다.

궁녀는 왜 뽑았을까? 높은 사람은 자질구레한 일을 못 한다. 밥도 챙겨 먹지 못하고 옷도 혼자 입지 못한다. 세수도 어렵고 목욕도 힘들고 용변도 스스로 해결하지 못한다.

왕과 왕실 가족이 그런 사람이다. 태어나면서 제왕학, 정치관련 공부만 하지 나머지 자질구레한 일은 약하다. 그래서 타인의 도움이 필요하다. 이렇게 왕실 가족을 업어서 키우는 게 궁녀다.

궁녀는 한 번 입궁하면 출궁할 수 없다. 그리고 평생 독신으로 살아야 한다. 왕의 여자라고 하지만 껍데기에 불과하다. 실제로 왕과 궁녀가 만나는 확률은 외계인과 아침을 같이 먹을 확률이다. 그래서 장희빈과 최숙빈 사례가 특별하다. 궁녀는 명분상 왕의 여자이기 때문에 다른 남자와 몸의 대화를 나누면 안 된다. 여자 인생에 치명적이다.

궁녀로 입궁하는 소녀는 매우 가난한 집 딸이 많다. 부모가 자식만큼은 가난하게 살게 하지 않으려고 궁녀로 보낸다. 사주팔자가 드세다는 점쟁이의 말 때문에 입궁하는 경우도 있다.

궁녀는 7세라는 어린 나이에 입궐한다. 물론 사람마다, 직책마다 차이는 있다. 조정에서도 어린 나이에 입궐하는 걸 선호한다. 세상 경험이 거의 없을 때 입궐해야 속세의 미련을 끊기 쉽다. 어느 정도 세상맛을 알고 입궐하면 일에 집중하지 못하는 경우가 많다. 이런 기준으로 보면 대한민국에서 20대에 남자를 군대로 부른다는 건 잔인한 짓이다. 볼 수 있는 여자라고는 TV에 나오는 걸 그룹과 암컷 멧돼지뿐이다.

궁녀 정기 선발은 10년에 한 번 뽑고 구한말에 오면 지밀 외의 처소는 4년마다 한 번씩 뽑는다. 그러나 궁녀가 늙어서 죽거나 질병으로 출궁하는 경우 수시로 궁녀를 선발한다.

궁녀를 발탁하는 기준은 까다롭다. 먼저 가족을 조사한다. 가족 중에 전과자나 중환자가 있으면 안 된다. 가족 중에 기생이 있어도 궁녀에서 탈락한다. 또 첫 번째 부인의 딸이어야 한다. 가족 중에 결혼을 두 번 한 사람이 없어야 한다. 궁녀는 반드시 처녀여야 한다. 그런데 검사방법이 굉장히 특이하다. 앵무새 피를 이용한 감별이다. 의녀가 앵무새의 피를 팔뚝에 떨어뜨린다. 피가 그대로 묻으면 처녀로 인정한다. 그렇지 않고 흘러내리면 처녀로 인정하지 않는다.

지금 기준에서 보면 미신이다. 어떻게 이런 방법으로 처녀를 감별할 수 있겠는가? 이 상황에서 별의별 방법을 동원했을 것 같다. 팔뚝에 꿀을 바르거나 하는 식이다. 자신이 처녀인데 앵무새 피가 그냥 흘러내리면 앞길이 막힌다. 슈퍼스타 k 오디션보다 치열한 심사기준이다. 슈퍼스타 k는 3차 오디션에 통과하면 합격 티셔츠를 준다. 궁녀도 마찬가지다. 합격자에게 치마, 저고리, 바지의 재료인 흰 명주 한 필을 지급한다. 새 옷을 입고 깨끗하게 궁에 입궐하라는 의미다. 입궐하는 날 궁에서 소녀가 탈 가마를 보내준다. 이건 군대 갈 때 남자가 기차를 타는 것과 비슷한 느낌이다. 온갖 긴장과 망상에 사로잡혀 불안감의 정점에 달해있을 순간이다.

40년 동안 궁녀의 생활을 연구한 김용숙 전 숙대 교수는 궁녀를 뽑는 나이도 부서별로 다르다고 한다. 왕과 왕비의 거처에서 살고 그들을 보필하고 잠자리를 책임지는 지밀은 4~5세, 왕실가족의 옷을 짓는 침방과 의복과 장식물에 수를 놓는 수방은 7~8세, 나머지 부서는 13세 미만이라고 한다.

'내시와 궁녀, 비밀을 묻다'의 책을 보면 이렇게 선발된 궁녀 견습생을 애기나인 또는 생각시라고 한다. 생각시의 수발을 드는 무수리 같은 하녀는 이들을 부를 때 '생 항아님' 또는 '애기항아님'이라고 부른다.

지밀의 경우 7, 8세가 되면 나인 중에 선생을 정해 수업을 받는다. 궁중 용어, 궁중예절, 한글과 궁서 쓰기, 유교의 윤리서 소학, 동양 여성의 수신서, 열녀전, 규범, 내훈 등을 익힌다.

6, 7세에 입궁하는 침방과 수방 나인은 인두 시중과 바느질을 익힌다. 교양으로 한글과 소학을 가르친다.

지밀은 11, 12세가 되면 근무에 투입된다. 밤새 왕과 왕비의 보초를 서는 일이다. 군대 간 남자라면 이게 무엇을 뜻하는지 안다. 추워서 손발이 꽁꽁 얼고 잠이 와서 서 있는 채로 잠드는 바로 그 짓이다. 처음은 야간근무가 무리라서 주간근무만 투입한다. 이것도 군대와 똑같다.

궁녀 연습생 시절 하이라이트는 '쥐불이 글려!'다. 젊은 내시 수십 명이 애기나인의 입에 밀떡을 물리고 수건을 접어 마스크처럼 귀에 걸게 한다. 그 후 캄캄한 대궐 뜰에 일자로 세운다. 횃불을 든 내시는 애기나인의 입에 횃불을 들이대며 이렇게 외친다. '쥐불이 글려, 쥐부리 지져!' 하며 위협한다. 입을 함부로 놀리지 말라는 뜻이다. 이렇게 길들여진 궁녀는 말소리도 아주 조용히 하고 둘이서 한방을 써도 바깥에 소리가 새어나가지 않는다. 연예인도 몸조심, 발조심보다 입조심이 먼저다. 말 한 번 잘못하다가 이미지에 타격을 입고 방송에 출연하지 못한다. 하지만 궁녀는 입을 잘못 놀리면 그 자리에서 죽을 수 있다.

이런 과정을 보면 궁녀는 철저히 트레이닝 되는 셈이다. 그리고 군대식 위계질서, 기선제압도 시행한다. 이런 전통은 아직도 살아남아서 군대가 사용하고 있다.

이 모든 과정을 거쳐 입궁한 지 15년이 되면 정식 나인이 된다. 정식 나인에서 15년이 지나면 상궁이 된다. 그러면 옥색 저고리와 남색 치마에 당의를 입고 머리 장식인 개구리 모양의 첩지를 머리에 단다. 드라마 대장금에서 유명한 홍시 사건을 떠올려보자. 상궁 여운계는 애기나인 아역 장금이에게 고기를 맛보게 한다.

"무슨 맛이냐?"

"홍시입니다."

"왜 그렇게 생각하느냐?"

"홍시 맛이 나서 홍시 맛이 난다고 말했는데, 어찌 홍시 맛이 나냐고 물으시면……."

여기서 아역 장금이는 이제 막 궁에 입궐한 애기나인이다. 여운계는 산전수전을 다 겪은 상궁이다.

오랜 기간 궁녀 생활을 하면 별의별 생각이 다 든다. 30년간 같은 일을 하면 매너리즘에 빠진다. "내가 왜 이렇게 살아야 하지? 내 삶은 무엇이지? 평생 결혼도 못 하고 이곳에서 썩어야 하나?"라고 생각한다. 군대에서 일 년 정도 있으면 느끼는 감정이다. 그래서 궁녀는 담배를 피우기 시작한다. 그런데 흡연자가 되는데도 자격이 필요하다. 선배 상궁 앞에 돌아앉아서 선배가 '그만'이라고 할 때까지 하늘에 별이 보일 때까지, 궁궐에 있는 담배가 모조리 사라질 때까지 담배를 피워야 한다. 흡연자가 되는데 어마어마한 의지가 필요하다. 하지만 혜택 또한 크다. 선배 상궁과 맞담배를 피울 수 있는 자격이다.

궁녀는 최소 4살에, 최고 13살에 궁에 들어와서 일생을 보낸다. 의식주가 보장된다는 장점은 있다. 하지만 평생 혼자 살아야 하고 간섭받아야 하고 말도 함부로 못 하는 단점이 있다. 개그맨 강호동은 연예인이 사생활이 불가능하고, 개인사가 알려지는 부분에 대해 이렇게 말한다.

"저는 그 모든 게 출연료에 포함되어 있다고 생각합니다."

역시 생각이 달라도 다르다. 그렇다면 궁녀의 월급은 얼마였을까? 결혼 못 하고, 말도 함부로 못 하고, 평생 궁궐에 갇히는 삶을 보상받을 만큼 월급이 나올까?

양반	궁녀
정1품 : 쌀 38두, 콩 20두	**제조상궁(온방자3)** : 쌀 25두 5승, 콩 5두, 북어 110마리
정2품 : 쌀 30두, 콩 20두	**부제조상궁(온방자2)** : 쌀 19두 5승, 콩 5두, 북어 90마리
정3품 : 쌀 20두, 콩 17두	**상궁(온방자1, 반방자1)** : 쌀 16두 5승, 콩 5두, 북어 80마리
정4품 : 쌀 17두, 콩 13두	**상궁(온방자1)** : 쌀 13두 5승, 콩 5두, 북어 70마리
정5품 : 쌀 16두, 콩 10두	**상궁(반방자)** : 쌀 10두 5승, 콩 5두, 북어 60마리
정6품 : 쌀 16두, 콩 10두	**나인(온공상)** : 쌀 7두 5승, 콩 6두, 북어 50마리

이 정도면 양반보다 조금 모자라지만 절대로 밀리지 않는다. 가난한 집이 딸을 궁녀로 보내려는 심정을 이해할 수 있다. 그렇다면 궁녀는 직업의 단점인 연예, 사랑, 잠자리의 제한을 월급이라 생각하며 참고 살았을까? 결코 아니다. 인간은 아무리 돈을 많이 받아도 욕구가 채워져야 한다. 서로 만져주고 깨물어줘야 한다. 이게 인간이다. 하지만 궁녀는 왕을 제외하고 다른 남자를 사랑하면 안 된다. 그런데 모두가 약속을 지키는 건 아니다.

궁녀와 내시가 서로 사랑한 일이 있다. 두 사람은 어린 시절에 궁에 들어와서 소꿉친구로 자란다. 둘은 궁궐 생활의 어려움을 나누면서 친구에서 연인으로 발전한다. 세종 때 궁녀 내은과 내시 손생도 그런 관계다. 법적으로 서로를 사랑하면 안 된다. 하지만 언제나 감정은 이성을 앞서는 법이다. 두 사람은 연인으로 발전해 아름다운 미래를 그려본다. 내시와 궁녀에게 이는 엄청난 일이다. 왕실에 충성해야 할 두 직업이 다른 마음을 품으면 안 된다. 기강이 흐트러지고 임무수행에 차질이 생긴다. 그래서 연애하는 사실이 들키면 왕실은 확실한 본보기를 심어둔다.

두 사람의 연애는 세종에게 들킨다. 인자하고 모든 걸 용서해줄 것 같은 세종도 이번은 예외다. 궁녀와 내시의 연애 사실을 듣고 두 사람을 사형에 처한다. 이 사건으로 궁녀와 내시의 무의식에 공포를 심어준다. 이런 방식으로 궁녀의 성생활을 철저히 통제한다. 그러면 궁녀는 만리장성처럼 쌓여가는 욕구 불만을 어떻게 해결했을까? 동성애다. 원래 무엇이든 억압하면 다른 형태로 발전하는 법이다.

궁녀는 나인과 하인 또는 같은 궁녀와 동성애를 가진다. 이를 '대식'이라고 한다. 서로 마주 보고 밥을 먹는다는 뜻이다. 그렇다고 단어를 그대로 받아들이면 안 된다. 여자가 자기 집 앞에서 남자에게 '라면 먹고 갈래?'에도 엄청난 숨은 뜻이 있다. '대식'이란 뜻도 마찬가지다. 단순히 밥을 먹는 게 아니라, 잠자리, 몸의 대화로 발전한다. 이렇게 동성애를 하면 임자가 있다는 뜻으로 엉덩이에 문신도 한다.

궁녀의 동성애는 극소수의 전유물이 아니다. 궁녀 사이에 널리 퍼지는 유행이다. 동성애에 빠진 궁녀가 외부 여자와 관계를 맺어 대궐 비밀이 밖으로 새는 경우도 있다. 그래서 왕궁은 동성애를 막고자 여러 가지 조치를 취한다.

동성애를 저지른 궁녀 두명을 당직청에 보낸다. 위법교붕(違法交朋), 즉 '법을 어겨 벗을 사귀었다'는 글자를 가슴에 새긴다. 단순히 붓으로 새긴 게 아니다. 쇠붙이를 불에 달구어 가슴에 찍는다. 얼마나 아플까? 상상만 해도 아프다. 이렇게 조정은 궁녀의 사랑을 살벌하게 통제한다. 이는 궁녀를 한 인격체가 아니라 노예, 수발드는 사람 정도로 생각한다는 뜻이다.

출궁

평생 궁에서 살아야 하는 궁녀가 출궁하는 경우를 살펴보자.

첫째, 나라에 가뭄이 심하게 들면 궁녀를 보낸다. 결혼하지 못하고 즐기지 못한 궁녀의 한을 풀어줘야 가뭄이 해소된다고 믿는다. 고려 때 현종은 궁녀 100명을 내보낸다. 조선 태종은 궁녀 3명, 영조는 45명을 보낸다.

둘째, 중병에 걸려 더는 업무수행이 어려운 경우다. 중병이 걸렸으면 그 자체가 큰 문제가 된다. 업무수행도 어렵고 심지어 병을 퍼뜨릴 수 있다.

셋째, 늙어서 나가는 경우다. 왕족 외에는 궁에서 죽을 수 없다는 이상한 이유다.

이 내용을 통합하면 궁녀는 직장인, 아이돌 가수로 비교할 수 있다. 철저하게 트레이닝하고 분야에 맞는 사람으로 탈바꿈한다. 그리고 최대한 수익과 이윤을 창출한다. 연애는 방해될 수 있기에 철저히 금지한다. 그 후 효율성이 떨어지면 버린다. '역사는 반복된다.', '사람 사는 건 어느 시대나 똑같다'는 말이 괜한 게 아니다.

물론 왕에게 은총을 받고 후궁, 왕비가 되거나, 봉건체제의 낡은 틀을 깨뜨리려고 혁명을 일으킬 때 앞장서서 도운 궁녀도 있다. 하지만 정말 예외에 불과하다. 대부분 궁녀의 삶은 그렇지 않다. 철저한 감시, 통제, 자유롭지 못한 연애, 파리 같은 목숨, 갇힌 삶은 숨 막히는 인생이다. 그런 생활이기 때문에 '애기 나인' 시절부터 월급을 준다. 서민 집과 양반 집이 자기딸을 궁녀로 보내지 않으려는 이유도 납득이 간다.

조선을 집어삼킨 자연자해
조선 최악의 대기근, 백만 명을 죽이다

1670년 1월 1일 서울, 햇빛이 대기 속 수증기에 비쳐서 해 둘레에 둥글게 나타나는 테두리, 햇무리가 관측된다. 사흘 후에는 달무리가 관측된다. 이 현상은 한 달 내내 매일 발생한다. 기상업무를 담당하는 관상감은 이를 조정에 알린다. 보고받은 임금과 관료는 범상치 않은 사태가 다가오고 있음을 느낀다. 6년 전 사건 때문이다.

6년 전 10월 9일. 드물게 나타나는 백색 혜성(彗星)이 80일 동안 활동한다. 천문관은 혜성을 보고 언젠가 반드시 참혹한 기근과 역병이 다칠 것이라고 예언한다.

위험 징조는 하늘뿐 아니라 땅에도 나타난다. 그 해에 전국에서 지진이 발생한다. 보통 지진은 동물이 먼저 감지하고 멀리 이동하거나 독특한 행동을 한다. 그런데 이번 지진은 동물도 감지하지 못한다. 조선에 닥친 불길한 징조는 자연재해로 이어진다.

4월은 밀과 보리를 수확하고 조, 콩, 벼의 씨를 뿌리는 시기다. 1년 농사에서 가장 중요하다. 그런데 전국에 우박, 서리가 쏟아지고 눈이 내린다. 기장밭, 삼밭, 목화밭이 손상되고 파괴된다.

우박, 서리와 함께 가뭄도 닥친다. 2월부터 시작된 가뭄은 4월까지 이어진다. 우물은 마르고 농작물도 모조리 타거나 말라 죽는다. 5월까지 비가 내리지 않자 조정은 기우제를 지낸다. 기우제는 12차가 제한 횟수다. 대부분 8차에서 그치고 거행 기간이 43일이다. 그런데 이번 기우제는 75일간 8차를 지낸다.

하늘도 감동했는지 오랜 기우제 끝에 비가 온다. 그런데 갑자기 비가 폭우로 변한다. 전국에 닷새 동안 집중호우가 쏟아진다. 이 사건으로 열아홉 명이 익사하거나 낙뢰로 죽는다. 또 폭우 때문에 산사태가 발생해서 깔려 죽는 상황이 발생한다. 설상가상으로 태풍까지 불어 닥쳐서 제주도를 휩쓴다. 2월의 서리와 가뭄, 5월의 비와 폭우, 7월의 태풍으로 4만 2천 명이 굶주림을 겪는다. 제주도민 사망자만 무려 2,200명이다.

확실히 무언가 불길하다. 자연재해에 이어 전염병과 가축병까지 돈다. 1670년 1월 전염병에 걸린 자가 513명, 사망자가 30명이다. 갑자기 찾아온 전염병은 2월에 전국으로 퍼진다. 자연재해와 전염병으로 먹을 게 없어진 감염자는 전국을 떠돌며 음식을 찾는다. 그 결과 석 달 동안 1,400명이 감염된다. 전염병의 자세한 내막은 아무도 모른다. 중국에서 날아왔다는 정도다.

전염병 증세는 참혹하다. 다리에 경련이 일어나고, 구토가 지속되고, 설사가 멈추지 않고, 사지가 차갑게 식는다. 서울은 전염병 환자를 전문으로 치료하는 활인서에 환자를 모은다. 이곳은 1천 명을 수용할 수 있다. 그러나 환자가 눈덩이처럼 불어나서 움막까지 설치하고 환자를 수용한다. 서울에 환자가 많으니까 궁궐을 지키는 군인까지 감염된다. 그 결과 현종의 다섯째 누이 숙경 공주가 죽는다.

5월이 되자 환자는 8,000명에 육박한다. 6월에 2만 명으로 늘어나서 서울인구 10%가 전염병에 걸린다. 전염병이 한창일 때 바이러스에 의해 소에게 전염되는 우역이 발생한다. 황해도는 8월에 죽은 소가 1만 600마리다. 9월에는 8,400마리, 10월에는 2,400마리가 죽는다. 남은 소가 없어서 사람이 소를 대신해서 밭을 간다. 하지만 소에 비해 사람은 너무 약하고 느리다. 노동량과 노동속도가 저하되자 농가 경제력에 큰 타격을 입는다. 해마다 여진족의 각종 가죽과 거래하는 소가 끊기자 무역도 큰 위기를 겪는다.

우박, 서리, 가뭄, 폭우, 태풍, 전염병, 가축병으로 전국 360개 고을이 모두 농사를 망친다. 그리고 대기근이 나타난다. 1670~1671년 대기근을 '경신 대기근'이라고 한다. 조선 역사상 최악의 대기근이다.

먹거리가 바닥나자 백성은 관아에 흉년에 곡식을 대여하고 추수기에 회수하는 환곡(還穀)을 기대한다. 그러나 관아도 대출만 해주고 회수하지 못해서 곡식이 바닥 난 상태다. 고을 수령은 이웃 고을에서 곡물을 구매하지도 못한다. 전국이 대기근으로 고생하고 있다.

굶주림에 미친 조선인은 닭, 개, 말, 소를 잡아먹으며 목숨을 부지한다. 그나마도 병에 걸린 가축을 먹어서 죽거나, 굶주린 상태에서 갑자기 들어 온 고기 때문에 창자가 뒤틀리는 일이 발생한다.

충청도 상황은 더 참혹하다. 굶주린 엄마가 어린 딸을 잡아먹는다. 이 가족의 주거지는 깊은 골짜기다. 대기근으로 도토리, 골 잎, 옥수수가 떨어지자 더는 견디지 못하고 식인을 저지른다. 다섯 살 된 딸과 세 살 된 아들은 그렇게 엄마 뱃속으로 들어간다. 인간이 극한 상황에 처하면 무서운 생존본능이 나타난다. 배에서 오래 표류한 선원은 배고픔을 견디기 어렵다. 그래서 제비뽑기를 통해 선원을 한 명씩 잡아먹는 사건도 있다.

백성은 식량을 찾기 위해서 온 마을을 돌아다닌다. 그 과정에서 굶어죽은 시체가 길가에 쌓인다. 눈이 뒤집힌 백성은 재물을 약탈하고 서로를 해친다.

옷이 없으니 남의 것을 뺏어 입거나 무덤을 파헤쳐 죽은 자의 옷을 입는다. 시체를 먹었을 가능성도 있다.

겨울이 되자 굶주림에 추위까지 더해져 사망자는 속출한다. 갑자기 눈을 뜨지 않은 엄마를 본 아이는 엄청난 공포심에 사로잡힌다. 결국 죽은 엄마의 젖을 빨다가 죽는다.

대기근으로 인한 사망자는 얼마나 될까?

"1671년이 저물어가는 12월 5일에 송시열계 서인인 사간원 헌납 윤경교는 장문의 상소문에서 구체적인 사망자 수를 들먹인다. 기근과 전염병으로 떠돌다 죽은 사람과 고향에서 죽은 사람을 모두 합하면 그 수가 거의 1백만 명에 이른다는 것이다."

결코 과장된 숫자가 아니다. 호적에 올라있지 않고 태어나자마자 죽은 사람을 포함하면 1백만을 초과할 수 있다.

이런 상황에서 가장 심한 피해를 보는 건 서민이다. 길가에 쌓인 시체는 참혹한 광경이다. 삼국지에 나오는 장수 여포의 별명은 시체 산이다. 전투를 시작하면 상대편 전사를 하도 많이 죽여서 시체가 산을 이룬다. 경신 대기근도 마찬가지다. 갓난아이, 청년, 소녀, 엄마, 아빠, 노인까지 뒤엉켜있는 시체는 산처럼 쌓인다. 무언가 잘못되고 있다.

여름이 되면 바람이 불지 않아서 시체 썩는 냄새가 코를 찌른다. 처리작업도 곤란하다. 이렇게 많은 시체는 한 명 한 명 정석대로 묻지 못한다. 벼랑에 시신을 밀어 넣고 깔개로 가리거나 흙으로 덮어둔다. 하지만 비가 한 번 내리면 시체가 드러나서 짐승이나 벌레가 뜯어 먹는다.

시체는 수레에 실어 도성 밖으로 하루 일곱 차례씩 옮긴다. 이미 부패해서 거두지 못하는 시체를 제외하고도 7,000구다. 현종은 죽은 자의 원혼을 달래기 위해 재단을 설치하고 제사를 지낸다.

오랜 기간 굶주림을 겪으면 인간은 눈이 돌아간다. 인륜과 도덕은 삭제되고 생존 본능만 남는다. 경신 대기근의 재앙은 인간의 무자비한 면을 들추어 낸다. 평범한 서민이 도적 떼가 되어 민간이나 양반집에 들어가서 약탈한다. 그래도 먹을 게 나오지 않으면 사람을 죽여서 먹는다. 가족의 사랑도 끊어진 지 오래다. 제 한 몸 지키기 위해 자식을 죽이거나 도랑에 버리고 강물에 던진다. 옷자락을 붙잡고 필사적으로 따라가려는 아이를 나무에 묶어 버린다. 자식은 늙은 어머니를 안고 걷다가 갑자기 길에 어머니를 내려놓는다. 그리고 다시는 돌아오지 않는다. 어머니는 눈물을 흘리며 아들을 기다릴 뿐이다. 부모형제가 눈앞에서 죽어도 슬퍼하거나 묻어주지 않는다. 이미 제정신이 아니다. 어느 정도냐면 죽을 제공하는 곳에서 남편이 죽었다. 그런데 부인은 이 사실을 눈치채지 못한다. 허겁지겁 죽을 먹을 뿐이다. 다 먹고 나서야 자기 남편이 죽었음을 알고 통곡한다.

상황이 급속도로 악화되자 임금과 사대부는 대책을 마련한다. 현종은 길 가에 버려진 고아를 거두어야 한다는 신하의 상소문을 받는다. 그리고 버려진 아이를 노비로 삼을 수 있도록 조치한다. 굶어 죽는 상황보다 낫다는 생각이다.

조정은 굶주림으로 가족을 버리고 도적질을 하는 사태를 막기 위해 방안을 낸다. 굶주린 백성을 구제하는 일을 담당하는 진휼청을 세우고 가동한다. 원래 진휼청 가동은 가뭄이 한창일 때부터 상소문이 올라왔다. 하지만 임금과 신하는 하늘을 탓하고 자기 밥그릇 챙기기에 바빠서 대책을 마련하지 않는다. 백성이 굶주려 죽고 농사가 물거품이 되어도 임금과 신하의 상황 인식은 미비한 수준이다. 약자에 대한 공감능력을 상실해서 그렇다.

이런 상황에서 영의정 정태화는 어전 회의에서 기근으로 인한 백성의 피해와 대처 방법을 보고한다. 이 사건이 백성을 구할 결정적인 계기가 된다.

조선인 전체를 굶주림에서 구하려면 엄청난 양의 곡물이 필요하다. 각 고을은 정부에 지원 요청을 한다. 이때 정부도 창고 문을 열어 곡물을 방출한다. 벼 7,700석과 쌀 1만 4천석을 지원하고 콩 1만석과 쌀 3천석을 추가 지원해 백성을 구제한다. 그 결과 1670년 중앙 부처에서 지원한 곡물은, 쌀 4만 2,400석, 콩 6,570석, 좁쌀 1만 1,200석, 보리 9,800석, 밀 900석, 은 6만 6,800냥, 무명 45동, 포 280동, 소금 500석이다. 지방에서 사용한 수량은 제외한 수치다. 실로 어마어마한 양이다.

떠돌아다니는 사람 중 의지할 곳이 있거나, 살 가능성이 있는 자는 곡물을 주고 고향으로 돌려보낸다. 천국과 지옥의 한 끗 차이에 있는 자는 당장 죽을 끓여 먹여서 살린다. 이는 조상 대대로 전해오는 기민 구제 방법이다. 밥 한 그릇으로 죽 네다섯 그릇을 만들 수 있다.

진휼소가 열리자 3~4만 명이 몰려든다. 양반집 부녀자도 맨발에 얼굴을 가리고 먹을 것을 달라고 애걸한다. 굶주림 앞에 체면이 무슨 소용인가? 당장 먹고 살아야 한다.

진휼소가 열리자 죽을 얻어먹는 숫자가 매월 100만 명이다. 진휼소의 경쟁은 치열하다. 너무 많은 사람이 몰리니까 창고에 있는 곡물은 금방 바닥난다. 그러면 대체 식품으로 소금, 간장, 미역을 제공한다.

그래도 가장 인기 있는 음식은 죽이다. 죽을 먹지 못하면 다음 끼니까지 기다려야 한다. 한 끼만 굶어도 죽을 수 있는 게 백성의 영향상태다. 그래서 먼저 먹으려고 싸움을 벌이다가 80세 노파가 넘어져 밟혀 죽는 사고까지 발생한다.

곡물과 죽이 부족한 이유에 부패한 관리의 더러운 짓도 한몫 한다. 나라에 재앙이 닥친 상황에서 곡물을 빼돌리고 죽의 양을 늘리려고 맹물을 들이붓는다. 언제 어느 곳에, 어떤 상황이 벌어져도 이런 양아치는 항상 존재한다. 그래서 우리는 '무엇이 될까? 어느 분야에서 성공할까?' 보다 '어떻게 살까?'에 대한 철학이 있어야 한다. 세상은 능력 있는 양아치가 정말 많다.

백성을 구제하는 진휼소도 한계가 있다. 법적 기한이 봄보리 수확 때까지다. 언젠가는 철수해야 한다. 정부는 진휼소 해체 한 달 전에 이 사실을 알린다. 하지만 진휼소를 해체하면 백성이 굶어 죽으니 계속 진행해야 한다는 상소문이 올라온다. 그러나 국정 실무를 이끄는 여러 신하는 국가의 재정이 고갈 났으니 폐지해야 한다는 의견이 압도적이다. 그러자 진휼소를 닫으면 그곳에 의지해서 생명을 이어가는 무리가 모조리 죽게 될 것이라고 의견을 피력한다. 이런 노력에도 불구하고 진휼소는 문을 닫는다. 그러자 그곳을 떠나지 못하고 죽을 달라고 울부짖는 사람이 속출한다. 조정은 융통성을 발휘해서 젊은 자는 고향으로 돌려보내고 노약자, 병자, 어린이를 모아서 끼니를 제공한다.

기근 때문에 백성의 의욕은 땅에 꺼졌다. 조정은 땅에 꺼진 의욕을 다시 살리고 생업에 종사할 수 있게 동기부여를 한다. 그 방법은 '세금 감면'이다.

먹을 게 바닥나고 의지가 꺼진 상태에서 세금을 내는 일은 불가능하다. 그래서 세금을 깎아주자는 의견이 나온다. 하지만 진휼소로 인한 지출 증가와 대기근 때문에 세금회수가 불가한 상황에서 섣불리 개혁을 주장하지 못한다.

그러나 7월 대기근이 본격화되자 상황은 달라진다. 백성을 살리기 위해 세금을 감면하거나 연장하자는 주장이 적극적으로 올라온다. 조정은 재정의 큰 수입이 되는 군포를 재해 정도에 따라 등급을 매겨서 감면해 준다. 토지

세는 절반은 무기한 연장하고 절반만 받도록 한다. 또 대출해간 곡물의 이자를 절반 탕감하라고 지시한다.

조선에 불어 닥친 괴담

나라가 흉흉하고 민심이 어지러우면 항상 괴담이 등장한다. 경신 대기근역시 마찬가지다. 1671년 9월부터 근거 없는 괴담이 유포되면서 사회는 불안감에 빠진다.

제일 불안한 게 일본 재침략설이다. 대기근이 한창일 때 일본이 왜관에 나와서 난동을 부린 적 있다. 그러자 이런 패턴이 임진왜란이 일어나기 직전과상황이 같다면서 전쟁이 터질거라는 끔찍한 소문이 퍼진다. 마을 사람은 항상 짐을 쌓아놓고 24시간 대기한다.

두 번째는 지방 도적 떼의 서울 침략설이다. 도적 떼의 세력이 강해지고지방에 먹을 게 떨어지면 반드시 서울을 침략한다는 주장이다. 이건 괴담이아니라 실제 일어날 수 있는 일이다.

전국 초등학교에 하나씩 있는 괴담도 퍼진다. "묘에서 피눈물이 흘러내린다. 돌부처가 저절로 움직인다."고 하면서 마을 사람을 두려움에 빠뜨린다.이런 괴담이 퍼지는 이유는 불안감이다. 한 해에 서리, 폭우, 우박, 가뭄, 태풍, 전염병, 가축병이 돌자 나라가 망할 징조라는 소문이 퍼진다. 불안감이커지는 백성은 작은 현상도 그냥 넘어가지 않는다. 확대 해석하고 현재 상황과 어떻게든 연결한다. 이런 현상은 지금도 마찬가지다. 붉은 달이 뜨면 나라가 망할 징조니 큰 사건이 일어나니 하는 괴담이 많다.

경신 대기근은 한국 역사상 전대미문의 대사태다. 임진왜란부터 살아온할아버지 할머니는 "전쟁도 이것보다 나았다."고 할 만큼 대기근은 조선에 거대한 재앙이다. 그런 절망 속에서 끝까지 생존의 불씨를 살린 분이 있기에 지금 우리가 있다.

조선 대기근은 절대 일어나서는 안 될 대참사다. 지금도 무분별한 산림파괴와 동물학살, 물 남용으로 위기론과 종말론이 들끓고 있다. 우리가 성장을 위해서 타인에게 해를 입힌다면 대재앙은 다시 발생할 수 있다. 절대 과거의 교훈을 잊어서는 안 된다.

나는 아들을 죽였다
영조는 왜 아들을 죽였을까?

"꺼리는 병이 있어 예를 행할 수 없다."

사도세자는 아버지가 자신을 죽이려 한다는 느낌을 강하게 받는다. 그래서 병을 핑계로 영조를 만나지 않을 생각이다. 하지만 영조는 사도세자에게 계속 나오라고 호통친다. 결국 세자는 무거운 발걸음으로 휘령전에 나간다.

정성왕후 신주 앞에 아버지와 아들이 마주 선다. 임금은 신령에게 예의를 표한다. 세자는 신령과 부왕에게 인사를 올린다. 영조는 군사를 배치해 궁궐을 지키게 한다. 또 자기 곁에 호위무사를 붙인다. 영조는 갑자기 손뼉을 치면서 이렇게 말한다.

"그대들 역시 신령의 말을 들었는가? 정성왕후가 지금 내게 '변란이 호흡 사이에 있다' 하였소."

영조는 죽은 정성왕후의 혼령이 세자의 반란을 알려 주었다고 한다. 그는 무사에게 궁의 담 쪽을 향해 칼을 뽑아들게 한다. 영의정 '신만'을 홀로 들어오게 하고 모든 신하의 출입을 막는다. 그리고 세자에게 말한다.

"관을 벗고, 신발을 풀고 땅에 머리를 조아려라!"

땅에 머리를 박자 세자의 이마에서 피가 철철 흘러나온다.

"죽어라, 네가 죽을죄를 지었으니 어찌 살 수 있겠느냐? 내가 죽으면 조선

사백 년 종사가 모조리 망한다. 하지만 네가 죽으면 종사는 보존할 수 있다. 누가 죽는 것이 옳으냐? 너다. 네가 죽어라."

세자는 통곡하면서 땅에 머리를 쳐 박는다. 죽지 못하겠다는 뜻일까? 용서를 구하는 의미일까? 영의정 신만과 좌의정 홍봉한, 판부사 정휘량, 도승지 이이장, 승지 한광조가 들어와서 임금을 말린다. 영조는 다섯 사람을 파직하고 밖으로 쫓아낸다. 이때 세손(정조)이 들어와 관과 신발을 벗고 세자의 뒤에 엎드린다.

"할아버지, 아버지를 살려주세요."

"어찌 세손이 여기에 들어 왔는가? 여봐라, 세손을 끌어내라!"

눈에 넣어도 아프지 않을 손자이지만 영조는 단호하다. 세손은 한성 판윤 김성응에게 안겨서 나간다. 영조는 칼을 뽑아 들고 다시 세자에게 자결을 요구한다. 세자는 허리띠를 풀어 자신의 목을 조른다. 그 모습을 본 춘방의 여러 신하가 달려와 말린다. 이때 세자의 장인 홍봉한이 영조에게 귀띔한다.

"뒤주에 넣고 죽이시면 됩니다."

"세자는 지금 당장 뒤주에 들어가라!"

신하가 몰려와서 말리지만 영조는 모두 밖으로 쫓아낸다. 세자는 옷자락을 걷고 직접 뒤주 안으로 들어간다.

영조는 직접 뚜껑을 닫고 문을 잠근다. 사방에 큰 못을 박고 동아줄로 뒤주를 묶는다.

"살려주십시오. 아버지! 제발 살려주세요."

아들의 처절한 울부짖음도 아버지의 마음을 움직이지 못한다. 영조는 냉정하게 자리를 떠난다. 영조가 떠나자 세자의 측근이 뒤주로 다가온다. 뒤주를 살펴보니 남쪽 가장자리에 구멍이 뚫려있다. 이곳을 통해 약과 음식을 넣어 세자의 목숨을 연명한다.

그런데 세자의 측근이 황급히 그곳을 달아난다. 영조가 현장으로 오고 있다.

뒤주에 구멍이 있다는 말을 들은 영조는 직접 구멍을 막고 이렇게 말한다.

"세자를 폐하여 서인으로 삼는다."

세자가 뒤주 속에 있을 때 세손(정조)을 제외하고 누구도 살려달라는 청을 올리지 않는다. 사도세자는 한 평도 안 되는 공간에 갇힌 채도 8일 만에 최후를 맞는다.

조선 왕실사 최대 비극이라 불리는 사도세자 사건, 영조는 왜 아들을 죽였을까? 실제로 영조가 죽였을까? 아니면 배후 세력이 있을까? 그 원인은 무엇일까?

사도세자의 광기설

영조는 42살에 사도세자를 얻는다. 그는 자식 복이 없다. 첫째 화덕옹주는 첫돌을 14일 앞두고 사망한다. 둘째 효장세자는 10살에 죽는다. 셋째 화순옹주는 남편이 죽자 식음을 전폐하고 14일 만에 죽는다. 넷째 화평옹주는 아이를 낳다가 죽는다. 다섯째 화억옹주는 42개월 만에 죽는다. 여섯째 조졸옹주는 51개월 만에 죽는다. 일곱째 화협옹주가 태어나고 2년 후 사도세자가 태어난다.

42살에 얻은 아들이라 영조는 금이야 옥이야 자식을 돌본다. 제왕학을 가르치고 자신의 수준에 맞는 공부와 노력을 요구한다. 하지만 사도세자는 아버지와 성향이 다르다. 조용히 공부하고 사색하기보다 밖으로 나가서 뛰어노는 걸 좋아한다. 그림 그리기, 무예, 활쏘기, 말 타고 달리기, 사냥이 사도세자의 주 종목이다. 영조는 그럴 때마다 아들을 억압하고 통제한다. 제왕이 되어야 할 인물이기 때문이다. 아버지는 아들이 못마땅하다. 아들은 아버지가 무섭다.

사도세자는 15세에 대리청정을 시작한다. 그런데 영조가 사사건건 정신적 압박을 준다. 세자는 일을 처리할 때마다 영조의 눈치를 살핀다. 하는 일마다 영조의 노여움을 사지 않을까 겁을 낸다. 잦은 통제와 심한 정신적 압박감을 받은 세자는 '화증'에 걸려 미치광이로 변한다.

세자는 장번내관 김한채의 잘린 머리를 들고 아내 혜경궁과 내인에게 보여준다. 그런데 죽인 사람이 한 명이 아닌 모양이다.

"이제 세자의 하령을 보니 슬프고 가엾음을 어찌 비유하겠는가? 여섯 사람에게 판을 주고 베를 주어 해부의 관원으로 하여금 간검하게 매장하게 하며……."〈영조 34년〉

6명을 죽였다는 뜻이다. 이후 왕손을 낳은 궁녀를 죽였다는 기록도 있다. 영조는 깜짝 놀라서 세자에게 왜 살인을 하는지 묻자, 이렇게 답한다.

"마음에 화증이 나면 견디지 못해 사람을 죽이거나 아니면 닭 같은 짐승이라도 죽여야 마음이 풀어지기에 그랬습니다."

"왜 화증이 나느냐?"

"사랑하지 않으시니 서럽고, 꾸중하시니 무서워서 화가 되어 그렇게 되었습니다."

이후에도 여동생을 강간했다. 순종하지 않으면 두들겨 패서 억지로 관계를 맺는다. 사람을 100명 죽였다. 아버지가 꾸중하면 우물에 뛰어들어 자살을 시도했다, 는 주장이 있다.

사건의 정점은 1762년 5월 22일 나경언의 고변이다. 그는 세자가 내시와 결탁하여 역모를 꾸미고 있다고 상소를 올린다. 영조는 조정의 기강을 흩뜨리는 나경언을 죽인다. 그리고 곰곰이 생각한다.

"세자는 점점 미쳐가고 있다. 그런 사람이 한 나라의 왕이 되면 어떻게 될까? 폭군이 되고 사백년 종사는 멸망한다. 이를 방관할 수 없다."

영조는 점점 미쳐가는 세자를 휘령전에 부른다.

"네가 죄를 지었으니 죽어라! 그래야 사백년 종사를 살릴 수 있다. 네가 죽고 내가 사는 게 이 나라를 살리는 길이다"

사도세자는 28살 꽃다운 나이에 뒤주 속에 갇혀 최후를 맞이한다. 그의 아내 혜경궁 홍씨는 〈한중록〉이라는 책을 집필해 사도세자의 광기에 무게를 싣는다. 이게 일반적인 사도세자의 죽음이다. 하지만 다른 주관도 있다.

노론의 정치조작

영조는 경종이 죽은 후 권력을 잃은 소론파가 일으킨 이인좌의 난을 제압한다. 그 후 소론과 노론의 정치세력에 균형을 잡기 위한 '탕평책'을 본격적으로 실시한다. 하지만 두 당파는 피로 원한을 맺고 있어 화해가 어렵다. 무의미한 논쟁만 지속되자 영조도 슬슬 지친다. 그는 자신이 왕이 되도록 목숨을 건 노론에게 다시 마음이 기운다. 이렇게 위태로운 상황 속에 사도세자는 15세에 대리청정을 시작한다.

세자는 영조와 정치적 견해가 다르다. 아버지와 반대로 소론의 주장에 귀를 기울인다. 그가 이런 색깔을 갖게 된 이유는 무엇일까?

세자는 어린 시절 아버지와 떨어지고 저승궁에서 자란다. 아이는 어른의 거울이다. 그래서 누구를 만나느냐? 가 굉장히 중요하다. 저승궁 시절 세자 옆에 있던 내시와 궁녀는 어떤 사람일까? 영조의 이복형제이자 장희빈 아들인 경종을 보필하던 사람이다. 이들은 세자에게 경종이 노론에게 억울하게 독살됐다는 이야기를 자주 한다. 그 결과 세자는 영조와 노론에게 반감을 품게 된다.

세자는 대리청정 시절 균역법을 시행한다. 군대에 가지 않는 조건으로 정부에 지불하는 군포 2필을 1필로 줄이는 개혁이다. 이는 지배층의 강한 반발을 산다. 중요한 돈줄이기 때문이다. 또 흉년이나 봄에 곡식을 빈민에게 대여 후 가을에 걷는 환곡제의 폐단을 고친다. 세자의 개혁으로 노론의 부정부패가 불가능해진다. 노론은 세자에게 앙심을 품는다.

노론과 영조의 계비 정순왕후, 숙의 문 씨는 위기를 느낀다. 세자가 즉위하면 자신의 위치가 위태롭다. 그래서 영조와 세자를 이간질하려고 온갖 모함을 하고 누명을 씌운다. 도둑질, 겁탈, 살인이 대표적인 예다. 처음에 믿지 않던 영조도 같은 이야기를 여러 사람이 주입하니까 판단력이 흐려진다. 원래 여러 사람이 같은 말을 하면 거짓도 진실로 둔갑한다.

이런 상황에서 노론은 세자의 몸이 허약하다는 소문을 퍼뜨린다. 그리고 치유를 위해 열약을 먹인다. 약을 계속 마시자 세자의 몸에 화기가 치밀어 오른다. 궁궐 밖으로 뛰쳐나가고 주변 사람에게 화를 낸다. 화기가 조금 내리면 이렇게 혼잣말을 한다.

"어린 시절 성격이 부드러웠는데 근래에 왜 이렇게 난폭해졌을까?"

노론의 계략은 갈수록 악랄해진다. 세자의 필체를 흉내 내어 왕을 모함하는 내용을 작성해서 영조에게 보여준다. 세자에 대한 흉흉한 소문과 이를 입증하는 증거물이 생기자 영조도 슬슬 세자를 의심한다. 이때 노론에서 결정타를 날린다.

1762년, 노론은 나경언을 매수한다. 그는 노론의 주요 인물인 윤급의 집에서 잡일을 하는 매우 가난한 자다. 나경언은 배우지 못해서 거짓 상소를 올리면 사형이라는 사실을 모른다. 노론은 세자의 비행 10가지를 기록한 봉서를 나경언에게 준다. 그는 영조에게 세자가 역모를 꾸미고 있다고 고변한다. 잡일꾼과 국왕의 만남이 가능한 이유는 세자를 죽이려는 노론 대신 덕분이다.

봉서를 보고 불같이 화가 난 영조는 세자의 장인 홍봉한에게 사건의 배후를 조사하게 한다. 참고로 홍봉한은 영조에게 '뒤쥐에 가두고 세자를 죽이면 됩니다.' 고 말한 인물이다. 그는 봉서가 사실인 듯 왕에게 보고한다. 노론은 세자를 죽이려고 온갖 역모를 꾸민다.

영조는 세자를 죽이기로 결심한다. 그 전에 자신에게 고변한 나경언을 먼저 죽인다.

영조는 "죽은 정성왕후가 말하기를 '변란이 호흡 사이에 있다' 고 하더라." 라며 세자를 죽이기 시작한다.

〈한중록〉은 사도세자의 부인 혜경궁 홍 씨가 쓴 책이다. 그녀는 세자의 죽음을 가까이서 지켜본 인물이다. 그래서 이 책의 주장은 모두 사실로 받아들여졌다. 그런데 이 책은 두 번 완성된다.

첫 번째는 정조가 사도세자의 무덤에서 참배하고, 혜경궁의 회갑잔치를 열었던 1795년이다.

두 번째는 정조가 죽은 지 1년 후, 오라버니 홍낙임이 정순왕후에게 죽고, 많은 친척이 유배를 가는 가문이 박살 나는 시기에 쓰인다.

혜경궁의 가문은 사도세자가 죽은 뒤 당대 최고의 명문가로 떠오른다. 하지만 정조대에 가문이 몰락하기 시작한다. 혜경궁 홍 씨의 가문이 사도세자를 죽인 주범으로 몰렸기 때문이다. 이런 몰락 속에서 혜경궁과 가문은 위기를 탈출해야 한다. '사도세자의 죽음과 우리 가문은 아무런 관련이 없다.' 는 주장이면 된다. 그래서 〈한중록〉은 사도세자를 정신병으로 몰고, 마땅히 죽어야 할 인간으로 그린다.

영조의 왕권 강화

1739년 1월 11일, 영조는 말한다. "나는 원래 임금을 하고 싶은 마음이 없다." 여기에는 두 가지 이유가 있다. 영조는 평생 자신의 형 '경종'을 독살했다는 꼬리표를 달고 산다. 그래서 이런 방식으로 왕권에 욕심이 없음을 보여준다. 다른 이유는 자기 위상을 높이려는 수작이다. 영조 즉위 15년, 신하의 마음을 떠본다.

"나를 따르는 자도 없고 바깥은 임금에 대한 비방이 쏟아진다. 나는 원래 왕권에 욕심 없는 사람이다. 이제 그만 내려놓고 싶다."

이때 모든 신하가 "나라가 망할 것입니다. 임금께서 왕위를 내려놓으면 저희가 죽을 것입니다." 하고 만류한다. 영조는 이런 대우를 즐긴다.

영조는 세자가 15세가 되던 해 대리청정을 맡긴다. 몸도 허약하고 시야도 흐려져 판단력에 손실이 온다. 하지만 아직 56세, 사도세자에게 왕권을 통째로 물려주고 싶지 않다. 그 순간 퇴물로 몰락하고 아무도 자신을 찾지 않는다.

12월 8일 영조는 임금의 옷이 아닌 사대부의 겨울옷 청포를 입는다. 임금에 대한 욕심이 없다는 표시다. 사도세자는 대궐 마당에 돗자리를 깐다. 얇은 옷을 입고 머리에 땅을 조아린다. "아버지, 뜻을 거두어 주옵소서. 아버지가 아니면 누가 조선을 이끌어가겠습니까?"

영조는 12월 17일까지 파업을 진행한다. 그때마저 세자는 아침 9시부터 저녁 5시까지 얇은 옷을 입고 벌벌 떤다. "아버지, 뜻을 거두어 주옵소서."

12월 17일, 신하 중 한 명이 이렇게 말한다.

"열흘 이상 넘기면 임금의 뜻을 받아들입시다."

임금이 보름간 양위를 선언하고 물리지 않는다면 진심이라 생각하고 후계자에게 물려준다. 태종과 세종의 왕위 교체 과정에서 시작된 선례다.

이 과정에서 논쟁이 시작된다. 영조의 양위 시작이 12월 8일인가? 12월 5일인가? 를 놓고 의견이 팽팽하다. 소문을 들었는지 영조는 12월 18일 갑자기 양위의 뜻을 거둔다.

1755년, 나주벽서 사건이 일어난다. 나라와 임금을 비방하는 글이 나주객사에 붙어있다. 이는 현대에도 찌라시로 등장한다. 그렇게 큰 문제는 아니다. 그런데 영조의 반응은 살벌하다. 사건의 면모를 조사하고 관련자를 무참히 살육한다. 이 과정을 지켜보는 세자는 두려움에 벌벌 떤다. 그 무렵부터 기록에 세자의 정신이 이상하다는 말이 종종 등장한다.

1757년 2월 15일, 영조의 첫째 왕비 정성왕후 서 씨가 피를 토하고 죽는다. 그녀는 세자가 유일하게 의지하는 사람이다. 한 달 후 영조가 평생 의지하던 대비 인원왕후 김 씨가 죽는다. 이는 세자와 영조 사이를 중재할 인물이 사라졌음을 뜻한다. 그녀는 세자를 놓고 양위파동을 하는 영조를 비판할 줄 아는 사람이다. 이런 보호막이 사라지자 세자는 극도의 공포심을 가진다. 정신이 이상해지고 미쳐가는 시점도 이때다.

영조는 파업을 미끼로 세자의 마음을 시험한다. 아비를 물리치고 왕이 될 욕심이 있는지 판단한다. 다시 왕위를 내려놓고 모든 정사를 물린다. 하지만 세자는 아무 말도 하지 않는다. 멍한 눈으로 허공을 응시하고 앉아 있을 뿐이다. 이 모습에 영조는 완전히 눈이 돌아간다. 임금 자리를 물려주겠으니 지금 당장 전위 교지를 쓰라고 명한다. 모든 신하가 세자에게 잘못을 빌라고 요청한다. 세자는 벌벌 떨면서 "아버지 잘못했습니다."하고 빈다. 그러나 영조는 냉정하다. "네가 그런 말을 하는 건 대신이 강요하기 때문이다." 영조는 세자가 허공을 멍하니 바라보는 것도, 벌벌 떨면서 잘못했다는 말도 자신을 속이는 것으로 생각한다. 이제 영조는 세자를 아들이 아닌 경쟁자로 인식한다.

1760년 5월 18일 정휘량이 평안감사에 오른다. 그는 세자를 심하게 비판하는 화완옹주의 남편 정치달의 작은아버지다. 그는 40대에 영조에게 비판적인 상소를 많이 올린다. 정휘량은 1742년에 영조의 비서 역할을 하고, 세자가 대리청정을 할 때 대사간으로 직책을 옮긴다. 이때 세자에게 좋은 충고를 많이 해준다. 세자는 그를 굳게 믿고 있다.

세자가 갑자기 평양에 나타나자 정휘량은 깜짝 놀란다. 노론이 세 가지 방법으로 세자를 죽인다는 소문이 떠돌기 때문이다.

첫 번째는 궁녀와 내시를 매수해 독살하는 방법이다. 세자는 궁녀를 많이 죽인 것으로 유명하다. 우리는 그냥 사이코, 연쇄살인범의 소행으로 본다. 하지만 궁녀와 내시의 독살시도를 막기 위한 살인이다. 왕손을 임신한 박애를 죽인 것도 같은 이유다. 세자가 뒤주에 갇혀 죽은 지 이틀 후 영조는 '환관의 죽음을 목격하고 참혹하다.'고 말한다. 내시는 세자를 독살하려다 죽었다.

두 번째는 세자를 완벽하게 고립하게 만든 후 미치광이로 몰아 자살하게 하는 방법이다.

세 번째는 역모 혐의를 씌워 죽이는 일이다. 앞의 두 가지는 방법은 실패한다. 그래서 가난뱅이 나경언을 이용해 세자의 비행 10가지를 기록한 봉서를 왕에게 보고한다.

영조는 나경언을 죽이고 사도세자를 휘령궁으로 불러낸다. 세자는 죽음의 위협을 감지하고 병이 있어 나가지 못한다고 한다. 하지만 아버지는 아프다는 아들을 억지로 불러낸다.

영조가 갑자기 손뼉을 치면서 이렇게 말한다.

"그대들 역시 신령의 말을 들었는가? 정성왕후가 지금 내게 '변란이 호흡 사이에 있다' 하였소."

세자는 뒤주 속에 8일간 갇힌 채 물 한 모금 마시지 못하고 굶어 죽는다.

하나의 사건에 왜 이렇게 다양한 시각이 있을까?

첫째, 사형집행자가 영조이다. 그는 왕이다. 누가 사건 이후 대대적으로 사실여부를 조사할 수 있을까? 몰래 은밀하게 할 수 있다. 하지만 그것마저 들키면 죽음이다. 사건이 발생하고 조사가 곧바로 진행되지 못한 게 가장 큰 문제다.

두 번째, 사도세자의 아내 혜경궁 홍 씨가 쓴 〈한중록〉의 집필 의도다. 책 후반부는 가문이 사도세자 죽음의 전범으로 몰린 시기에 작성된다. 그래서 사실여부에 큰 논란이 있다.

세 번째, 사도세자가 죽던 해 승정원일기 1년 치 기록의 삭제다. 세자의 아들 정조는 대리청정을 시작한다. 2개월이 지났을 때 아버지가 묻혀있는 수은묘를 참배한다. 그리고 아버지가 죽던 해의 '승정원일기' 1년 치를 삭제하겠다고 선언한다. 정조는 아버지의 죽음을 생각하면 도저히 견딜 수 없다며 눈물을 쏟는다. 83세의 노인 영조는 그런 정조의 뜻을 받아들인다. 그래서 아직도 사건의 사실여부에 논란이 많다.

사상과 예술은 정답이 없어서 매력적이다. 하지만 역사는 정답이 있다. 그러나 역사는 승자의 기록이다. 어쩌면 우리가 아는 모든 역사는 거짓일 수 있다.

영조가 죽고 왕위를 이은 정조는 경희궁에서 의미심장한 말을 던진다.

"나는 사도세자의 아들이다!"

어느 시대나 직업은 화두다. 어떤 직종을 선택하느냐에 따라 돈과 평판이 달라진다.

20대가 스펙에 목숨 걸고 학점에 울고 웃는 이유도 좋은 직업을 얻기 위해서다. 그런데 선택 범위가 너무 한쪽으로 치우쳐 져서 안타까움을 자아낸다. 이 세상은 정말 다양하고 특별한 직업이 많다. 자신이 직접 만들어 내는 것도 방법이다. 모든 직업은 그렇게 탄생한다.

조선시대도 지금과 똑같다. 과거는 출세의 등용문이다. 그래서 최소 10년을 공부해야 문리가 트이지만 많은 사람이 도전한다.

하지만 관직 등용이 전부는 아니다. 백 명에게 백 개의 삶이 있듯, 직업도 천차만별이다. 현대에도 우리 눈과 귀를 빨아들이는 특별한 직업과 극한직업이 있다. 그런 사람이 있기에 세상이 바뀌고 조금씩 살기 좋아진다.

영하 60도 하루 작업량 13톤! 100kg 참치를 해체하는 참치 해체사, 우리의 목숨을 위협하는 말벌과 말벌집을 퇴치하는 말벌 집 퇴치사, 생태계를 파괴하는 유해동물을 잡는 유해동물 포획단, 하루 3,000개를 제작하는 냄비 제조사, 하루 20톤의 미역을 수확하는 미역 잡이, 어두운 곳을 밝게 비춰주는 조명탑 설치사, 까지 이 세상의 직업은 정말 다양하다. 내가 나열한 직업은 우리 생활을 편리하게 만들고 아름답게 바꾸는 가치 있는 일이다.

어느 시대나 사는 건 비슷하다. 조선시대 역시 독특한 직업, 극한직업이 많다. 성대모사 달인부터 곤장을 대신 맞아주는 사람, 책 읽어주는 사람, 움직이는 서점까지 정말 다양하다. 직업은 항상 시대를 반영한다. 조선의 별난 직업을 보면 그 시대상이 보인다.

세상 모든 책을 파는 자, 책쾌

조선은 책의 나라다. 책에 죽고 책에 사는 자가 정말 많다. 가정이 멸망해도 책만 부여잡고 사는 사람도 있다. 부유한 집 자식이지만 온갖 책을 사다가 재산을 탕진한 아들도 있다. 귀한 책을 발견하면 눈이 돌아가서 책 주인을 죽이고 책을 빼앗는 선비도 있다. '반석평'이라는 자는 노비 출신임에도 글공부에 미쳐 재상까지 오른다.

조선은 전통적인 서점이 없다. 책의 수요와 공급은 양반 사대부가 맡고 정부가 통제한다. 지식이 빠져나가는 걸 막기 위해서다. 그래서 서민은 책 구입에 어려움이 있다. 움직이는 서점, 책쾌는 그렇게 탄생한다.

그중 조생이라는 사람을 보자. 다산 정약용은 그를 "붉은 수염을 한 사람으로 우스갯소리를 잘하였으며, 눈빛은 번쩍번쩍 빛난다."고 묘사한다. 조생이 유명한 이유는 완벽한 차별화다. 대부분 책장수는 자기 수중에 들어온 책을 판다. 또 책 주문을 받으면 사방팔방으로 구한다. 그게 전부다.

하지만 조생은 다르다. 신출귀몰한 존재다. 희귀본, 금서를 구하는데 능통하다. 판매 대상도 넓다. 양반, 마부, 어린이를 가리지 않고 책을 판다. 이동하는 모습도 독특하다. 걷지 않고 항상 뛰어다닌다. 해가 뜨면 저잣거리, 골목길, 서당, 관아까지 동서남북을 뛰면서 책을 판다.

보통 책쾌는 보따리에 싸서 책을 판다. 하지만 조생은 가슴팍과 소매에 책을 가득 넣고 판다. 자치통감강목은 100권에 이르는 방대한 권수를 자랑한다. 그런데 조생은 자기 몸에서 자치통감 전권을 내놓아 선비를 놀라게 한다.

그가 누구인지, 어디서 왔는지, 가문은 어떤지 아무도 모른다. 심지어 밥도 먹지 않는다. 그는 왜 이렇게 고생스럽게 책을 파느냐는 물음에 이렇게 대답한다.

"비록 내가 가지고 있는 책들은 없지만, 머릿속에는 그 책이 누구 손에 몇 년 동안 있었는지 잘 알고 있다오. 그리고 누가 그 책을 지었는지, 그리고 어느 판본이고 누가 주석을 달았는지도 꿰고 있으니까 말이오. 그러니까 그런 책들은 모두 내 책이란 말이오. 세상에 책이 없다면 나는 더 이상 뛰거나 술을 마실 수 없을 것이외다. 그리고 나에게 책을 사 읽어서 출세한 집안이 손자 대에 와서 몰락해서 책을 도로 파는 일을 종종 보게 되오. 어리석은 자들은 어리석은 자들끼리 모이고, 현명한 자들은 자기들끼리 모이는 법이지요. 책을 사고팔면서 세상이 어찌 흘러가는지 어떤 이치로 움직이는지 알았다오. 그러니까 죽을 때까지 책을 사고파는 일을 할 것이오."[8]

사뭇 장엄하고 비장함이 느껴진다. 단순히 책을 파는 게 아니라 그만의 독특한 철학이 있다. 조생은 가수 서태지처럼 신비주의다. 그 누구와도 사적인 대화를 나누지 않는다. 오직 책의 유통에 대해서만 이야기를 주고받는다. 신비로운 그의 분위기는 신선이라 불리기에 충분하다.

성대모사의 달인, 구기(口技)

성대모사를 잘하는 사람은 언제나 즐거움을 준다. 개그맨 안윤상은 슈퍼스타k를 패러디한 개그 프로그램 슈퍼스타kbs에서 노래에 맞춰 유명인 성대모사를 한다. 개그맨 정성호는 정재범이라는 이름으로 가수 임재범을 흉내 낸다. 2011년 '나가수'로 화제에 오른 그 임재범이다. 일반인 중에도 영화 대사나 장면을 따라 해 즐거움을 주는 사람이 있다. 나 역시 그렇다. 심심할 때 영화의 한 장면을 흉내 내거나 애니메이션 캐릭터를 따란다. 그런데 성대 모사의 기원이 조선시대라는 사실을 아는가?

구기는 입으로 부리는 재주, 즉 성대모사다. 짐승소리, 바람소리, 물소리, 천둥소리를 연구한다. 탄탄하게 단련된 소리로 현장을 압도한다. 구기는 나 같은 아마추어가 아니라 전문직이다. 돈을 받고 대중을 상대 하는 프로다. 영화 '왕의남자'를 통해 우리는 광대를 안다. 하지만 구기를 아는 사람은 드 물다.

구기의 영향력과 재주는 막강하다 궁궐에 초대되어 임금 앞에서 공연하고 상을 받을 정도다. 성대모사로 먹고사는 전문가다.

'대모지란'이란 자는 거위, 오리, 닭, 꿩 소리를 잘 묘사한다. 성대모사를 하면 마을에 있는 닭이란 닭은 모조리 몰려든다. 개 짖는 소리를 내면 마을 에 있는 개가 꼬리를 흔들며 달려온다. 구기에 대한 재미있는 일화가 있다.

마을에서 잔치를 열면 병풍 안에 구기전문가를 숨긴다. 이를 눈치채지 못 한 손님은 자리에 둘러앉는다. 그때 갑자기 개 짖는 소리가 들린다. 그 소리 에 놀란 여인은 사방팔방으로 뛰어다닌다. 잠시 후 침상이 삐걱거린다. 아이 는 울음을 터뜨리고 여인은 젖을 물리며 달랜다.

이때 여인이 손으로 아이를 토닥이는 소리, 사내가 큰 아이를 꾸짖는 소 리, 요강에서 오줌 누는 소리, 들개가 짖는 소리, 바람 부는 소리, 칼이 부딪 치는 소리가 동시에 들린다. 그리고 갑자기 정적이 흐른다. 잠시 후 병풍 뒤 에서 '불이야!'라고 큰 소리가 난다. 잔치에 온 마을 주민은 깜짝 놀라 불이

났다며 안절부절 못한다. 공연이 끝난 가수를 쫓아가는 팬클럽처럼 먼저 나가려고 다툼을 벌인다.

중국은 지금도 구기의 명백을 유지하고 있다. 현대의 산물인 줄 알았던 성대모사가 사실 조선시대에 기원이 있다.

곡비, 눈물연기의 전설

연기자를 보면 가장 신기한 게 눈물 연기다. 많은 스텝이 모여 있는 상황에서 집중력을 발휘해 눈물을 흘린다. 심지어 촬영이 끝나도 울음을 그치지 않는 배우도 있다.

조선 시대는 이런 눈물연기로 먹고사는 여성이 있다. 바로 곡비다.

왕실 가족이나 사대부가 죽을 때 곡비의 활약이 가장 크다. 통곡하는 사람이 많을수록 죽은 자의 위엄이 올라간다. 반대로 하객이 무덤덤하면 뒷말이 나온다. 체면에 죽고 체면에 사는 조선시대는 이게 중요한 문제다. 그래서 집안 어른이 죽으면 울음소리가 처절한 여인을 모은다. 그리고 돈을 쥐여주며 처절하게 통곡하라고 지시한다.

"왕실 가족이 돌아가셨소. 제대로 통곡할 줄 아는 여인이 필요하오."

"돈은 얼마나 주실 건가요?"

"백 냥(200만 원)이면 되겠소?"

"그 가격이면 다른 곳에서 알아보세요. 우리 쪽은 일류 중의 일류예요. 서로 데려가지 못해서 안달 났다고요!"

"좋소, 이백 냥(400만 원)이면 되겠소?"

"좋아요. 선금으로 백 냥을 먼저 주세요. 우리야 속일 리 없지만, 힘 있는

윗분들께서 저희를 속일 수 있잖아요."

"알겠소. 그리하리다"

아마 이런 식으로 일이 진행됐을 거다. 곡비를 보면 이런 생각이 든다. 사람이 시대를 만들기도 하지만 시대가 사람을 만든다. 지금이야 연기자나 연극배우가 아니면 통곡하는 재주를 어디에 쓰겠는가? 또 통곡은 연기 일부분이지 전부가 아니다. 그런데 조선은 통곡하는 재주로 돈 받는 사람이 존재한다. 어린 시절 못 먹고 자란 서러움, 가난한 집 자식이라 천대받은 비참함, 일찍 죽은 남편 때문에 찾아온 슬픔은 직업정신의 극대화를 일으킨다.

곡비 중에도 수준이 있다. 그냥 우는 것과 통곡하는 것, 그리고 진정성이 느껴지는 건 다르다. 슬픔이 많을수록, 사연이 처절할수록 통곡의 깊이는 다르다. 사대부나 왕실가족 제사에 오는 곡비는 에이스 중에서도 에이스다. 장례식에 가서 울어주는 대가로 돈을 받는다는 건 기발한 생각이다. 지금까지 곡비가 존재한다면 회사를 만들고 전용버스를 타고 이동할법하다.

매품팔이, 맞아야 사는 남자

흥부가 하루는 생각다 못해 읍내로 들어가서 나라 곡식 한 섬 꾸어다 먹으리라 마음먹고 관청에 가보니 이방이 있었다. 곡식을 빌리자고 왔는데 처분이 어떨지? 이방이 하는 말이 "가난한 백성이 막중한 나라 곡식을 어찌 달라고 하는가? 그런데 혹시 매를 맞아 보았소? 곡식을 얻으려 하지 말고 매를 맞으시오. 이 고을 김 부자를 어느 놈이 영문(營門)에 없는 사실을 꾸며 송사(訟事)를 일으켜 김 부자를 압송하라는 공문이 왔는데, 김 부자는 마침 병이 나고 친척도 병이 있어 누구를 대신 보내고자 하여 나를 보고 의논합디다. 연 생원이 김 부자 대신에 영문에 가서 매를 맞으면 그 값으로 돈 삼십 냥은 예서 환을 내어 줄 터이니 영문에 가서 매를 대신 맞고 옴이 어떠하오?”

홍부전에 나오는 이야기다. 홍부는 삼십 냥이라는 말에 눈이 돌아간다. 그 돈이면 굶주린 자식을 먹여 살리고 가정경제를 유지할 수 있다. 그러나 홍부의 설명을 들은 아내는 눈물로 호소한다. 가뜩이나 허약해진 몸, 매까지 맞으면 한 방에 훅 갈 수 있다는 두려움이다. 홍부 아내의 말도 일리는 있다. 하지만 자식을 생각할 때 부모는 무적이 된다. 홍부는 비장하게 군영으로 향한다.

홍부가 군영에 도착하자 사또는 부하에게 지시한다.

“대신 맞으러 왔으니 살살 때려라.”

그러거나 말거나 홍부는 한 방 맞으면 저세상으로 갈 몰골이다. 홍부가 자기 차례를 기다리는 순간 범죄자에게 사면령이 내려진다. 당황한 홍부는 매를 맞아야 돈을 벌 수 있다며 때려달라고 한다. 때려 달라는 자와 때리지 않으려는 자의 사투끝에 홍부는 쫓겨난다.

매품팔이는 정말 극한 직업이다. ‘몸으로 때워라’ 는 말은 괜히 나온 게 아니다. 조선 후기는 양반숫자가 증가한다. 그러면 위상은 하락한다. 문무는 자기끼리 기준을 정하고 세력을 굳힌다. 그룹에 끼지 못하는 양반은 이류, 삼류로 하락한다.

이류, 삼류 양반은 사업이 잘되거나 토지를 많이 소유한 자다. 부자가 되어서 생활은 양반과 같다. 하지만 신분은 하층민이다. 그런 사람은 군영에 벌금을 내도 받아주지 않거나 군기를 잡으려고 때린다. 그러다 보니 대신 맞아 줄 사람이 필요하다.

조선 후기는 이상할 정도로 사회가 썩어 간다. 막대한 뇌물을 바치고 수령이 된 자가 있다. 돈을 버는 방법도 더럽다. 부유한 백성에게 죄를 뒤집어씌우고 재물을 빼앗는다. 또 뼈대 있는 양반이 아닌 물렁하고 만만한 양반을 표적으로 삼는다. 그러면 뇌물을 바치거나 맞아야 한다. 두 가지를 동시에 하는 경우도 있다. 결국 힘없고 능력 없는 백성은 양반 대신 제 한 몸 때우며 돈을 번다.

책 읽어 주는 남자, 전기수

영화나 드라마에서 잠이 오지 않는 아이는 엄마에게 책을 읽어달라고 한다. 엄마는 지친 몸을 이끌고 상황을 생동감 있게 묘사한다. 상황에 맞는 효과음과 성대모사를 동원해서 이야기를 들려준다. 엄마는 이쯤하고 싶다. 그러나 아이의 눈은 더욱 초롱초롱해진다.

"왜 그만 읽으시는 거예요? 더 읽어주세요! 그래서 어떻게 됐는데요? 오리는 죽었나요? 정말 슬퍼요. 결말은 어때요?" 엄마는 오늘도 12시 이전에 자기는 글렀다.

임진왜란과 병자호란이 끝나며 조선은 안정기에 접어든다. 동시에 갖가지 문화가 꽃핀다. 책이 양반의 전유물에서 벗어나 중산층과 평민에게 전달된다. 하지만 책쾌가 나타날 만큼 서민이 책을 구하기란 어렵다. 이 시점에서 책 읽어 주는 남자, 전기수가 등장한다.

조선의 18, 19세기는 소설의 시대다. 전기수는 소설을 통째로 외워 대중에게 들려준다. 모든 곳에는 '급'이 있다. 장수원 로봇연기처럼 딱딱하게 전달하는 전기수는 하류다. 반대로 상황을 생생하게 묘사하며 현장감 넘치게 상황을 전달하는 전기수는 일류다.

일류 전기수는 소설의 하이라이트에서 잠시 침묵한다. 전개 방향이 궁금해서 애가 타는 대중은 다음 대목을 들려 달라고 돈을 던진다. 어느 정도 돈이 쌓이면 전기수는 다시 이야기를 시작한다.

인기 있는 전기수는 전국 곳곳을 돌며 이야기를 전달한다. 또 부잣집에 여장을 하고 들어가서 여인에게 책을 읽어준다. 온종일 집에 갇혀있고 체통을 지켜야 하는 부잣집 여인에게 전기수는 가뭄의 단비 같은 존재다. 소설의 인기가 높아지는 만큼 전기수도 승승장구한다. 얼마나 승승장구했는지 결국 죽어서 하늘로 올라간다.

전기수는 담배 가게 앞에서 당시에 인기 소설 임경업전을 들려준다. 소설 속 임경업 장군이 살해되는 장면에 이르자 한 남자가 무대 위로 올라온다. 그는 눈을 부릅뜨고 입에 거품을 물며 담배 써는 칼로 전기수를 찔러 죽인다. 그 순간 남자에게 전기수는 임경업 장군을 죽인 살인자, 게임에서 끝판왕을 죽인 순간, 레어 아이템을 획득하는 순간 컴퓨터 전원을 꺼버린 엄마로 보였으리라!

{ } **니들이 담배 맛을 알아?
담배의 나라 조선**

필자가 처음 본 담배 피는 여배우는 김혜수다. 그녀는 영화 타짜에서 섹시한 몸매와 옷차림을 한 채로 담배를 피운다. 그 모습은 내게 충격으로 다가왔다. 여배우가 담배 피는 걸 처음 보았다.

요즘 대한민국 영화는 남녀배우 가리지 않고 담배 피는 모습이 나온다. 일종의 멋이다. 한국 학생은 연예인에게 많은 영향을 받는다. 초등학생이 담배를 피우는 이유는 '멋' 때문이다.

담배는 여전히 논란의 중심이다. 전 세계는 담배로 2천 불을 번다. 하지만 흡연운동에 0.2퍼센트도 쓰지 않는다. 담배가 건강에 해롭다는 건 누구나 안다. 그래도 계속 피운다.

한국 못지않게 담배에 열광한 나라가 있다. 골초 국가라고 불리는 조선이다.

학살자이자 탐험가로 불리는 콜럼버스는 1492년 아메리카 대륙에 도착한다. 이후 포르투갈인 바스코 다가마는 1498년 희망봉을 돌아 인도양을 건너 인도 캘리컷에 도착한다. 이 과정에서 문물을 통합하고 교류한다.

담배는 그 과정에서 남만(베트남)의 상선을 타고 16세기 후반 일본에게 전파된다. 이후 임진왜란을 거쳐 1616년 광해군 때 조선에 상륙한다. 불과 5년 만에 생산량과 소비량이 급상승한다.

담배는 10년도 안 돼서 조선 전국을 하얀 연기로 덮어 버린다.

그 결과 1622년, 담뱃불로 화재가 발생해 80칸이나 되는 건물이 모조리 타버린다. 제대로 뜨거운 맛을 보았지만, 조선의 담배사랑은 여기서 멈추지 않는다. 아예 독자적으로 개발해서 청나라에 밀수출한다.

조정은 담배 수요가 엄청나자 긴급하게 대책을 마련한다. 담배 1근 이상을 밀수출하다 적발되면 목을 베어버린다. 하지만 이런 법률을 뚫고 1근 이상 밀수출하는 사람이 차고 넘친다. 늦게 배운 도둑질이 무서운 법이다. 조선은 서서히 담배공화국이 되어간다.

1653년, 네덜란드 상인 헨드릭 하멜은 폭풍을 만나 표류하다가 제주도에 도착한다. 이곳에서 무려 14년을 거주한다. 그후에 네덜란드로 돌아가서 집필한 '하멜표류기'를 보면 이런 말이 나온다. "현재 그들 사이에는 담배가 매우 성행해 어린아이들이 4, 5세 때 이미 배우기 시작하며, '남녀 간에 담배를 피우지 않는 사람이 매우 드물다'고 할 정도였다." 이 정도면 단순한 소비 문화가 아니라 담배의 나라다.

조선은 알아주는 골초 국가다. 18세기 말 정조 때 흡연 인구는 전체 25퍼센트를 차지한다. 1,500만 명 중 360만 명 이상이 담배를 피운다. 어린아이, 남녀노소를 가지 않고 태운다. 사랑방, 안방, 우물가, 돌담에서 하얀 연기가 피어오른다. 서당에서 훈장과 학동은 맞담배를 피운다. 임금과 신하가 만나는 정전도 담배 연기가 자욱하다. 담배는 서민이 고달픈 삶을 위로할 수 있는 유일한 낙이다.

담배를 피우는 방법도 점점 진화한다. 처음은 담뱃잎을 그대로 말아서 피운다. 그러나 입술이 너무 따가워 절초(折草, 담뱃잎을 잘게 썬 것)로 만들어서 담뱃대로 피운다.

이렇게 모두가 담배를 피우니 사대부는 또 열 받는다. '책' 처럼 '담배' 를 독점하고 싶다. 그래서 담뱃대 길이로 신분을 구별한다. 양반은 장죽, 서민은 짧은 곰방대를 사용하게 한다. 역시 대단하다.

말이 많으면 문제가 일어나듯 담배를 많이 피우니 웃지 못할 사건 사고가 발생한다.

1790년, 5월 22일, 정조 14년 좌의정 체제공이 돌연 사표를 낸다. 더는 정승을 못하겠다는 이유다. 왜 그랬을까?

어느 날 체제공은 하인과 함께 돈의문(서대문)을 통과하는 중이다. 그때 웃옷도 걸치지 않은 두 청년이 가마 옆에 서 있다. 한 사람은 부채로 얼굴을 절반 가리고, 한 사람은 담뱃대를 물고 폼 나게 담배를 태운다. 체제공은 이 모습이 마음에 들지 않은 모양이다.

"이봐! 자네, 담뱃대 좀 빼지, 좌정승 대감이 지나가는데 건방지게……."

그런데 청년은 담뱃대를 빼지 않는다. 그리고 슬슬 표정이 구겨진다. 중2병에 걸린 모양이다. 그는 인상을 쓰면서 체제공에게 이렇게 대꾸한다.

"내가 뭣 때문에 당신을 보고 담뱃대를 뺀다는 말인가?"

체제공은 넘치는 패기를 주체하지 못하는 청년의 발언에 단단히 화가 났다. 순간을 참지 못하고 자신과 함께 온 하인에게 소리 지른다.

"저 두 놈을 당장 잡아라!"

체제공은 두 청년은 옥에 가둔다. 두 사람의 이름은 김병성과 김관순이다. 김병성은 돈령부 참봉 김세근의 아들, 김관순은 동부봉사 김이의 아들이다. 체제공에게 중2병을 보여준 청년은 김관순이다.

시간이 지나자 분노로 타오르는 체제공의 마음도 안정된다. 그래서 하루가 지나면 두 청년을 풀어줄 생각이다.

그런데 분위기가 심상치 않게 돌아간다. 시간은 새벽 1시, 김관순의 친구 수십 명이 옥사 앞에 몰려와서 이렇게 외친다.

"만약 두 사람을 석방하지 않으면 전옥서의 관리를 죽이겠다."

"우리가 옥문 자물쇠를 부수고 빼앗아 간다면 어쩔 거냐."

역시 중2병에 걸린 사람은 친구조차 무섭다.

체제공은 두 청년을 형조로 넘긴다. 다음날 김관순의 친구는 체제공을 욕하는 찌라시를 벽보에 붙이고 바닥에 뿌린다. 체제공은 두 사람을 정식으로 고발하려고 한다. 이때 중2병 환자 김병성의 아버지 김이의가 체제공을 찾아온다. 그는 체제공 앞에서 중2병, 아들의 볼기짝을 실컷 때린다. 김병성의 할아버지는 체제공에게 이런 편지를 보낸다.

"우리 가문에 패역한 손자를 두었습니다. 정말 잘못했습니다."

집안 어른이 이렇게 나오자 체제공도 한 발 뒤로 물러선다. 그러나 김병성의 친구는 여전히 뜨겁다. 또다시 체제공을 비방하는 찌라시를 바닥에 뿌리고 벽에 붙인다. 단단히 화가 난 체제공은 사표를 내고 조정을 떠난다. '그야말로 한심한 세상'이라는 발언과 함께…….

정말로 역사는 과거의 반복이다. 사람 사는 건 어디나 똑같다. 현재 발생하는 일이 과거에 그대로 나타난다. 이 사건을 보면서 계속 웃음이 나온다.

문화가 확산되면 틀이 잡히고 커리큘럼이 나온다. 담배 역시 마찬가지다. 문체반정의 피화자 중 한 사람인 '이옥'은 〈연경〉이라는 담배 자기계발서를 집필한다. 그중 재미있는 부분을 보자.

담배 피우기 적절한 때

달빛 아래서 피우기 좋고, 눈이 내릴 때 피우기 좋다.

비가 내릴 때 피우기 좋고, 꽃 아래에서 피우기 좋다.

물 위에서 피우기 좋고, 다락 위에서 피우기 좋다.

길을 가는 중에 피우기 좋고, 배 안에서 피우기 좋다.

배갯머리에서 피우기 좋고, 측간에서 피우기 좋다.

홀로 앉아 있을 때가 좋고, 친구를 마주 대하고 있을 때가 좋다.

책을 볼 때가 좋고, 바둑을 두고 있을 때가 좋다.

붓을 잡고 있을 때가 좋고, 차를 달이고 있을 때가 좋다.

담배 피우는 것이 미울 때

어린아이가 한 길이나 되는 긴 담뱃대를 입에 문 채 서서 피운다. 또 가끔씩 이 사이로 침을 뱉는다. 가증스러운 놈!

규방의 다홍치마를 입은 부인이 낭군을 마주한 채 유유자적 담배를 피운다. 부끄럽다.

젊은 계집종이 부뚜막에 걸터앉아 안개를 토해내듯 담배를 피워댄다. 호되게 야단맞아야 한다.

시골 사람이 다섯 자 길이의 휜 대나무 담배통에 담뱃잎을 가루로 내어 침을 뱉어 섞는다. 그다음 불을 댕겨 몇 모금 빨자 벌써 끝이다. 화로에 침을 퉤! 뱉고는 앉은 자리에 재를 덮어버린다. 민망하기 짝이 없다.

망가진 패랭이를 쓴 거지가 지팡이와 길이가 같은 담뱃대를 들었다. 길 가는 사람을 가로막고 담배 한 대를 달랜다. 겁나는 놈이다.

대갓집 종놈이 짧지 않은 담뱃대를 가로 물고 그 비싼 서초를 마음껏 태운다. 그 앞을 손님이 지나가도 잠시도 피우기를 멈추지 않는다. 몽둥이로 내리칠 놈![9]

담배 자기계발서가 있을 만큼 조선은 담배에 열광한다. 마치 2002년 한일 월드컵 때 보여준 국민의 하나된 모습이다.

그런데 담배가 약 효과가 있다는 사실을 아는가? 조선 의원 허준은 동의보감에서 담배를 "맵고 열이 있어 장담(壯談), 한독(旱毒). 풍습(風濕)을 몰아내고 살충 효과가 있다. 연초(煙草)는 양성으로 쉽게 이행하고 퍼짐으로 냉한 음식으로 체한 데 쓰면 신효하다." 고 한다.

담배는 긴장을 풀고 쾌감을 준다. 집중력 향상의 효과도 있다. 최초의 담배는 약초로 재배된다. 종기나 상처를 담뱃잎으로 싸서 치료한다. 프랑스 카트린 왕후는 담뱃가루를 두통약으로 사용한다.

이뿐만 아니다. 르네상스 군주라 불리는 정조도 담배 예찬론자다. 그는 많은 아픔을 겪은 사람이다. 어린 시절 할아버지 손에 아버지가 죽는 장면을 목격한다. 또 노론은 틈만 나면 자신을 죽이려고 한다. 정조는 살벌한 현실에서 도피하기 위한 수단으로 책과 담배를 선택한다.

슬픈 과거를 극복하기 위한 에너지 발산은 개혁으로 나타난다. 하지만 사사건건 아버지를 죽인 노론과 부딪친다. 정조에게 담배는 유일한 해방구다. 그가 얼마나 외로운 사람인지 아는가? 원래 술은 잘 마시지 않는데 한 번 마시면 항상 폭음한다. 그리고 신하에게 '만취하지 않았으면 다들 집에 돌아갈 생각도 하지 말라' 며 진담 섞인 농담을 던진다. 마치 2차, 3차, 4차를 염원하는 부장님 같다. 그만큼 정조는 외로움과 불안에 시달린 사람이다.

골초가 된 임금이 걱정된 신하는 담배를 줄이라고 요청한다. 그러면 정조는 "위구르(몽골)에서 들어온 수박은 맛있다고 먹으며 제사상에까지 올리면서 왜 담배만 배척하느냐!" 고 펄쩍 뛰며 반박한다. 그래도 사대부 눈치가 보였는지 스스로 담배의 효과를 간증한다.

"나는 어릴 적부터 별다른 기호품이 없었다. 그저 책 읽는 것만 좋아하여 연구하고 탐닉하느라 마음과 몸에 피로가 쌓인 지 수십 년에, 책 속에서 생긴 병이 마침내 가슴 속에 항시 막혀 있어서 간혹 뜬눈으로 밤을 지새우기도 하였다. 그리고 즉위한 이래로는 책을 읽던 버릇이 일체 정무로까지 옮겨져서 그 증세가 더욱 심해졌으므로 복용한 빈랑나무 열매와 쥐눈이콩만 해도 근이나 포대로 계산하여야 할 정도였고, 백방으로 약을 구하여 보았지만 오직 남령초에서만 힘을 얻게 되었다. 화기(火氣)로 한담(寒痰), 근육이 마비되고 쑤시는 병을 공격하니 가슴에 막혔던 것이 자연히 없어졌고, 연기의 진액이 폐장을 윤택하게 하여 밤잠을 안온하게 잘 수 있었다. 정치의 득과 실을 깊이 생각할 때에 뒤엉켜서 요란한 마음을 맑은 거울로 비추어 요령을 잡게 하는 것도 그 힘이며, 갑이냐 을이냐를 교정하여 추고(考推), 문장을 고치고 다듬는 작업을 할 때에 생각을 짜내느라 고심하는 번뇌를 공평하게 저울질하게 하는 것도 그 힘이다."

_홍재전서弘齋全書

자신의 성공비결을 담배라고 말하고 있다. 임금이 직접 집필한 '담배 자기계발서다.' 왜 담배를 피워야 하는가? 담배는 어디에 좋은가? 정조는 그 이유를 상세하게 설명한다.

정조는 담배에 죽고 담배에 사는 임금이다. 그래서 나라를 담배공화국으로 만들려고 한다.

"사람에게 유익한 것은 담배 만한 것이 없다.(……) 이 풀이 아니면 답답한 속을 풀지 못하고 꽉 막힌 심정을 뚫어주지 못한다.(……) 담배를 백성들에게 베풀어줌으로써 그 혜택을 함께 하고자 한다."

이 정도면 나라를 하얗게 덮겠다는 뜻이다. 자신에게 좋은 게 타인에게 좋다는 생각은 한다. 정조도 책을 집요하게 파고 개혁을 많이 했지만 이런 오류를 벗어나지 못한다. 그는 단순한 담배 사랑을 넘어 담배가 태어난 건 운명이라고 주장한다.

"담배가 이 시대에 출연한 것은 인간을 사랑하는 천지의 마음에 비롯됐다."

이 정도면 담배에 미친 사람이다. 정조는 담배가 운명적인 풀이라고 예찬하면서 "온 백성이 담배를 피우도록 해서 그 효과를 확산시켜 담배를 베풀어준 천지의 마음에 보답하자"고 주장한다. 이제 점점 무서워진다. 사람이 하나에 깊숙이 빠지면 온갖 현상을 '그것'과 연관지어 생각한다. 정조에게 담배는 사랑을 넘어서 광기 수준이다.

정조의 담배 개혁은 여기서 멈추지 않는다. 1796년 11월 18일, 책문(策文, 정치의 대책을 물어 답하게 하는 과거시험)의 시제로 '담배'를 내건다. 평생 글공부만 한 선비에게 담배의 유용성을 토론하라고 한다. 그가 10년만 더 오래 살았다면 조선에 담배 피우면서 밥 먹는 문화가 생겼을 수도 있다.

순장제도를 아는가? 통치자가 죽으면 생전에 입은 옷, 장신구, 귀중품을 같이 묻는다. 또 자신을 보필하던 여러 신하도 죽여서 묻는다. 사후세계가 있다는 믿음에서다. 정조도 사후세계에 담배와 함께 하고 싶었나 보다. 〈정조실록〉 1800년 7월 3일, 정조가 승하한 뒤 담배 전대와 담배를 붙인 장옷을 대렴(시신을 묶고 입관하는 절차)과 재궁(임금의 관)에 안장했다는 기록이 있다.

현대의 '악'으로 평가되는 담배가 조선시대는 '선'이다. 물론 조선시대에 담배에 대한 반대 의견은 존재한다. 하지만 그 세력을 덮을 정도로 백성과 임금은 담배에 대한 애착이 강하다.

대한민국은 음주가무를 사랑한다. 우뇌형 민족이라서 즐거운 활동을 많이 한다. 술은 유흥의 중심이다. 친구와 만나서 한 잔, 연인과 마주 보며 한 잔, 상사 욕을 하면서 한 잔, 막막한 미래를 걱정하면서 한 잔, 대한민국 욕을 하면서 한 잔 마신다. 기분 좋게 한 잔 두 잔 마시는 건 좋다. 하지만 그렇지 않다는 게 가장 큰 문제다. 인간은 술이 과도하게 들어가면 통제력을 잃는다. 그래서 금요일 토요일 밤에 싸움이 가장 많이 일어난다.

인간은 술을 먹으면 신이 된다. 자신을 쳐다보는 낯선 사람을 보면 참지 못한다. 번화가 한 복판에서 중학교 교실에서 일어날 법한 싸움을 시작한다. 술값보다 게임값이 더 많이 나온다.

필자는 술을 자주 마시지 않는 편이다. 아니 거의 마시지 않는다. 1년에 세 번 마시면 과음이다. 이런 필자도 술 때문에 일어난 아찔한 사건 사고가 있다.

군대 가기 다섯 달 전이다. 이때는 부모님이 뼈 빠지게 일해서 번 돈을 흥청망청 쓰고 재미있게 노는 시간이다. 그순간은 대통령도 부럽지 않다. 세상을 다 가진 기분이다. 매일 놀면 된다. 그게 전부다.

필자는 친구 세 명과 20대를 위한 20대에 의한 술집에 간다. 술집이 클럽이 순식간에 클럽이 되고 클럽이 술집으로 변하는 곳이다. 그런데 남자끼리 놀면 뭐가 재미있는가? 여자가 필요하다. 그래서 우리는 게임을 시작한다. 소주병 뚜껑 속을 보면 숫자가 적혀 있다. 그 번호를 말하는 사람이 벌칙을 실행한다. 숨 막히는 번호 게임 끝에 내가 걸린다. 필자는 이 술집에서 가장 예쁜 여자에게 '오늘 나랑 같이 놀래?'라고 말해야 한다. 참고로 나는 내성적인 사람이다. 이런 말 절대 못 한다. 돌아가신 할머니가 눈앞에 보일 만큼 심각한 상황이 아닌 이상 그런 대범한 행동은 못 한다. 그런데 게임에 걸렸으니 어떻게 하겠는가? 여자를 찾아야 한다. 이 순간은 군대 가는 날보다 더 두렵다.

사전 체크를 해야 한다. 조용히 술집을 한 바퀴 돈다. 가장 예쁜 여자가 보인다. 친구 세 명과 함께 있다. 나는 떨리는 마음을 부여잡고 나의 여인에게 다가간다.

"저기요?"

"네?"

"예쁘시네요."

"아, 네 감사합니다."

"오늘 저랑 같이 노실래요?"

"싫은데요."

"왜요?"

"못생겼어요."

물론 내가 지나가는 여자의 발걸음을 멈출 정도로 잘생긴 얼굴은 아니다. 그러나 어느 정도 봐줄 만 하다. 고등학교 시절에 나를 좋아하는 여자도 꽤 있었다. 심지어 버스에서 나를 처음 보고 반해서 우리 학교에 다니는 자기 사촌에게 내가 여자 친구가 있는지 묻는 여자도 있다. 클럽에서 나에게 다가와서 부비 부비를 시도하는 정말 감사한 여성도 있다.

한 번은 이런 일도 있다. 제대하고 BAR에서 일할 때다. 바텐더로 착각하지 마시라! 옆에서 시중드는 하인에 불과하다. 가게를 한 달 정도 다녔을 때 단체 회식이 열린다. 1호점에서 4호점까지 모조리 모인다. 술 파는 사람이 모이면 뭘 하겠나? 술 파티를 벌인다. 나는 그때 평생 맛봐야 할 다양한 술을 한 시간 만에 마신다. 술 이름도 기억나지 않는다. 죄다 영어다. 술 색깔이 파란색도 있다는 걸 그때 처음 알았다.

거하게 취한 나는 슬슬 몸이 풀린다. 이 공간이 편안하게 느껴진다. 과감히 테이블에 올라가서 앉는다. '음악' 했다고 예술가처럼 보이고 싶었다.

나는 몰랐다. 그곳이 바텐더 테이블인지 정말 몰랐다. BAR에서 가장 신성한 공간인 바텐더 테이블에 나는 엉덩이를 깔고 앉았다. 내 모습을 본 1호점 사장은 눈이 뒤집히며 갑자기 온갖 욕설을 퍼붓는다.

"X새끼가 미쳤나? 어디서 바텐더 테이블에 앉아!!!?"

1호점 사장의 몽타루는 영화배우 마동석의 몸과 얼굴에 수염만 기르면 된다.

나는 고개를 숙이고 죄송하다는 말을 연발했다. 미안해서가 아니라 한 대 맞을 것 같아서다. 왜 슬픈 예감은 틀리지 않는가? 나는 비 오는 날 먼지 날 만큼 실컷 두들겨 맞는다. 그래도 살겠다고 처절하게 밖으로 도망쳤다. 사장은 육중한 몸을 이끌고 나를 쫓아온다. 그때 내 눈에 그 사람은 '추노꾼', '우사인 볼트'처럼 보였다. 그 이후로 술을 거의 마시지 않는다. 내겐 즐거운 기억이 없다. 몇 번 마시지 않는데 그때마다 비참한 기억뿐이다.

그런데 이런 일이 역사에 발생하면 어떻게 될까? 수염을 기르고 위엄 있는 풍채를 과시하는 임금과 사대부가 술을 마신다면? 술에 취해 서로 반말하고 이제 그만 임금의 자리에서 내려오라고 한다면? 그 모습이 상상이 되는가?

연산군이 선물한 옷에 토사물로 보답한 신하

연산군은 여자와 술을 좋아한다. 그만큼 술자리를 자주 가진다. 그러다 보면 재미있는 상황도 생긴다.

연산군은 재위 9년 11월에 영의정 성준, 좌의정 이극균과 기분 좋은 술자리를 가진다. 이극균은 한 잔 두 잔 받다 보니 취기가 가득 오른다. 그만 마시고 싶다. 하지만 상대는 연산군이다. 잘못하다간 목이 날아갈 수 있다. 이극균은 모든 걸 내려놓고 주는 족족 마신다. 술 마시고 죽으나 연산군에게 맞아 죽으나 마찬가지다.

연산군의 술을 억지로 받아 마시는 이극균은 문득 혼자가 된 기분이다. 싸늘하다. 술이 목구멍까지 차오른다. 하지만 걱정하지 마라. 연산군의 광기(狂氣)는 술보다 빠르니까. 연산군에게 한잔, 영의정 성준에게 한잔, 그리고 나 한잔.

그 순간 체내에 쌓인 술과 안주가 목구멍까지 올라온다. 이극균은 참지 못하고 눈앞에 보이는 옷에 토한다. 그런데 이극균이 토한 옷은 연산군이 선물한 어의(御衣)다. 상황은 그렇게 종료된다. 연산군은 묵직하게 한 마디 던진다.

"많이 취한 것 같으니 다들 물러가라."

다음날 이극균은 대궐에 들어 가 목숨 걸고 용서를 구한다.

"어젯밤 신을 불러 극진히 대접하시고, 술도 주시고, 어의도 하사하여 성은이 망극합니다. 그러나 과하게 취해 제정신이 아니었습니다. 신이 젊을 때 바가지에 술을 담아서 마셔도 정신이 멀쩡했습니다. 그런데 지금은 늙은 모양입니다. 오늘 아침 임금께서 하사하신 어의(御衣)를 보았는데 토사물로 가득합니다. 저는 백번 죽어도 마땅합니다."

그런데 연산군은 뜻밖의 관대함을 보인다.

"사과하지 말라, 어젯밤 일은 하나도 생각나지 않는다."

대단하다. 자기 할머니를 머리로 들이받고, 내시 김처선의 다리를 자른 그가 이런 관용을 베푼다. 이극균은 폭군을 상대로 간신히 목숨을 건진다.

왕에게 반말을?

세조는 반역으로 왕에 오른 자다. 무사를 이끌고 좌의정 김종서를 죽인 후 조카 단종을 쫓아낸다. 반대파는 모조리 죽이거나 유배 보낸다. 조선 역사상 가장 터프하게 왕위에 오른 남자다. 이런 방법으로 왕에 오른 자는 조선 역사에서 세조가 유일하다.

세조는 정인지를 포함한 여러 신하와 술자리를 가진다. 그간 쌓인 스트레스와 악감정을 풀자고 모인 자리다. 세조와 신하는 좋은 분위기를 유지하며 부드럽게 술을 마신다. 술을 마시다가 세조가 신하에게 '섭섭한 부분 있으면 말해보라. 내가 서운하게 한 일이 있느냐?' 이런 식의 말을 했나 보다. 분위기가 굉장히 좋다. 세조도 기분이 좋은지 정인지에게 술을 한잔 권한다.

"정인지, 그대도 한 잔 받아라."

"네가 주는 거냐?"

"지금 뭐라 하였느냐?"

"네가 주는 거냐고?"

술자리는 급하게 종료된다. 세조 즉위 역사상 가장 살벌한 밤이 지나간다.

다음 날 의정부와 육조, 충훈부의 대신과 관원이 일제히 정인지를 살려두면 안 된다고 주장한다. 그러나 세조는 단호하다.

"정인지는 죄가 없다."

신하도 물러서지 않는다. 정인지에게 벌을 내리라고 강력하게 주장한다. 그러나 세조는 정인지 편이다.

"죄가 없는데 어찌 벌을 내리겠는가?"

그러자 신하가 한 발 뒤로 물러선다.

"그렇다면 관직을 파하고 고향으로 쫓아내소서!"

그래도 임금이 뜻을 굽히지 않자 다음 날 세조의 아우 임영대군이 나선다.

"정인지가 한 말을 보면 진실로 역신입니다. 그 죄를 용서하면 안 됩니다."

"대신의 죄는 종친이 논할 바가 아니다."

그러자 영중추원사 이계전이 임영대군을 거든다.

"군신 간에는 남을 무시하고 혼자 잘난척 할 수 없습니다. 정인지는 성상에게 '너'라고 칭하였습니다. 그의 목을 베어 천하의 본보기가 되게 하소서!"

세조가 정인지에게 관대한 이유는 그가 공신이기 때문이다. 정인지는 세조가 왕에 오르는 결정적 사건 '계유정난'에 대한 공을 인정받아 정난공신의 1등을 받는다. 세조가 즉위한 직후에는 즉위에 대한 공을 인정받아 좌익공신 2등을 받는다. 그래서 세조는 정인지와 의리를 끝까지 지킨다.

여기서 상황극을 만들어보자. 당신은 숲을 걷다가 야생 수컷 호랑이와 정면으로 마주친다. 그 순간 살아온 세월이 파노라마처럼 지나가고 후회되는 일만 계속 떠오른다. 완전히 겁에 질려 목소리조차 나오지 않는다. 다리는 사시나무처럼 벌벌 떨고 있다. 그런데 갑자기 호랑이가 뒤로 발라당 눕는다. 애교를 부리고 만져달라는 사인을 보낸다. 당신은 용기 내어 호랑이를 만진다. '어? 얌전하네? 사람손에 길러진 녀석인가?' 내친김에 장난도 친다. 꼬리를 잡아당기고 수염을 뽑는다. 머리도 몇 번 때린다. '어? 그래도 가만히 있네?' 한층 과감해진 당신은 호랑이의 입을 벌려 자신의 머리를 넣는다. 그 결과……. 당신의 머리는 몸통과 분리된다.

절대 물지 않는다고 보장하는 맹수가 있는가? 아니다. 내재된 공격성은 언제 나올지 모른다. 항상 조심해야 한다.

이번에 소개할 음주 사건도 마찬가지다. 세조는 자신에게 '너'라고 한 정인지를 과감하게 용서한다. 그게 우습게 보였을까? 영의정 정찬손은 아예 왕위를 세자에게 넘기라고 요구한다.

전하, 언제까지 혼자 다 해먹으실 작정입니까?

세조 8년 5월 8일, 영의정 정창손, 우찬성 구치관, 예조 판서 홍윤성, 병조 판서 윤자운을 불러 술자리를 가진다. 술자리가 무르익을 때 해양대군이 평안도에서 돌아와 세조에게 인사를 하고 술을 올린다. 세조는 기분이 좋은지 마음에도 없는 말을 던진다.

"세자가 학문에 크게 통달한 후 국사를 물려줄 생각이다."

이런 말은 왕이 자신의 지위를 확인하기 위함이다. 신하는 "전하, 그런 말씀 하지 마시옵소서. 전하가 아니면 이 나라 조선을 누가 다스리겠습니까? 전하가 왕위를 그만두면 저희는 죽을 것입니다." 이렇게 훈훈하게 마무리 하면된다. 그런데 정창손은 술을 너무 많이 마신 모양이다. 목숨을 건 술주정을 시작한다.

"당연합니다. 백번 옳으신 말씀입니다. 전하께서 어찌 이렇게 과도하게 정사를 처리하십니까?"

"군주는 천하를 다스린다. 내가 어찌 부지런하지 않을 수 있겠는가?"

"전하께서 즉위하신 지 오래되었습니다. 이제 복잡한 일은 세자에게 맡기고 한가로이 남은 여생을 보내소서."

"그대는 내가 할 만큼 했으니 이제 물러가라는 뜻인가?"

"그렇습니다."

"내가 평소에 왕위에 물러나 스스로 편안하기만을 바랐다. 나랏일이 바빠 그렇게 하지 못했는데 그대가 내 마음을 헤아려주는구나."

"이것이 신의 마음입니다."

정창손의 폭탄 발언은 유쾌한 술자리 분위기를 단번에 뒤집어 버린다. 같이 술을 마시는 신하는 당황해서 아무 말도 못 한다. 이때 해양대군이 나선다.

"성상의 말씀이 무슨 뜻인지 잘 모르겠습니다. 정창손이 술에 취해 헛소리를 하는 모양입니다."

세조는 이제 아무 말도 들리지 않는다.

"과연, 정창손의 말이 맞다. 내가 그릇이 작으니 세자에게 왕위를 물려주겠다. 여봐라! 옥새를 당장 세자에게 전하라!"

그러자 한명회와 신숙주, 술자리에 참여한 대신은 통곡한다.

"명을 거두어주소서, 전하가 아니면 누가 이 나라를 다스리겠습니까?"

"닥치고, 옥새를 가져와라. 세자는 당장 내 앞으로 오라!"

신하는 승정원에서 옥새를 가져온다. 지금 이 순간 가장 아찔한 사람은 세자다. 망나니 정창손 때문에 평화로운 조정에 피바람이 분다. 신하도 후환이 두려워 왕에게 옥새를 전달하지 못한다.

이때 정창손이 한 번 더 결정타를 날린다.

"임금의 명령이 내려졌다. 그런데 왜 옥새를 전달하지 않는가? 어명을 거역하는가?"

정창손은 이제 세상을 포기한 사람처럼 느껴진다. 옥새를 들고 있는 신하와 해양대군은 울고 싶다. 계속되는 해양대군의 즉위 거부에 사건은 종결되고 모두 제자리로 돌아간다. 신하는 당장 임금에게 달려가서 정창손을 죽이라고 청한다. 그러나 세조는 다시 한 번 관대함을 보인다.

"정창손이 술에 과하게 취해 말이 헛나온 것이다. 깊은 뜻이 있는 건 아니다."

그러자 신숙주가 다시 아뢴다.

"공신이면 임금의 왕위양도를 만류해야 합니다. 그런데 도리어 '당연합니다. 백번 옳으신 소리입니다.' 라고 합니다. 이보다 큰 죄가 있겠습니까? 취중에 진담이 나오는 법입니다. 그가 아무 생각 없이 그런 말을 하겠습니까? 오랜 기간 품어 온 생각입니다."

"공신을 벌하는 건 불가능하다. 큰일을 대범하게 용서하는 게 은혜다."

"그 죄가 작다면 괜찮습니다. 하지만 왕에게 폭언을 퍼부은 자를 공신이라고 용서한다는 것은 불가능합니다."

"내가 생각해보겠다. 모두 물러가라."

이건 대통령 앞에서 '이제 그만 자리를 내려놓는 게 어때요?' 라는 말과 같다. 정말 치명적이다. 세조도 이번은 참기 어려운 모양이다. 사건이 발생한 지 나흘 후 정창손의 목은 망나니의 칼에 날아간다.

'디스패치'도 울고 갈 취재력
조선판 '사생 기자' 사관

훈민정음, 조선왕조실록, 직지심체요절, 승정원일기, 조선왕조 의궤, 고려대장경판 및 제경판, 동의보감, 일성록, 민주화운동 기록물, 난중일기, 새마을운동 기록물은 유네스코 지정 세계기록유산이다. 사관, 역사를 기록하는 관리다. 지위는 낮지만 강력한 직업 정신이 필요하다. 권력을 두려워하면 안 된다. 아부해서도 안 된다. 역사를 정확히 기록해야 한다. 이런 정의감으로 뭉친 자만 사관을 할 수 있다. 그래서 이런 완고함 때문에 목숨을 잃는 자도 많다.

조선을 건국한 이성계는 신하에게 〈고려사〉를 편찬하라고 지시한다. 그 내용 중 고려 말 이성계가 고려 32, 33대 임금 우왕과 창왕을 죽인 구절이 있다.

우왕은 이성계에게 중국정벌을 지시한다. 이성계는 중국정벌을 반대하지만, 자신보다 최영을 신임하는 임금 때문에 억지로 출전한다. 하지만 곰곰이 생각하니 자신이 죽을 것 같다. 그래서 군사를 돌려 고려를 공격한다. 이게 위화도 회군이다.

사초를 읽은 이성계는 사건을 기록한 예문춘추관 학사 이행을 부른다.

"내가 죽인 게 아니라 공양왕의 지시다. 나는 만류하지 못했을 뿐이다."

치부가 드러난 게 불쾌한 이성계는 이행의 모든 재산을 몰수하고 귀양 보낸다. 사실 이 정도는 양반이다.

세조 때 훈구파가 권력을 잡고 재산을 모은다. 그러자 김종직을 중심으로 사림파는 훈구파의 비리를 폭로하고 왕권의 전제화를 반대한다.

연산군 때 일이다. 전라감사 이극돈이 왕실 제사 기간 중에 술판을 벌이고 잔치를 연다. 사림파 김종직의 제자 김일손은 이 사건을 모조리 기록한다. 사실을 알게 된 이극돈은 기록을 삭제해달라고 부탁한다. 그러나 김일손은 완강히 거절한다. 이극돈은 자신의 부탁이 거절당하자 앙심을 품는다.

1498년 〈성종실록〉을 편찬하자 이극돈은 실록청 당상관이 된다. 그는 김일손이 사초에 삽입한 김종직의 조의제문이 조카 단종의 왕위를 뺏은 세조를 비판하는 글임을 연산군에게 알린다. 학자와 선비를 싫어하는 연산군은 이미 죽은 김종직의 무덤을 파헤쳐 시체의 목을 베어버린다. 김일손을 포함한 조정대신 수십 명은 귀양 가거나 처참하게 사형당한다.

연산군 재위 12년, 마음이 찜찜하다. 자신은 패륜아, 폭군으로 명성을 날리고 있다. 사관이라는 자는 모든 행실을 기록한다. 후세가 자신을 어떻게 평가하겠는가? 역사가 두려운 연산군은 초조해진다. 그런 마음을 폭군답지 않게 돌려서 말한다.

"어버이를 위하는 자는 그가 악행을 했어도 꺼리어 숨기고 피한다."

내가 너희 아버지니 쓰레기 짓을 저질러도 기록하지 말라는 뜻이다. 그리고 내 잘못은 기록하면서 너희 잘못은 기록하지 않는다고 어리광을 부린다. 또 사관에게 다가가 임금의 개인사는 쓰지 말고 정사에 관련된 기록만 쓰라고 주장한다. 이뿐만 아니다. 연산군은 예문관 소속 사관 엄성에게 이렇게 말한다.

"사필을 잡는 임무에는 적합하지 않으니 관직을 바꾸라!"

승정원은 이런 억지 주장에 반박한다.

"사관을 함부로 자르거나 교체하는 것은 도리에 맞지 않습니다. 어명을 거부하겠습니다."

폭군 연산군에게 이렇게 말할 수 있는 사람이 몇 명 있을까? 사관은 연산군에게 결코 주눅 들지 않는다. 그의 미친 짓을 대범하게 기록으로 남긴다.

"왕의 미치광이 같은 방탕이 이미 극도에 달하여 모든 진기한 새와 기이한 짐승을 사방에 잡아 바치도록 독촉하고, 사신을 보내어 공헌(貢獻)하도록 하기에 이르렀다. 이에 산이나 바다의 기괴한 족속을 새장이나 우리에 매고 길을 이었으며, 무사(武士)들을 파견하여 범, 표범, 곰, 말, 등속을 산 채로 잡아 다 후원에 가두어 놓고, 혹은 고기를 먹이며 구경하기도 하고 혹은 친히 쏘아 죽이는 것을 낙으로 삼았으며, 돼지, 노루 같은 유는 산속에 놓아두고 준마(駿馬)를 타고 달리며 쫓아 비탈과 골짜기의 밀림 속을 드나들기를 조금도 차질이 없이 하여, 비록 수렵(狩獵)으로 늙은 자라 할지라도 더 나을 수 없으며, 날로 공사의 준마를 징발하여 용구(龍)에 모으므로, 민간이나 역로에 이름난 말이 하나도 없게 되었다."

_연산군일기 56권, 10년 11월 정유

이 정도면 비난을 넘어서는 수준이다. 힙합 하는 사람이 멜로디에 가사를 얹어 상대를 비난하는 문화를 '디스'라고 한다. 사관은 힙합 하는 젊은이에게 절대 꿇리지 않는다. 나는 사관이 존경스럽다.

사관의 집념은 여기서 그치지 않는다. 1404년 태종 때 그가 들고 말을 타고 화살로 노루를 겨냥하다가 엎어진다. 태종은 얼굴이 빨개진 채로 좌우를 돌아보며 말한다.

"사관이 모르게 하라"

그런데 우리는 어떻게 이 사실을 알까? 사관이 모르게 하라는 그 말까지 기록했기 때문이다.

임금은 이런 사관이 부담스럽다. 자신의 말 한 마디 한 마디를 놓치지 않고 기록하는 사람이 있다. 얼마나 무섭겠는가? 그래서 대부분 임금은 사관을 꺼린다. 2대 임금 정종도 사관을 가까이하기를 꺼린다. 그러자 사관은 날카로운 말솜씨로 정종을 압도한다.

"사관의 직책은 임금의 언동과 정사의 득실을 직필 하여 숨기지 않고 후세에 전하여, 관성(觀省, 반성하고 교훈으로 삼음)에 대비하고 권계(勸戒, 선을 권장하고 악을 징계함)를 남기자는 것입니다. 고려 말년에 임금이 황음무도(荒淫無道, 술과 계집에 빠져 사람의 도리를 다하지 않음)하여 부녀자와 내시를 가까이하고 충성스럽고 어진 신하를 멀리하였으며, 사관의 직필을 꺼리어 가까이 모시지 못하게 하였으니, 너무나 도리에 어긋난 일이었습니다. 마땅히 고려의 실정을 거울삼고 관직을 설치한 의의를 생각하십시오. 특히 사관이 날마다 좌우에 입시 하여 언동을 기록하고 그때그때의 정사를 적게 하여 만세의 큰 규범으로 삼도록 하십시오."

고려가 사관을 멀리했기에 망했다고 한다. 여기서 뭐라고 반박할 수 있을까?

디스패치 사생 기자를 아는가? 연예인의 일거수일투족을 추적하고 기사가 될 만한 사건을 대중에게 알린다. 사생 기자 때문에 연예인은 곤욕을 치른다. 그런데 조선시대도 사생 기자가 있다. 사관이다. 임금이 연예인이라면 사관은 사생 기자다.

3대 임금 태종은 사관이 경연장과 임금이 조용히 휴식하는 공간까지 들어오자 이를 철저히 막는다. 사관 민인생이 편전에 들어가려고 하자 도승지 박석명이 이를 말린다.

"어제 사관 홍여강이 섬돌 아래에 들어왔는데, 주상(主上)께서 '무일전 같은 곳이면 사관이 마땅히 좌우에 들어와야 하지만 편전에는 들어오지 말라'고 말씀하셨다."

이 사람은 오늘로 치면 매니저다. 그런데 사관은 몰래 편전으로 들어간다. 정말 대단하다. 태종은 방어막을 뚫고 들어 온 사관을 보고 경악한다.

"사관이 어찌 들어왔는가?"

"전날에 문하부에서 사관이 좌주에 입시하기를 청하여 들어왔습니다."

"편전에는 들어오지 마라."

"비록 편전이라 하더라도 신들이 만일 들어오지 못한다면 대신이 아뢰는 일과 경연에서 벌이는 강론을 어떻게 갖추어 기록하겠습니까?"

"하하 이 곳은 내가 편히 쉬는 곳이다. 들어오지 않는 게 좋다. 사필은 곧게 써야 한다. 비록 대궐 밖에 있더라도 어찌 내 말을 듣지 못하겠는가?"

"사관 위에는 하늘이 있습니다."

태종은 아무 말도 못 한다. 사관은 다음날도 경연에 참석해서 편전에 들어가게 해달라고 요청한다.

"전하께서 비록 편전에 앉아 정사를 들으실 때라도 사관이 입시하여 아름다운 말을 기록하게 하십시오."

그러자 신하가 반대한다.

"경연에 입시하는 것은 가능하지만, 어찌 정사를 듣는 때에 들어오려고 합니까? 나 역시 고려 사관이었습니다. 그러나 두렵고 위축되어 감히 임금을 뵙지 못했습니다."

온갖 방해에도 불구하고 사관은 잠입취재를 계속 시도한다. 임금이 편전에서 정사를 보는데 문 바깥에서 따가운 시선이 느껴진다.

"저게 누구냐?"

"사관 민인생입니다."

임금도 슬슬 열 받는다.

"앞으로 사관이 날마다 입궐하지 말고 아일조회 때에만 입시하라!"

민인생은 그래도 포기하지 않는다. 판문하부사 조준, 좌정승 이거이, 우정승 하균과 여러 대신이 임금에게 잔치를 베푼다. 태종은 무신 10명을 거느리고 연안에서 사냥하다가 날이 저물어서 궁궐에 도착한다. 그런데 임금의 측근 중 한 명이 이상하다. 아침부터 계속 얼굴을 가리고 있다. 그는 사관 민인생이다. 얼굴까지 가리고 태종을 미행한 것이다. 태종은 슬슬 민인생이 두렵다.

"무엇을 하러 왔느냐?"

"신이 사관으로서 감히 직무를 폐할 수 없기에 온 것입니다."

태종은 민인생에게 질릴 대로 질린다. 오죽하면 10년 후에 이 이야기를 다시 꺼낼까?

"예전에 사관 민인생이 경연 때 병풍 뒤에서 엿듣고 잔치에도 들어왔다. 또 내가 들에 나가 매사냥을 할 때는 얼굴을 가리고 따라왔다. 이런 일은 모두 음흉한 짓이다."

사관에 레벨이 있다면 민인생은 NO.1이다. 한 달마다 실적을 발표한다면 그는 우수사원이다. 그가 기자라면 특종기자다.

민인생은 결국 출셋길이 막혀 말년에 빈곤한 삶을 산다.

사관의 활약은 여기서 그치지 않는다. 왕비와 임금의 잠자리까지 기록하려고 여자 사관 도입을 시도한다.

연산군의 미친 짓이 지긋지긋한 박원종, 유순정, 성희안은 그를 몰아내고 진성대군은 중종으로 세운다. 신하 덕분에 왕에 올랐기에 중종은 그들을 극진하게 대접한다. 조회가 끝나면 3 대신이 문을 나간 후에 자리를 앉는다. 권력은 신하 쪽으로 기운다.

중종 14년 4월 아침 경연에서 김안국은 명나라 상노가 집필한 속강목을 강의하고 있다. 태후와 신종이 주고받은 말이 상세하게 나오자 김안국은 중종에게 말한다.

"여기에 태후와 신종의 대화가 매우 상세하게 기록되어 있습니다. 이는 규문(부녀자가 거처하는 곳)안의 말이라 남자 사관은 기록하지 못합니다. 반드시 여자 사관이 기록할 것입니다. 예부터 여자 사관은 규문 안에서 임금의 거동과 언행을 모두 기록합니다. 그래서 나라 사람이 그 일을 알 수 있고, 사책(史策)에 기록하였기에 후손이 이를 보고 선악을 압니다. 조선의 경우 규문 안에 일을 자세히 알지 못합니다. 여자 사관이 없기 때문입니다. 그러니 규문 안에서 일어나는 일을 어떻게 자세히 기록하겠습니까? 그러니 옛 제도에 따라 여사를 두어 임금의 동향과 말을 기록할 수 있게 만드는 게 좋겠습니다."

그러자 주변 사관도 김안국의 말이 옳다며 거든다. 하지만 중종은 거절한다.

"옛날에는 여자들이 모두 글을 지을 줄 알았으므로 올바른 여사를 얻어서 궁궐 안의 규문 일을 빠짐없이 상세하게 기록할 수 있었으나, 지금은 글에 능한 여자가 적어 제대로 기록할 수 있는 사람을 얻기가 어려울 것이다."

중종은 자신의 속마음 '왕실안방에서 벌어지는 일까지 기록하겠다니 너희가 미쳤느냐?'를 돌려서 말한다. 사관이 무섭긴 무서운 모양이다. 자기 만행을 역사에 남기지 않으려면 기록을 왜곡하거나 태워야 한다.

선조 25년 4월 14일 왜군이 북상하고 있다는 전갈을 받은 조정은 신립을 충주로 파견한다. 만약 그곳까지 무너지면 왜군이 순식간에 한양으로 몰려온다. 그러나 결국 신립도 무너지고 선조는 피난 길에 오른다.

호위 무사와 신하는 선조와 함께 개미떼처럼 줄을 이어 도망간다. 간간이 들려오는 말은 한양이 불바다가 됐다는 소식이다. 왕과 신하는 긴급회의를 연다. 그 결과 압록강을 건너 요동까지 피난해야 한다는 결론이 나온다. 하룻밤에 요동까지 가야 한다는 말을 듣자 예문 봉교 조존세, 검열 김선여, 승정원 주서 임취정, 박정현은 서로 눈빛 교환을 한다. 네 사람은 등에 짊어진 사초를 구덩이에 놓고 불을 지른다. 도망갔다는 사실을 은폐하기 위해서다. 선조는 새벽이 되어서야 측근이 도망간 사실을 알고 씁쓸한 표정을 짓는다.

사관은 극한직업이다. 왕이 어떤 짓을 하든지 실록에 그대로 기록한다. 만약 자신을 부정적으로 평가한 기록을 왕이 본다면 편찬자는 죽은 목숨이다. 그래서 왕조차 볼 수 없게 한다. 태조 이성계가 실록을 가져오라고 명하자 사관은 이렇게 반박한다. "군주는 자손들의 모범인데, 전하께서 이 당시의 역사를 열람하시면 대를 이은 임금들도 '우리 선왕도 했던 일'이라 하며 구실로 삼아 실록을 보려고 할 것입니다. 그렇다면 그 어떤 사관이 사실대로 기록하는 붓을 잡겠습니까?"

왕과 사관의 공방전은 치열하게 이어진다. 대왕이라 불리는 세종도 실록을 보려고 시도한다. 앞이 보이지 않을 정도로 책에 미친 남자답게 설득하는 방법도 탁월하다.

"〈태조실록〉은 다만 한 책만 썼기 때문에, 만약 후일에 유실된다면 안 될 것이니, 또 한 책을 더 베껴서 춘추관에 납본하고, 한 책은 내가 항상 볼 수 있도록 춘추관에 전교하라"

그러나 산전수전 공중전까지 겪은 사관은 쉽게 넘어가지 않는다.

"〈태조실록〉에는 비밀로 해야 할 일이 많습니다. 신과 하륜이 알고 있을 뿐이고, 다른 사람은 알지 못합니다. 또 한 책을 베껴서 여러 사람으로 하여금 알게 하는 것은 불가합니다. 청하건대, 좋은 날을 받아서 사고(史車, 실록을 보관하는 서고)에 넣게 하소서"

세종의 근성도 만만치 않다. 변계량을 포함한 〈태조실록〉 편찬자가 거의 죽자 춘추관에 들어가서 실록을 본다. 이때는 사관 유정현이 동의한 거로 알려졌다.

세종은 말년에 조선건국 당위성을 노래한 〈용비어천가〉를 완성하여 태조의 업적을 높이고 싶다. 완성된 〈용비어천가〉를 추가하기 위해 언문청(諺文廳, 세종이 훈민정음 창제를 위해 대궐 안에 설치한 기관)을 열고 실록을 갖고 오라고 지시한다.

사관은 비상 상태다. 역사왜곡을 막아야 한다!

"실록은 사관이 아니면 볼 수가 없는 것이며, 또 언문청은 얕아서 드러나게 되고, 외부인 출입이 무상하니, 신은 매우 옳지 못하고 여깁니다."

세종은 한 발 뒤로 물러선다. 그 대신 실록을 필사하여 자신에게 갖고 오게 한다.

궁금증을 참지 못하는 건 인간의 본능이다. 그나마 세종이 성군이라서 이 정도다. 50년 후에는 실록과 사초까지 보는 일도 발생한다.

우리가 역사를 알 수 있는 이유는 사관 덕분이다. 끈질기게 잠입취재를 시도하고 목숨걸고 직필한 그들에게 감사한다.

한국은 장애인이 살기 어려운 곳이다. 그들을 사회에 편입하기보다는 그들만의 그룹을 만들고 묶어둔다. 현재는 70년대보다 경제, 문화가 훨씬 발전한다. 확실히 사는 건 나아졌다. 하지만 의식은 점점 퇴화한다. 우리 사회는 돈, 직업, 학벌, 명예, 스펙, 외모, 키로 상대를 판단한다. 이만큼 의식수준이 낮다. 책을 읽지 않기 때문이다. 더 구체적으로 말하면 생각하지 않는다. 그 결과 경제 강국이 되어도 선진국이 되지 못한다.

왠지 역사라고 하면 뭔가 무겁다. 딱딱하고 굳어 있게 느껴진다. 하지만 그렇지도 않다. 어느 시대나 사람 사는 건 비슷하다. 제도와 인식의 차이는 있지만 대부분 비슷하다. 훌륭한 사람이 통치자가 되면 그곳은 훌륭해진다. 악마가 통치자가 되면 그곳은 불행해진다. 그래서 리더가 중요하다. 만약 경제 개발에만 몰두하는 임금이라면 사회의 소수자는 과감히 무시하고 죽인다. 하지만 백성을 생각하는 따뜻한 마음을 가졌다면 약자의 편에서 개혁을 실행할 줄 안다.

정부가 하는 개혁을 보면 모조리 경제, 개발, 자원, 투자에 대한 이야기뿐이다. 사람, 소수자, 약자에 대한 정책은 미개한 수준이다. 높은 곳에 오래 있으면 낮은 곳은 신경 쓰지 않는다. 그 결과 우리나라는 서민이 살기 싫은 곳이 됐다. 모든 경영은 사람이다. 사람을 공부하고 사람을 이해해야 무엇이든 잘할 수 있다. 한국이 장애인을 배척하는 이유도 사람 공부를 하지 않기 때문이다. 장애인을 사회로 끄집어내고 같이 살고 능력을 활용해야 선진국이다.

역사 속 장애인은 어떻게 살았을까? 지금보다 더 엄격하고 무섭게 사회에서 배척했을까? 필자가 공부해본 결과 전혀 그렇지 않다. 사실 지금보다 훨씬 살기 좋다. 장애인에 대한 정책도 많고 높은 관직에 등용된 사람도 많다. 정책을 개혁하고 법을 바꿀 수 있는 능력이 있는 자라면 이번 파트를 집중해서 읽어보시라. 많은 도움이 될 것이다.

'환과고독과 피융, 잔질(殘疾)은 왕자의 정치에서 마땅히 불쌍히 여겨야 할 바이니, 안으로는 한성부의 5부와 밖으로는 감사와 수령이 상세히 탐문하여 환상(還上)과 진제(賑濟)를 우선 베풀어 그들의 처소를 잃지 말게 할 것이다.

_세종실록 2권, 세종 즉위년 11월 3일

"근년 이래로 수재와 한재가 잇따라서 계속 흉년이 들었고, 지난해는 더욱 심하여 민생이 불쌍하게 되었으니, 각도의 감사와 수령들은 나의 뜻을 잘 받들어서 구제할 물품을 가지고 잔 질인을 우선적으로 구제해주되 장차 조관(朝官)을 보내어 순행하여 물어볼 것이니, 만약에 여염 가운데 한 명의 백성이라도 굶어 죽은 자가 있다면 중죄로 처단할 것이다."

_세종실록 11권, 세종 3년 2월 5일

"호조에서 계하기를, '지금 농사철을 만났으니 농사에 힘써야 할 건장한 남녀들에게는 모두 환상(還上)을 주고, 농사를 지을 수 없는 환과고독과 잔질 폐질과 빌어먹는 자에게만은 진제를 주도록 할 것입니다.' 라고 하니, 그대로 따랐다."

_세종실록 19권, 세종 5년 2월 4일

"군민 가운데 홀아비나 과부, 고아들은 담당 관사에서 전례에 따라 구휼하여 죽지 않게 하고, 백성들 중 나이 70세 이상 되는 자와 독질, 잔 질자에게는 장정 한 명을 주어 봉양하게 하고, 장정이 없어서 자립할 수 없는 자에게는 관에서 생활비를 지급하고, 군민으로 나이 80 이상인 자는 관사에서 비단 2필, 솜 2근, 술 1말, 고기 10근을 주어 보호하도록 하라."

_세종실록 26권, 세종 6년 10월 15일

세종대왕이 실행한 장애인 진휼정책이다. 그는 조선 임금 중에서 백성을 위한 복지정책을 가장 많이 시행한 사람이다. 어린 시절부터 독서를 많이 해서 큰 생각과 큰마음을 갖고있다.

그리고 세종 역시 장애인이다. '세종대왕은 불행한 사람이다' 편에서 봤듯이 그는 종합병원이다. 고기만 좋아하는 식습관, 운동을 멀리하고 책만 읽는 생활이 결국 안질을 불러온다. 두 눈이 흐릿하고 아파서 음침하고 어두운 곳은 반드시 지팡이를 짚고 걷는다. 이는 눈앞에 무엇이 있는지 보이지 않는다는 뜻이다. 또 눈앞에 사람이 있는 건 알지만, 누구인지 구분하지 못한다. 심한 장애를 앓았기에 장애인을 위한 복지정책을 가장 많이 시행한다.

세종뿐만이 아니다. 조선시대는 장애인에 대한 인식이 현재보다 훨씬 높다. 한국 최초 시각장애인 단체 명통시(明通寺)를 만든 게 조선이다. 그들은 이 곳에 모여서 독경을 연습하고 국가 공식행사, 기우제, 일식과 월식을 담당한다. 국가는 명통시에 건물을 하사하거나 노비와 쌀을 준다. 장애인이나 부양자에게 군대를 면제하는 정책도 시행한다. 또 자연재해로 장애인 가족에게 문제가 발생하면 마을에서 도와준다. 더불어 산다는 공동체 의식이 강하다.

하지만 장애인을 측은하게 여겨서 복지만 실시한 건 아니다. 일할 수 있는 사람은 자립을 유도한다. 18세기 실학자 홍대용은 이렇게 말한다.

"면(面)에서 가르치는 데는, 그중 뜻이 높고 재주가 많은 자는 위로 올려 조정에서 쓰도록 하고, 자질이 둔하고 용렬한 자는 아래로 돌려 민간에서 쓰도록 하며, 그중 생각을 잘하고 솜씨가 재빠른 자는 공업(工業)으로 돌리고, 이익에 밝고 재물을 좋아하는 자는 상업(商業)으로 돌리며, 꾀를 좋아하고 용맹이 있는 자는 무반(武班)으로 돌리고, 소경은 점치는 데로, 궁형(宮刑, 생식기를 자르는 형벌)당한 자는 문 지키는 데로 돌리며, 심지어 벙어리와 귀머거리, 앉은뱅이까지 모두 일자리를 갖도록 해야 한다."

_담헌서, 내집 4권 보유, 임하경륜

조선 후기 실학자 최한기도 장애인 자립에 적극적이다.

"장님은 가르칠 수 있다. 눈동자로 보는 것은 막혀서 빛깔을 보지는 못하지만, 신기(神氣)로 보는 것이 있어 빛깔에 대해서는 밝게 듣는다. 그래서 남의 언어를 잘 들어 생각함이 상당히 넓고, 수교(手敎)에 밝아서 사물의 형체로 상상한다. 무릇 인도(人道)와 인사(人事)에 대해서도 모두 참작하고 헤아려서 때로 눈은 있지만, 마음이 어두운 사람보다 나은 경우도 있다. 벙어리를 가르치는 것과 비교하면, 비록 이것이 저것보다 낫기도 하고 저것이 이것보다 낫기도 하지만,

이들은 모두 병폐된 몸이라 신기의 통함이 다 갖추어지지 못해서 가르침이 온
전할 수 없다."

_ '인정' 8권, 교인문

"장님의 눈은 보는 데엔 쓸 수 없고 벙어리는 말하는 데엔 쓸 수 없으며, 귀머거
리는 듣는 데엔 쓸 수 없고, 어리석은 자는 일을 모의하는 데엔 쓸 수 없다. 그
러나 장님이라도 듣는 데엔 쓸 수 있고, 귀머거리라도 보는 데엔 쓸 수 있으며,
벙어리라도 말할 필요가 없는 데엔 쓸 수 있고, 어리석은 자라도 한 가지 전문
분야에는 쓸 수 있다."

_ '인정' , 25권, 용인문

조선은 장애인 자립에 앞장선다. 막연하게 방에 갇혀 지내는 게 아니라 적
극적인 사회 활동을 유도한다. 시각장애인은 점복업, 즉 점을 쳐주는 일을
많이 한다. 병이 나면 점복가를 불러서 길흉을 묻고, 과거시험 전에도 불러
서 급제 여부를 묻는다. 이런 현상은 점복가가 장애인이라서 그냥 던져 주는
직업이 아니라 대중이 그를 믿고 의지한다는 뜻이다.

점복가에 관해 재미있는 에피소드 두 가지를 독자 여러분에게 소개하고
싶다.

"근래에 인심이 사나워 자주하는 변고가 도처에서 발생하고 있습니다. 포
수 박경춘이 와서 고하기를 '바로 전에 수구만 밖에서 두 여자가 성 밑에 버
려진 시체의 머리를 칼로 잘라 포대에 감추는 것을 보았다' 하기에, 곧바로
쫓아가 잡을 것을 명하였는데 한 사람은 재빨리 도망가서 못 잡고 시체의 머
리를 가지고 있던 자만 잡았습니다. 그를 추문하였더니 바로 맹인 박귀복의

여종 '춘'이라는 자였습니다.

　그는 공초하기를 '종루 노변에 사는 지근이라는 여인이 그의 사위가 다른 여자를 얻은 것 때문에 저주하려고 나의 주인 박귀복에게 많은 뇌물을 갖다 주며 부탁하였다.' 그러자 박귀복이 '나에게 두골을 구해오라고 했기 때문에 자근의 비 언덕과 함께 가서 그 일을 하다가 마침 적발되어 붙잡힌 것이다. 그리고 전날에도 양반, 상인 집 비복들이 박귀복의 집을 왕래하면서 저주할 것을 은밀히 도모한 경우가 한두 번이 아니었는데, 여무(女巫) 가시와 서리 임의신도 동참해 알고 있다.' 하였습니다.

　간사한 무리들이 원수를 갚으려고 흉악한 짓을 저지르면서도 전혀 꺼리질 않습니다. 지금 공초한 것을 보건대, 박귀복과 가시가 주모자인 것은 의심할 여지없이 명백하니 끝까지 문초하지 않을 수 없습니다. 그런데 박귀복과 자근 및 가시가 모두 곤장을 맞다 죽었습니다. 이는 필시 함께 나쁜 짓을 저지른 자들이 독약을 먹여 지레 죽인 것이니 일이 매우 놀랍습니다. 그 외에 춘이, 언덕, 임의신 등은 모두 박귀복의 지휘에 따라 저주하는 데 함께 모의한 자들로 그 정상이 극악하니 해당 관사로 하여금 모두 잡아다가 조사하게 하소서.'

　하니, 답하기를,

아뢴대로 하라. 박귀복 등이 지레 죽은 것은 매우 의심스러우니 당시의 옥졸을 찾아내 엄중히 조사하여 훗날의 폐단을 막도록 하라. 그리고 고변한 포수에게 는 해조로 하여금 적당히 시상하게 하라."

_인조실록, 30권, 인조 12년 12월 18일

　자기 능력을 잘못 사용한 경우다. 박귀복도 처음에 일자리를 얻은 것만으로 행복했으리라. 그리고 마음을 낮추고 올바르게 살겠다고 다짐했으리라. 하지만 한두 푼 돈을 벌고, 명성이 높아지면 온갖 유혹이 차오른다. 결국 초심을 잃고 나쁜 짓을 하게 된다. 현재 성공자 중에도 이런 사람이 많다. 어려운 시절을 잊고 사람을 함부로 대하거나, 교언영색(巧言令色), 즉 환심을 사려고 얄팍하게 입을 놀리고 얼굴빛을 아름답게 하여 뒤통수를 치는 일도 있다. 정상에 올라가기는 어렵다. 그러나 정상에서 낮은 마음을 유지하기란 더 어렵다.

이번 에피소드는 코미디 영화에서나 볼 수 있는 재미있는 사례다.

"옛날에 돌은 재상의 아명이었는데, 어려서 이웃집 아이 두타비와 더불어 죽마놀이를 하고 놀았다. 돌이 재상이 되었을 무렵 두타비는 실명하였고, 점치는 것을 배우긴 하였으나 재주가 짧았던지라 명성을 얻지 못하고 구차하게 구걸하며 자립하지 못하고 있었다.

돌이 그를 불쌍히 여겨 살 길을 열어주고자 서로 몰래 약속하였다.

"내가 거짓으로 말을 잃어버린 체하고 말을 동문 밖 도장곡 제 네 번째 소나무에 매어놓겠네. 그리고 자네를 시켜 점을 치게 할 것이니 자네는 말이 도장곡 제 네 번째 소나무에 매여 있다고 말하게, 그러면 우리나라 장안에서 점을 보려고 하는 자들이 모두 자네에게 몰릴 것이네."

마침내 약속한 대로 하여 과연 말을 도장곡 소나무 숲 사이에서 찾게 되니 이로부터 두타비의 명성이 크게 떨치게 되었다.

그때 임금께서 옥대를 잃어버렸는데, 두타비가 점을 잘 친다는 소문을 들으시고 역마를 달려 그를 불러들었다. 두타비는 본래 재능이 없는지라, 임금의 부름을 받게 되니 스스로 잘못 응대하여 위험에 빠지지나 않을까 두려워하였다.

한편 옥대를 훔쳐간 도둑은 은밀히 사람을 시켜 길에서 두타비를 만난다. 두타비는 말 위의 안장에 의지하여 탄식하며 '불가설이(不可說耳)'라고 말했는데, 이 '불가설이'는 근심하는 말이었다. 그런데 마침 옥대를 훔쳐간 사람의 이름은 화구(火拘)이고 직업은 서리(書吏)로 방언 발음이 서로 비슷하였다. 도둑은 두타비가 탄식하는 말을 듣고 크게 놀라 두타비에게 많은 뇌물을 바치며 '불가설이' 네 자만은 제발 말하지 마시고, 옥대가 궁정 서쪽 오른쪽 계단 아래 감춰져 있다고만 말하시어 그로 하여금 사형을 당하지 않게 해달라고 간청하였다. 두타비는 그의 말대로 계단 아래를 파게 했고, 그곳에서 과연 옥대를 얻게 되었다.

그러자 임금은 이를 몹시 기이하게 여겨 말하였다.

"이는 무한의 영기와 짝할 만하다. 과인이 재차 시험해보겠노라."

말을 마치고 드디어 곁길로 가는데, 큰 두꺼비가 보이자 내시로 하여금 돌로 두꺼비를 누르게 하였다. 그리고 두타비에게 물었다.

"내가 어떤 물건을 얻었는지 말해보아라. 만약 맞추지 못하면 너를 마땅히 죽일 것이요. 맞추면 큰 상을 내릴 것이다."

그때 재상이 임금을 모시고 곁에 있었는데, 두타비는 크게 민망하여 땅에 엎드려 재상을 향해 말하였다.

"돌씨로 인해 두타비 죽네!"

이는 돌 재상이 자신에게 헛된 명예를 만들어주어 사지(死地)에 이르게 한 것을 말함이었는데, 임금은 그 연유를 알지 못하고 다만 돌씨는 돌이고 두타비의 방언이 두꺼비인 것만 알고 있는지라 두타비의 말을 듣고 크게 놀라 말하였다.

"과인이 과연 두꺼비를 한 마리 얻어 돌로 눌러놓았느니라. 이 자는 천하의 신령스런 점쟁이로다."

드디어 수백에 달하는 지극한 상을 내리셨다.

아! 허명이 우연히 맞아 참된 복이 돌아갔도다. 한 번이야 요행이라고 할 수 있겠지만, 어찌 두 번째도 요행이었겠는가! 하늘이 한 것이지 사람이 한 것은 아니도다."

_어우야담

정말 재미있는 이야기다. 두타비가 이후 어떻게 됐을지 정말 궁금하다. 몇 차례는 운으로 맞출 수 있다. 그런데 점괘가 틀리면 어떻게 될까? 어쩌면 그 명성 때문에 실패조차 깊은 뜻이 있는 거라고 생각할 수 있다.

더 놀라운 사실은 조선에서 장애인에게 단순히 먹고살 직업만 준 게 아니다. 나라의 정책을 바꿀 수 있는 관직에도 등용한다. 그 중 감동적인 일화를 살펴보자.

우의정 윤지완이 상소하여 아뢰기를,

"다리의 병이 이미 심하여 대궐의 섬돌을 오르내리며 출입하기 어려우니 바라건대 강등하여 면직시켜주소서."

하니, 임금이 승지를 보내 잘 타이르기를,

"이미 출입할 때 부축하라는 하교가 있었는데, 어찌 사양하기를 이렇게까지 하는가?"

하였다. 윤지완이 대답하기를,

"신의 병은 부축을 받고 다닐 수 있는 정도가 아니니, 만일 엉금엉금 기어서라도 다니도록 허락하신다면 아마 분부를 받을 수 있을 것입니다."

하니, 임금이 말하기를,

"부축을 받고 출입하는 것은 이미 전례가 있으니, 경은 내일 아침부터 그렇게 나오라." 하였다."

_숙종실록 26권, 숙종 20년 윤 5월 28일

영조 때 이조 판서까지 오른 청각장애인 이덕수가 있다. 8세 때 열병 후유 증으로 귀가 들리지 않는다. 그런데도 20세가 되기 전 모든 중국 역사서를 독파하고 과거에 급제한다. 하지만 귀가 어두워 소리를 잘 듣지 못하자 사직을 요구한다. 그러나 영조는 이를 거절한다. 연석(筵席, 임금과 신하가 모여 토론하던 자리)에 오를 때마다 곁에 있는 사람에게 큰 소리로 부르짖어 임금의 말을 전달하라고 명한다.

영조는 내친김에 그를 외교특사로 임명한다. 그러자 대신의 반발이 심하다.

"만약 뜻밖에 서로 말을 주고받을 일이 있으면 진심으로 염려스럽습니다. 마땅히 바꾸어야 합니다."

영조는 이렇게 반박한다.

"중국어는 외국어다. 말을 할 수 있는 자나 없는 자, 모두 똑같은 조건이다."

물론 조선시대에 모든 임금이 장애인을 위해 개혁을 시행한 건 아니다. 분명히 아닌 사람도 있다. 그러나 위의 사례를 보면 장애인에 대한 인식 수준이 굉장히 높다. 조선은 책의 나라다. 대한민국이 평생 읽을 책의 양을 10대 시절에 모두 읽은 사람도 부지기수다. 그만큼 생각을 많이 한다는 뜻이다. 이런 문화 때문에 장애인에 대한 인식이 높아졌다고 생각한다.

근현대 시대 스캔들

진짜가 있는 이유는 가짜가 있기 때문이다. 악한 사람이 있기에 선한 사람이 있다. 맛없는 음식이 있어서 맛있는 음식이 있다.

종교도 마찬가지다. 나쁜 종교집단이 있어서 때문에 좋은 종교집단이 있다. 종교의 최상위 목적은 마음의 평화와 공부다. 그러나 이를 악용하는 사람도 많다. 이 세상이 아름답지 않은 이유 중 하나다. 각종 구원과 염원, 현세의 부귀, 내세의 안녕을 거론하며 순진하고 못 배운 사람을 끌어들인다. 심한 경우 그 사람의 인생을 망치고 재산까지 모조리 빼앗는다.

나도 이런 위험에 처한 적이 있다. 번화가에서 친구를 만나기 전 30분 정도 시간이 남았다. 노래 부르는 걸 좋아하는 나는 1인용 오락실 노래방에 간다. 그때 한창 가수 김범수에게 빠져 있어서 그의 노래를 열창한다. 그때 뒤에서 나를 지켜보는 이상한 시선이 느껴진다. 여자라면 기쁘겠지만 상대는 남자다. 내가 세상에서 제일 싫어하는 20대 남자다.

그는 결심한 듯 갑자기 내가 노래하는 방에 들어온다. 이건 미친 짓이다. 나는 너무 놀라서 아무 말 못하고 가방만 끌어안았다. 혹시 나를 때리면 가방으로 막기 위해서다. 이 미친 남자는 갑자기 이상한 말을 꺼낸다.

"하하, 놀라셨죠. 죄송합니다. 노래 정말 잘하시네요."

"……네 감사합니다. 근데 왜 들어왔어요?"

"아까부터 계속 눈에 띠어서요. 비범한 느낌이 계속 들어요. 그런 말 많이 듣죠?"

장난하는가? 나는 정말 평범하게 생긴 얼굴이다. 내가 가장 많이 듣는 말이 '내 친구랑 닮았다.' 이다. 그건 안경을 착용한 남자를 뜻한다. 그렇게 평범하게 생긴 나다.

"제가 관상에 대해 공부하는 사람인데요. 그쪽 관상이 굉장히 놀라워요. 좀 더 많은 걸 알려주고 싶어요. 괜찮으시면 옆에 있는 햄버거 가게에서 이야기하실래요?"

나는 남자를 따라 나간다. 좁은 공간에 둘이 있는 것보다 햄버거 가게가 훨씬 안정적일 때 내 앞에 앉은 남자는 또다시 이상한 말을 던진다.

"무척 잘 산다는 말 들어 봤어요?"

"네, 근데 무슨 뜻이에요?"

"없을 무, 에 척할 척, 이에요. 있는 척, 잘난 척, 아는 척하지 않는다는 거죠. 그래서 '무척' 잘산다는 거예요."

이 남자는 미지의 세계로 나를 끌어들이더니 한 번 더 유혹한다.

"누나가 이 근처에 있어요. 괜찮으시면 불러도 될까요?"

나는 그 누나가 예쁘기를 바랐다. 그러면 내 마음이 조금 풀릴 것 같았다. 그런데 누나는 전혀 예쁘지 않다. 정말 짜증났다. 나를 짜증나게 하는 누나는 오자마자 한 마디 던진다.

"그 이야기 하고 있었어?"

그 말을 듣자마자 온몸에 소름이 돋았다. '사기다. 100퍼센트 사기다. 끌려가면 큰일 난다!' 어떻게든 빠져나가고 싶은 나는 최대한 공손하게 말한다.

"제가 친구 만나러 가봐야 해요. 번호라도 알려주실래요? 다음에 만나서 이야기하죠."

나는 남자에게 휴대폰을 건넨다. 남자는 얼굴이 시궁창처럼 썩으며 번호를 입력한다. 나는 그 자리에서 통화버튼을 누른다. 그런데 테이블 위에 올려져 있는 남자의 휴대폰이 울리지 않는다. '젠장!!! 더럽게 위험한 인간이잖아?' 나는 우사인 볼트 같은 속도로 그 자리를 빠져나간다.

두 번째 일은 2014년에 발생한다. 도서관에서 공부하고 밤 10시에 혼자 버스정류장으로 가는 길이다. 그때 뒤에서 목소리가 들린다.

"저기요!"

"으아아아아악!!!"

정말 깜짝 놀랐다. 나는 공상에 자주 빠져있는 타입이다. 그래서 누군가 갑자기 말을 걸면 굉장히 놀란다. 그런데 뒤를 돌아보니까 여자다. 내가 세상에서 가장 좋아하는 20대 여자다. 혹시 이게 말로만 듣던 길거리 헌팅? 나에게 관심있다는 뜻?

여자는 자신을 미술 심리치료사라고 소개한다. 그림으로 내 심리상태를 봐주겠다고 한다. 우리는 왜 심리테스트, 성격테스트, 관상, 손금에 열광할까? 나도 그렇다. 20대 여성이 그림으로 심리를 봐주겠다고 하니까 경계심이 바로 풀린다. 신나게 뱀, 구름, 집, 나무를 그린다. 여자는 유치원생 수준보다 못한 그림 실력을 보고 놀란 듯하다. 하지만 이내 침착함을 되찾고 갈고 닦은 실력을 발휘한다. 나는 솔직히 놀랐다. 그 여자가 내 심리를 꿰뚫었기 때문이다. 물론 한 번씩 내가 아니라고, 틀렸다고 하면 맞다고, 당신이 잘

못 알고 있다면서 우기기도 한다. 그 정도는 애교로 봐줄 수 있다. 내 심리를 장악한 여자는 본색을 드러낸다.

"어때요? 신기하죠? 더 알고 싶으세요?"

나는 과자를 눈앞에 둔 유치원생처럼 해맑게 말한다.

"예! 알고 싶어요."

"그러면 오늘 저랑 같이 있으면서 계속 들으실래요?"

여자는 할리우드 영화에 나오는 여배우처럼 나를 유혹한다. 하지만 나는 거절했다. 워낙 겁이 많아서 그렇다.

"그건 좀 곤란하네요. 대신 일주일에 30분씩 나눠가며 듣는 건 어때요?"

"그건 제가 곤란해요. 이런 이야기는 한 번에 몰아서 들어야 하거든요?"

또 한 번 등골에 소름이 돋는다. 오락실 노래방에 쳐들어온 남자 앞에서 느낀 절망감과 똑같다. '사기구나, 나를 어떻게 하려고 하는구나!' 나는 먼저 선수쳤다.

"그럼 경찰서에서 하루 종일 듣는 건 어때요?"

그러자 여자는 조용히 물러간다. 지금 생각해도 소름 돋는다. 낯선 사람에게 닫힌 마음을 자물쇠까지 걸어 꽝꽝 닫히게 만든 사건이다. 하지만 이 정도는 양반이다. 조선 시대는 더 심각한 일이 발생한다. 300건의 살인, 무차별 강건, 거액의 금품갈취, 사이비 종교, 백백교다.

1900년 평안남도 영변군 화현동의 동학도인 전정운은 동학을 탈퇴하고 금강산에서 수련한다. 그는 3년 동안 천지신령의 도를 터득했다고 주장하며 백도교를 창설한다. 이때 일본은 동양척식주식회사를 만들어 농민의 땅을 갈취한다. 조선 농민은 걸인이 되어 구걸하거나 굶어 죽는 자가 많다. 전정운은 이런 상황에서 구원을 주장한다.

"백도교를 믿으면 굶어죽지 않고 살 수 있다. 농사를 짓지 않아도 된다. 오직 나만 믿으면 된다."

인생이 벼랑 끝에 몰려 있으면 허황된 약속에 매달리는 사람이 많다. 또 거저먹고 싶은 건 인간의 심리다.

농민은 가난하고 배우지 못한 자가 대부분이다. 나라도 해결하지 못하는 가난을 벗어나게 해준다는 건 매혹적인 약속이다.

전정운과 백도교를 따르는 자가 1만 명이 넘는다. 그는 남자 신도에게 재산을 요구하고 여자 신도에게 성관계를 강요한다. 자신을 믿지 않으면 죽이고 성관계를 거부해도 살해한다.

전정운이 죽자 재산싸움으로 백도교는 분산된다. 큰아들 전용주는 인천교, 작은아들 전용해는 외할아버지 우봉현은 교주로 내세워 백백교를 창립한다.

가장 큰 세력을 펼치는 건 백백교다. 경기도 가평에서 출발해서 강원도, 황해도, 평안도, 충청도까지 세력을 확장한다. 그런데 1930년 7월, 10년 전 아버지 전정운이 오성산에 애첩 4명을 생매장한 사건이 수면으로 떠오른다. 강력한 용의자 전용해와 우봉현은 간신히 경찰의 검거망을 벗어난다. 그후에 지방을 전전하며 부흥운동을 펼친다. 전국을 돌며 재산이 많은 자, 무지한 자를 상대로 포섭에 나선다. 결국 경성에 다시 백백교가 부활한다.

"백백교 교주님은 신비한 힘을 갖고 있다. 지구 종말도 예언하고 죽은 자도 살아나게 하신다. 전 세계는 3년 안에 신의 심판을 받는다. 서양은 불로 망하고 동양은 물로 망한다. 조선에 홍수가 와도 백백교도의 금강산 피신궁에 들어가면 살 수 있다. 이후 전용해가 '하늘'이 되면 헌금액에 따라 관직을 수여한다. 홍수가 끝난 후 동해에 새로운 섬이 생긴다. 봉황이 춤추고 양식이 가득하다. 질병과 재앙이 없어 영생할 수 있다. 헌금액에 따라 극락 같은 생활을 하고 자식도 생긴다."

이렇게 허망한 내용이 먹힌 이유는 시대 상황탓이다. 일제 통치로 미래가 암울한 농민은 지푸라기라도 잡아야 한다. 그러면 능력 있는 자, 말을 잘하는 자, 구원을 약속하는 사람에게 의지한다. 바보, 멍청이라고 무시할 게 아니다. 경험해보지 않은 사람은 절대 이해하지 못한다. 누구나 이런 상황에 빠질 수 있다. 항상 조심해야 한다.

전용해는 신도를 한 자리에 모아서 전 재산을 바칠 것을 요구한다. 만약 재산을 바치지 않거나 믿음이 약한 자는 죽인다. 여자는 반드시 첩으로 삼는다. 전용해는 항상 7명의 첩을 거닐고, 교주에게 4명씩 첩을 준다. 여자가 거부하면 몽둥이로 때리고 심한 경우 죽인다. 이게 다 '믿음이 약해서 생긴 일'이라고 하면 남아있는 신도는 광적으로 전용해를 찬양한다.

백백교가 다른 사이비종교와 다른 점은 살인이다. 섹스, 재산헌납을 거부하거나, 믿음이 약하거나, 배신하면 집단으로 살인한다. 신도의 가족까지 추적해서 모조리 죽인다. 그래서 가족의 신변이 걱정되어 벗어나지 못하는 사람도 많다.

전용해는 금광 개발을 빌미로 탄광을 산다. 그러나 이 곳은 살인 집행장이다. 백백교는 화약 폭발소리에 맞춰 신도를 죽인다.

전용해는 이후에 백백교의 늙은 교주이자 외할아버지 우광현을 살해한다. 왕권을 장악하기 위해서다. 그는 소름 끼치게 치밀하고 잔인한 인간이다. 자신의 살인 행각을 알고 있는 이복동생 전잡비와 여동생까지 죽여 버린다.

1937년, 중일전쟁이 터진다. 일본은 2년 전부터 전쟁물자와 총, 칼받이를 조선에서 동원한다. 신변에 위기가 닥치자 백성은 더욱 의지할 곳이 필요하다. 백백교는 이런 흐름을 이용해 다시 한 번 선전한다.

"우리 교주님은 하늘에서 내려오신 분이요. 백백교 신도가 되면 평생 편안하게 살 수 있소. 농사를 짓지 않아도 됩니다. 재산을 모조리 바치고 백백교에 들어오시지요."

백백교는 온갖 감언이설을 풀어 재산을 빼앗고 폐광이나 동굴로 농민을 유도한다.

'백백백……. 적적적……. 흑흑흑……'

농민은 난생처음 보는 사람과 동굴에 모인다. 그리고 무릎을 꿇고 전용해에게 기도를 올린다. 농민이 기도에 열중하면 임무를 부여받은 자는 뒤에서 몽둥이로 뒤통수를 내리친다.

훗날 경찰이 이 곳을 수사할 때 여자, 어린이를 포함해 22구의 시체가 발견된다.

백백교의 몰락

1936년, 왕십리 395번지에 사는 53세 유인호는 백백교의 열혈 신도다. 중산층인 유인호는 백백교에 가입해서 재산을 헌납한다. 그나마 이성적인 인간이라서 전 재산을 바치라는 요구는 거절한다. 대신 자신의 딸 유정전은 전용해의 첩으로 바친다.

백백교의 진실을 알게 된 유정전은 오빠 유곤룡에게 백백교가 사이비종교라는 사실을 알린다. 다행히 유정전의 아버지 유인호도 열혈 신도이고, 백백교 본부와 집도 가까워서 그녀는 별다른 의심을 받지 않는다.

모든 사실을 알아 챈 유곤룡은 유정전과 전용해를 죽일 계획을 세운다.

"그놈을 우리 집으로 유인해 와라."

"오빠, 의심을 사게 되면 우리 모두 죽어요."

"아버지의 전 재산을 바치겠다고 거짓말해라. 그러면 제 발로 찾아올 것이다."

유정전은 전용해를 찾아간다.

"교주님, 저희 오라버니가 교주님을 모시고 싶어 합니다."

"뭐? 너희 오빠는 나를 믿지 않는 자가 아니더냐?"

"아버지와 저를 보고 생각이 많이 바뀌었습니다. 전 재산을 교주님에게 바치겠다고 하더군요."

재산 이야기에 의심이 풀린 전용해는 경호원을 동원해서 유곤룡의 집을 찾아간다.

"처남이 나에게 전 재산을 바치겠다고?"

"예, 그렇습니다. 아버지를 설득해서 전 재산을 마련했습니다. 우선 약주 한잔 하시지요."

한껏 흥에 취한 전용해는 세월아~ 네 월아~ 하며 술을 퍼마신다. 잔뜩 취기가 올랐을 때 유곤룡이 한 마디 던진다.

"언제까지 미친 짓을 하실 겁니까?"

"뭐? 자네 죽고 싶은가?"

그 순간 유곤룡이 벌떡 일어나 전용해를 발로 차버린다. 마당에 숨어있던 유곤룡의 친구들은 소란을 듣고 전용해 경호원에게 몽둥이를 휘두른다. 육탄전이 벌어지는 틈을 타서 전용해는 도망간다. 유곤룡은 사로잡은 백백교원을 동대문 경찰서 왕십리 주재소로 끌고 간다.

"중일전쟁이 한창이라 나라가 혼란스럽다. 그런데 너희는 싸움질이나 하고 있느냐?"

"이놈들은 살인마입니다. 신자의 재산을 뺏고, 여자는 첩으로 삼고, 필요 없는 자나 마음에 들지 않는 자는 모조리 죽였습니다."

주재소 소장은 유곤룡이 술에 취해 헛소리를 내뱉는다고 생각한다.

"하하, 너희가 살인마라고?"

"네 맞습니다."

"얼마나 죽였느냐?"

"어림잡아 300명은 됩니다."

주재소 소장은 어처구니가 없다. 300명이나 죽였다면 자기가 몰랐을 리 있겠는가? 하지만 심문 과정에서 백백교의 기원, 전용해의 인격, 신도를 끌어들이는 방식, 재산 갈취 법, 전국에 퍼져있는 백백교, 살인방법이 너무 자세하고 정확하다.

8개월에 걸친 수사 끝에 전국에 있는 전용해의 아지트, 백백교의 살인 장소에서 시체 346구를 발견한다. 성인 남자, 성인 여자, 어린아이가 싸늘한 주검으로 모습을 드러낸다.

백백교 교주 전용해는 1937년 4월 6일 양평군 단월면 행소리의 비솔 고개에서 시체로 발견된다. 죽은 전용해의 모습은 끔찍하다. 오른손에 칼을 쥐고 있고, 오른쪽 뇌가 반쯤 손상되어 있다. 부검 결과 칼로 뇌동맥을 끊었다고 발표하고 사건을 빠르게 종결한다.

하지만 전용해의 죽음에 여러 가지 소문이 떠오른다. 불만을 품은 자에게 암살당했다. 전용해와 닮은 남자를 죽여 위장자살을 하고 본인은 도망쳤다고 추정한다. 진실은 영원히 미궁 속으로 빠진다.

백백교 사건은 규모가 엄청나서 사건 조사와 예심만 3년이 걸린다. 진술을 하는 광신도의 말은 충격적이다. 전용해가 진짜 신의 아들이라고 믿는다고 자백한다. 그와 함께 있으면 평생 부귀영화를 누릴 수 있다고 진심으로 믿었다. 그래서 재산과 여자를 바쳤다고 주장한다.

모두가 그런 건 아니다. 전용해가 걸핏하면 사람을 죽이는 걸 보고 믿음이 흔들린 사람도 있다. 도망갈까? 하고 생각했지만 전용해에게 바친 아내가 죽을까 봐 그의 밑에 있었다고 진술한다.

350건의 살인, 무차별 강간, 거액의 금품갈취로 경성을 충격에 빠뜨린 백백교! 예상 기간이 1년이 넘었던 공판은 불과 네 달 만에 끝난다. 재판장은 백백교 간부 18명 중 가담 정도가 약한 4명에게 징역 7~15년을 선고한다. 반면에 살인의 중심에 있는 14명에게 사형을 선고한다.

과거나 현재나 나쁜 인간은 항상 똑똑하다. 온갖 감언이설로 사람을 유혹한다. 피해자는 항상 배우지 못하고 힘없는 자다. 나는 역사를 공부하면서 '성공' 보다 '어떻게 살까?' 가 더 중요하다고 느낀다.

지금 이 사회는 성공에 중독됐고 미쳤다. 돈 많이 벌고 외제 차를 사고 4억짜리 강남아파트를 사는 걸 성공으로 간주한다. 그런 사람에게 고개를 숙이고 부러운 시선으로 쳐다본다. 하지만 '어떻게 살까?' 가 수반되지 않은 성공은 오히려 독이다. 지금도 전 세계에 퍼진 똑똑한 악당은 순진한 사람을 이용하고 뒤통수를 친다.

그들은 점점 승승장구하고 서민의 삶은 힘들어진다. 한국사회는 '어떻게 살까?' 보다 '성공' 에 자꾸 초점을 맞춘다. 그 결과 우리 시야는 흐려지고 어떻게든 성공만 하면 된다는 생각이 가득하다.

우리가 생각을 바꾸지 않는 한, 더러운 처세는 대물림되고 이 세상은 점점 병든다.

기생에 대한 당신의 생각은 어떤가? 기생을 무엇을 하는 사람으로 알고 있는가? 시중에 널리 알려진 이야기를 해보자. 기생은 춤을 추고 노래부른다. 거문고를 탄다. 시를 짓는다. 성을 판다. 남자를 휘어잡는다. 떠나간 남자를 잊지 못하고 그리워한다. 대충 이 정도다. 굉장히 수동적이고 전형적인 여성상이다.

조선 기생하면 떠오르는 인물은 누구인가? 황진이, 논개, 어우동이다. 세 사람은 왜 유명할까? 논개는 일본 군사를 껴안고 바다에 뛰어들어서? 황진이와 어우동은 당대의 남자를 모두 자기 것으로 만들어서? 세 명의 사례를 보면 한 가지 공통점이 있다. 적극적인 사회진출의 결여다. 이런 삶이 주목받으니까 기생에 대한 우리 인식도 한정적이다. 마치 달을 가리키는 손가락을 보면서 '이게 달이구나' 하는 것이다.

기생의 활동영역은 굉장히 넓다. 결사대 조직, 독립운동, 레코드 음반 녹음, 잡지 모델, 여배우, 그림모델까지 정말 다양하다. 연예산업의 초석을 닦았다고 볼 수 있다.

사람은 시대를 잘 만나야 한다. 어느 시대에 태어났느냐에 따라서 인생이 완전히 달라진다. 오디션 프로그램을 통해서 데뷔한 가수가 많다. 그들 대부분은 아이돌이 되기에 나이가 많고 얼굴이 부족한 사람이다. 하지만 지금 시대에 진행하는 좋은 프로그램을 만나서 인생이 바뀌는 경우가 있다.

기생도 마찬가지다. 근대화, 일제강점기는 기생 인생의 전환점이다. 가게에 갇혀 답답하고 수동적인 삶을 사는 기생이 적극적인 여성으로 변화한다.

강향란은 한국 최초로 단발을 시행한 기생이다. 그녀는 14세에 기생이 되어, 가야금, 병창, 법고, 정재무, 선남중리요를 다룬다. 그녀가 단발을 감행한 이유는 '남자같이 살아 보겠다'는 마음이다.

강향란은 스무 살에 요릿집에서 청년을 만난다. 첫눈에 반한 두 사람은 결혼을 약속한다. 강향란은 새로운 삶을 살기 위해 기생을 관둔다. 그리고 21세 9월에 서울 종로구 누하동에 있는 배화여학교 보통과에 입학한다. 강향란은 밤을 새우며 공부할 정도로 열정적인 학습의욕을 보여준다. 그런데 그녀와 언약을 약속한 남자는 갑자기 이별을 통보한다. 충격받은 강향란은 집주인 김충자에게 편지를 남기고 떠난다.

"많은 사랑에 대하여 한 푼의 공로도 갚지 못하고 슬픔에 세상을 떠나니 어찌 죽어서도 올바른 귀신이 되겠습니까. 그러나 박명한 이 사람은 이 괴로운 세상에서 더 살아있을 수 없기에 최후의 생명을 끊으려고 주인문을 떠납니다. 다만, 부탁할 것은 식비는 우리 집에서 정산할 터이니 염려 마시고 나의 행장은 다른 사람이 손대지 않게 하고 내 집에 보내주십시오."

강향란은 그날 오후 10시에 한강 철교에서 자신을 버린 남자와 세상을 저주하다가 강물에 뛰어들려고 한다. 그때 산책을 나온 남자가 자살시도 현장을 목격하고 강향란을 구출한다.

여기까지만 보면 수동적인 기생의 모습이다. 자신을 이용하고 쾌락만 추구하는 나쁜놈 아닌 마음을 주는 남자를 만난다. 그런데 그는 나를 버리고 떠난다. 상처받은 기생은 목숨을 끊는다. 이게 전형적인 모습이다. 하지만 강향란은 다르다. 그녀의 말을 빌리면 "나도 사람이며 남자와 똑같이 당당한 사람이다. 남자에게 의뢰하고 또는 남에게 동정을 구하는 것이 근본부터 그릇된 일이다. 세상 모든 고통은 자기가 자기를 알지 못한 곳에 있다. 여자로서의 고통도 내가 나를 알지 못하는 곳에 있다."

여기서 강향란의 인생이 바뀐다. 남자처럼 살아보겠다고 머리를 깎고 양복을 입는다. 그러나 '머리 깎은 여자는 다닐 수 없다'는 학교의 방침 때문에 퇴학당한다. 당시에 스님을 제외하고 머리를 깎은 여성은 강향란이 유일하다. 파괴와 혁신은 그녀에게 어울리는 수식어다.

틀을 거부하는 기질이 있는 강향란은 동경 외국어학교에 입학하고, 러시아 말을 배우려고 상해로 간다. 잡지와 서적을 통해 자신의 사상을 갈고 닦는다. 또 28세 때 영화에 출연하기도 한다. 그녀는 기생이라는 전형적인 틀에 자신을 가두지 않는 여성이다.

대중음악 하는 기생

근대화라는 산물과 명창이 만나면 레코드 음반이 나오고 가수가 탄생한다. 평양기생 왕수복이 그런 여인이다. 그녀는 가난한 가정형편 때문에 기생학교에 입학한다. 이곳에서 가곡, 가사를 전공하고 가야금, 장구, 무용, 미술을 배운다.

1920년대는 레코드 산업이 활발하게 펼쳐진다. 판소리와 민요를 잘 부르는 사람은 당대의 명창이다. 기생은 어린 시절부터 전문적으로 노래를 배우고 소리로 먹고산다. 이런 행운 덕분에 기생의 활동영역이 확장된다.

왕수복은 기생학교를 졸업하고 레코드 가수로 데뷔한다. 그녀는 단숨에 유행가의 여왕으로 등극한다. 왕수복을 저지하기 위해 빅타, 오케이, 태평, 포리돌, 리갈, 시에론같은 레코드사는 기생 출신 여가수를 앞세운다. 마치 다량으로 쏟아져 나오는 걸 그룹 같다. 왕수복을 포함한 기생 출신 가수는 1930년 레코드음악의 황금기를 연다. 왕수복은 그중에서 두각을 나타내며 10대 가수로 등극한다.

이 사건이 중요한 이유는 기생의 영역확장이다. 누군가 자기를 찾아와야 돈을 버는 수동적인 삶에서 재능을 사용해서 돈을 버는 능동적인 삶으로 전환한다.

왕수복은 19세에 기생인가증을 반납한다. 그리고 성악 공부를 위해 일본 동경으로 떠난다. 그녀는 조선민요에 서양음악 발성법을 가미하는 선구자다. 지금 TV에 나오는 대중음악 가수가 지향하는 발성법과 음악은 서양 스타일이다. 왕수복은 1930년도에 이런 음악적 시도를 한다.

그녀는 성악을 배우지만 결코 서양 음악을 흉내 내는 게 아니다. 조선민요를 고집하고 조선민요로 세계적인 성악가가 되려는 꿈이 있다. 이 부분은 우리가 반드시 배워야 한다. 동양인이 아무리 서양음악을 잘해봤자 절대 그들을 뛰어넘지 못한다. 흐르는 피가 다르다. 한국 대형기획사는 미국에서 성공하려고 소속 가수를 미국식 창법과 미국식 음악 스타일로 무장하고 빌보드에 도전한다. 반대로 싸이는 전혀 그런 게 없다. 그냥 자기 스타일 대로 음악을 만들고 노래 부른다. 역설적이게도 미국에서 대 히트를 한 가수는 싸이다.

왕수복은 가수 miss A 수지도 울고 갈 슈퍼스타다. 10대 가수상 연말 투표에서 1위를 차지하고 잡지 인터뷰, CF촬영을 할 만큼 인기가 대단하다. 또 휴전 후에 북한 '경축 예술단' 으로 참가해서 소비에트연방을 다니며 공연한다.

귀국한 후에는 북한 중앙 TV에서 가장 유명한 민요 가수가 되고 공훈배우에 등극한다.

왕수복은 젊은 날 인기를 먹고 사는 하루살이가 아니다. 진정한 소리꾼이다. 그녀는 80세에 독창회를 연다. 콘서트다. 현재 나이 80에 콘서트를 할 수 있는 가수가 몇 명 있을까? 조용필, 나훈아, 이미자 정도가 생각난다. 세 사람은 추억의 가수가 아니라 아직도 활발하게 활동하는 가수다. 이름만 들어도 후배 가수가 저절로 고개를 숙이는 대선배다.

왕수복의 인생은 전국에 있는 기생의 의식에 점화장치를 켠다. 보통 기생은 상당히 수동적이다. 그게 자기 삶이라고 생각한다. 그러나 자신과 같은 사람이 스타가 되고 유명가수가 되면 의식에 점화장치가 켜진다. '어? 나랑 같은 사람이 가수가 됐네?, 전혀 다른 인생을 사네?, 나도 한 번 해봐?' 그 결과 기생의 활동 영역이 더욱 넓어진다.

CF 찍는 기생

광고모델은 그 시대에 가장 인기 있는 연예인이 할 수 있다. 현재, 광고에 자주 등장하는 사람은 현재, 가장 인기가 많은 연예인이다.

개그맨 유재석이 광고에 나오면 엄청난 홍보 효과가 있다. 그는 전 국민이 사랑하는 국민MC다. 단정한 헤어스타일과 오랜 기간 최고의 위치에 있으면서 스캔들 한 번 일으키지 않는 자기관리 능력은 대중에게 엄청난 신뢰감을 준다. 유재석이 등장한다는 이유만으로 그 제품은 엄청난 호감도를 가진다.

이처럼 CF는 엄청난 파급력이 있는 사람만 찍는다. 1930년 근대, 모든 CF의 중심에 기생이 있다.

근대의 기생은 패션, 머리, 유행을 주도하는 스타다. 기생의 패션은 유행되고 광고하는 제품은 화젯거리가 된다. 그중에서 근대의 김태희라고 불리는 장연홍을 보자. 그녀는 지금 봐도 정말 아름답다. 백옥 같은 피부, 서글서글한 눈매, 순수한 미소를 갖고 있다. 이런 이미지 덕분에 깨끗함과 신선함을 강조하는 비누, 화장품 CF는 오로지 그녀의 몫이다. 장연홍이 광고하는 화장품 옆에 이런 문구가 새겨져 있다.

"한 번 두 번에 살 거친 것, 벌어진 것, 주름살은 꿈같이 없어지고 백분이 누구의 살에도 잘 맞도록 화장이 눈이 부시게 해줍니다. 이렇게 여천으로 만들어낸 화장미는 당신을 훨씬 젊게 만듭니다."

이런 제품이 있으면 당장 사겠다. 과거나 현재나 광고가 주는 비현실적인 약속은 똑같다. 요즘 광고를 보면 티셔츠를 입고 달리는데 옷에서 얼음이 떨어지고, 유리병에 들어있는 화장품을 숟가락으로 떠먹는 괴력? 을 발휘한다. 그러거나 말거나 인기 스타가 나오면 대중은 열광한다.

광고주는 어떻게 홍보해야 제품이 팔리는지 잘 안다. 인기 있는 CF스타를 섭외해서 제품 후기를 남기고 이 제품 덕분에 내 몸매가 이렇게 됐다. 얼굴이 완전히 변했다, 는 말을 던지면 된다.

근대도 마찬가지다. CF스타인 기생은 화장품을 사용하고 이런 후기를 남긴다.

"바르면 홀연히 미인이 된다. 한 번 사용하고 곧 감탄하였다. 제품을 사용하면 분명히 4~5세는 젊어진다. 오래갈수록 아름다움을 더하게 되는 불가사의한 제품이다."

우리는 이 말이 거짓임을 안다. 그리고 기생은 제품을 사용해서 피부가 예쁜 게 아니라 피부가 예뻐서 제품 모델에 발탁됐다는 사실도 안다. 그래도 피부 좋은 기생이 나와서 제품을 홍보하면 잘 팔린다.

기생은 이렇게 온갖 대중문화를 누비면서 활발한 활동을 한다. 그러면 그녀를 지켜주는 소속사가 필요하다.

기생 매니지먼트, 권번

이곳은 노래, 춤, 학문, 예절을 가르쳐서 기생을 양성한다. 권번의 소문을
듣고 직접 찾아가거나 남의 추천으로 가는 사람이 많다. JYP, SM, YG처럼 유
명 기획사다. 권번은 기생이 처음 들어오면 오디션을 본다. 얼굴, 태도, 가무,
서화를 심사해서 기생을 발탁하고 트레이닝한다. 여창 가곡, 가사, 시조, 남도
소리, 서도소리, 경기십이잡가, 가야금, 거문고, 양금, 장구, 궁중 무용, 민속무
용, 서양 댄스, 서화를 가르친다. 전 방위 예능을 배우는 기생은 연습생이다.
어느 정도 트레이닝이 된 기생은 적재적소의 장소에 보낸다.

권번은 기생의 얼굴과 인적사항을 적은 리스트를 작성한다. 그리고 여러
장소에 리스트를 뿌리고 기생을 홍보한다. 얼마나 인기가 좋으냐면 예약시
스템까지 있다. 톱스타 기생을 만나려면 일주일 전부터 예약해야 한다.

요즘 소속사와 권번이 유일하게 다른 점은 돈이다. 권번에 들어가려면 입
회금으로 10, 20원씩 내야 한다. 권번에 소속되면 그것을 유지하기 위해 달
마다 50전씩 회비를 낸다.

그렇다고 모든 기생이 엔터테인먼트 쪽으로 나간 건 아니다. 차미리사처럼
여성을 깨우고 여성운동을 하는 기생도 있다. 대표적인 인물이 정금죽이다.

여성운동하는 기생

정금죽은 25세에 일본 유학을 다녀오면서 사상이 완전히 바뀐다. 고향으
로 돌아와서 대구 여자청년회를 조직하고 여성계몽에 앞장선다. 그녀가 생
각하는 신여성은 '모든 불합리한 환경을 부인하는 강렬한 계급의식을 가진

무산 여성'이다. 정금죽은 여성에게 사회에 눈을 뜨려면 가정에서 뛰쳐나오고 자기를 주장하라고 한다. 사람이 학습을 하면 이렇게 달라진다. 정금죽은 이전엔 평범한 기생이었다. 하지만 3·1운동을 겪고 일본 유학을 다녀오면서 완전히 다른 사람으로 태어난다.

정금죽은 30세에 최초의 항일 여성운동단체 '근우회'에 참여한다. 이곳은 교육문제, 노동문제 면에서 선구적인 사상을 갖고 있다. 그래서 야간작업 금지, 시간 외 작업 금지, 탁아제도 같이 훌륭한 제도를 도입한다.

기생은 활동 영역을 독립운동까지 확장한다.

독립운동하는 기생

1897년 1월, 인천 상봉루의 기생 9명이 90전의 돈을 모아 독립협회에 보낸다. 노래, 웃음, 몸을 팔면서 돈을 번다고 손가락질 받은 그 돈을 모아서 독립운동에 보탠다. 기생은 만세를 외치며 적극적으로 독립운동에 참여한다. 3·1 운동이 일어나고 28일 후, 3월 29일에 일어난 독립운동이다.

"당시 3월 29일에는 수원기생조합 소속의 기생 일동이 정기검진을 받기 위하여 자혜병원으로 가던 중 경찰서 앞에 이르러 독립만세를 불렀다. 이때 김향화가 선두에 서서 '대한독립만세'를 외치자 뒤따르던 여러 기생이 일제히 만세를 따라 불렀다. 이들은 병원에서 돌아오는 길에도 경찰서 앞에서 다시 만세를 부르고 헤어졌다. 이 사건으로 주모자 김향화는 일본 경찰에 붙잡혀 6개월의 옥고를 치렀다."[10]

"1919년 3월 19일 한금화를 비롯한 진주 기생들이 태극기를 선두로 촉석루를 향하여 독립 만세를 외쳤다. 이때 일본 경찰이 진주 기생 6인을 붙잡아 구금하였는데, 한금화는 손가락을 깨물어 흰 명주자락에 "기쁘다, 삼천리강

산에 다시 무궁화 피누나."라는 가사를 혈서로 썼다고 전해온다."

"한편, 진주 기생들의 만세의거는 당시 〈매일신보〉에 실려 있다. 1919년 3월 25일자 '기생이 앞서서 형세 자못 불온'이라는 기사에 '십구일은 진주 기생의 한 떼가 구한국 국기를 휘두르고 이에 참가한 노소여자가 많이 뒤를 따라 진행하였으나 주모자 여섯 명의 검속으로 해산되었는데, 지금 불온한 기세가 진주에 충만하여 각처에 모여 있다더라.'라고 되어있다.

진주의 기생들은, '독립운동사'에 기록되고 훈장을 받는 독립 운동가들처럼 백성을 조직해 치밀하게 만세시위를 벌인 것은 아니었다. 하지만 전국적인 독립운동 물결 속에 휩쓸려 함께 '독립만세'를 외쳤다. 기생은 사회적 위치가 보잘것없었지만, 조국 독립에 대한 염원은 어느 누구 못지않았다.

1919년 4월 1일에는 황해도 해주에서 읍내 기생 일동이 손가락을 깨물어 흐르는 피로 그린 태극기를 들고 독립만세 시위운동을 전개하였다. 이에 용기를 얻은 민중이 참여함으로써 만세시위 군중은 3천 명이나 되었다. 당시 해주 기생 중에는 서화에 능숙한 기생 조합장 문월선을 비롯하여 학식을 갖춘 여성들이 많았다. 이날 문월선, 김해중월, 이벽도, 김월희, 문향희, 화용, 금희, 채주 등 8인이 구금되어 옥고를 치렀다."[11]

이쯤되면 한 가지 사실을 알 수 있다. 근대 기생은 사회 활동에 적극적으로 참여하고 유행을 선도한다. 거기에 비해 우리 인식은 너무 낮다. 직업에 귀천은 없다고 하지만 전반적인 인식은 그렇지 않다. 약간 급진적일 수 있지만 내 사상을 말하고 싶다. 우리나라는 현재 몸을 팔아서 돈을 버는 여성을 굉장히 무시한다. 그래서 직업여성은 사회에 적극적으로 참여하지 않고 음지에서 산다. 우리 인식을 바꿔야 한다. 여자 친구를 당당히 직업여성이라고 소개하고, 부모님에게 인사할 때 당당히 직업여성이라고 말할 수 있어야 한다. 직업여성 본인도 누구를 만나도 자기 직업을 당당히 밝혀야 한다. 그래야 다양성이 생기고 사회가 넓어진다.

1대 99사회, 승자독식사회, 무한경쟁사회가 된 이유는 무엇일까? 하나의 직업, 하나의 삶만을 최고라고 여기기 때문이다. 그 안에 들기 위해서 엄청난 경쟁을 벌인다. 그래서 대한민국이 OECD 34개국 중 행복도 33위, 자살공화국, 입시지옥, 취업지옥, 자본지옥이다. 연기자 라미란은 남편이 막노동한다고 당당하게 말한다. 사회 분위기가 이런 식으로 바뀌어야 한다. 막노동하는 걸 대수롭지 않게 여기고 직업여성이 당당히 자신을 표출해야 한다. 그게 진짜 선진국이다. 근대의 기생은 우리나라 연예산업의 초석을 닦는다. 또 나라가 일본에 빼앗길 위기에 목숨을 걸고 독립운동을 벌인다. 한국 역사에 큰 역할을 한 셈이다. 우리는 인식을 완전히 바꿔야 한다.

동해 물과 백두산이 마르고 닳도록

하느님이 보우하사 우리 나라만세

무궁화 삼천리 화려강산

대한 사람 대한으로 길이 보전하세

나라를 사랑하는 노래 애국가(愛國歌)다.

1902년 1월 27일 고종은 대한제국의 국가 제정을 명한다. 애국가의 나이 115세다. 한국음악사에 이렇게 오래 살아남고 자주 회자되는 노래는 드물다.

애국가, 내가 처음 이 노래를 배운 건 초등학교다. 소책자에 자그마한 글씨로 애국가 1절부터 4절까지 적혀있다. 음악선생님의 오르간 연주에 맞춰 따라 부르던 게 생각난다. 그때는 몰랐다. 내가 왜 이 노래를 불러야 하는지, 애국가가 무엇인지 말이다.

애국가는 누구나 안다. 그런데 역사를 아는 사람은 드물다. 아무리 팝송을 멋있게 부르고, 외국 노래를 달달 외우고, 팝의 역사를 알아도 한국 애국가의 역사를 모르면 반쪽짜리다. 그게 이번 주제의 존재 이유다.

19세기 말 조선은 세계강국과의 문호개방으로 개화에 눈을 뜬다. 이 과정에서 서양 사람이 나라마다 애국가를 부르고 있다는 지식을 얻는다.

일본의 침투도 이 시기에 심화된다. 우리는 하나로 단결하고 애국애족의 마음을 고취하려는 방법으로 다양한 애국가를 곳곳에서 부른다.

독립협회, 만민공동회 행사, 시가행진 같은 행사가 있을 때마다 애국가를 부르며 단결력과 의욕을 높인다.

독립협회는 우리나라 최초의 민간 신문 〈독립신문〉을 통해 애국가 부르기 운동을 펼친다.

"애국하는 것이 학문상에 큰 조목이라. 그런고로 외국에서는 각 공립학교에서 매일 아침에 학도들이 국기 앞에 모여서 국기에 대하여 경례를 하고 그 나라 임금의 사진을 대하여 경례를 하며 만세를 날마다 부르게 하는 것이 학교 규칙에 제일 긴한 조목이요.(……) 우리 생각에는 조선 정부 학교에서들 국기를 학교 마당 앞에 하나씩 세워 매일 학도들이 그 국기 앞에 모여 경례하고 애국가 하나를 지어 각 학교에서 이 노래를 아침마다 다른 공부하기 전에 여럿이 부르게 하고……."

_〈독립신문〉, 1896년 9월 22일

이 시기에 애국가는 하나의 노래로 지정된 게 아니다. 멜로디를 만들고 가사를 얹어서 나라를 사랑하는 마음을 드높이면 그게 애국가다. 1896년 4월 11일부터 독립신문이 소개한 애국가는 5월 29일까지 32종이 실린다. 이만큼 조선에 동기부여가 필요하고 혼란스러운 정신을 잡을 수 있는 노래가 절실했다.

7월 26일 고종 생일에 새문안교회에서 처음으로 애국가를 부른다.

높으신 상주님 자비로우신 상주님

궁휼히 보소서 이 나라 이 땅을 지켜주시옵고

오 주여 나라 보호하소서.

우리의 대군주 폐하 만세 만세로다.

만만세로다. 복되신 오늘날

은혜를 베푸사 만수무강케 하여주소서.

지금 우리가 부르는 애국가와 많이 동떨어져 있다. 애국가라기보다는 고종 찬양가에 가깝다. 그렇다면 현대 애국가의 역사는 무엇일까?

1882년 5월 22일, 조선과 미국 간에 국교와 통상을 목적으로 한 조약 '조미수호통상조약'이 체결된다. 이때 국제 관례대로 조약 체결을 축하하는 뜻에서 예포를 발사하고, 조선과 미국 국기를 게양하고, 군악대가 국가를 연주해야 한다. 그런데 이 시기 조선은 국기와 국가가 없다.

미국은 조선을 배려해서 국가 연주는 양국의 대표적인 민요로 대신하자고 한다. 조선은 우리 민요 〈아리랑〉, 미국은 〈양키 두들 댄디〉를 연주한다. 인터넷 초록색 검색 창에 〈양키 두들 댄디〉라고 검색해보라. 첫소절을 듣자마자 아~ 이 노래? 라고 한다.

조선은 서구와 조약 체결을 할 때마다 이런 현상이 생긴다. 문화 부분에서 뒤처지고 다른 나라가 보기에도 좋지 않다. 그래서 민영환과 윤치호는 고종에게 군악대와 국가를 만들자고 건의한다. 고종은 1902년 1월 27일 대한제국의 국가 재정을 명한다.

"충성심을 돋우고 애국심을 진작함에 있어 국가보다 좋은 것이 없으니 마땅히

국가를 만들어야 하겠다. 문임(文任, 임금의 교문이나 나라의 문서를 맡아보는 벼슬)
에게 글(가사)을 지어 바치게 하라."

_조선왕조실록, 1902년(고종 39년) 1월 27일

하지만 당시 조선은 서양식 군악대를 지휘할 인재가 없다. 일본에서 군악을
공부한 이은돌은 일찍 죽었다. 고종은 쌀 한 가마니에 5원 하는 시대에 300원
이라는 파격적인 조건으로 독일 음악가 F. 에케르빙을 초빙한다. 그는 군악대
지도, 지휘 같은 바쁜 업무 속에서 7개월 만에 '대한제국 애국가'를 작곡한다.
이 노래가 최초의 공식 국가다. 그런데 가사가 난감하다.

상제(하느님)는 우리 황제를 도우소서.
성수무강하사 해옥듀를 산갓치 받으시고
위권(威權)이 황영(천하)에 떨치사
오천 만세에 복록이 일신케 하소서

……. 무슨 말인가? 내가 알아들을 수 있는 글자는 '우리 황제' 뿐이다.
온 국민이 부르려면 가사가 쉬워야 한다. 바보도 알아들을 정도로 간단해야
한다. 그런데 이 가사는 너무 어렵다. 결국, 민중에게 빨리 확산되지 못한다.
조정은 이 노래를 군대와 공립학교에 보급하지만 인기가 없다. 일주일에 한
번씩 탑골공원(파고다공원)에서 공개연주를 하지만 큰 성과를 올리지 못한
다. 군악대는 5년 만에 해산된다.
2년 후 일제는 을사늑약 후, 민족정신의 말살을 위해 대한제국 애국가를
불량노래로 낙인찍는다. 그 후 일본국가 '기미가요'를 부를 것을 강요한다.

한국 최초로 발표한 애국가는 금지곡이 된다. 국민은 지정된 애국가가 없으니 자기 정서에 맞는 애국가를 선택해서 부른다.

독립협회의 서재필과 윤치호는 외국 군인이 국기 게양식을 하면서 국가를 부르는 모습을 바라본다. 모습은 젊은이 가슴에 불을 지핀다.

"우리나라도 이런 노래가 필요합니다. 배재학당 학생에게 애국가를 가르칩시다."

"애국가요? 그러면 가사도 써야 하고 멜로디도 만들어야 하잖아요?"

"작곡은 시간이 오래 걸립니다. 작사부터 하시지요."

서재필의 제안에 윤치호는 애국가 작사를 시작한다. 작곡은 선교사 다니엘 벙커에게 부탁한다. 그런데 다니엘 벙커는 작곡할 시간이 없어서 스코틀랜드 민요 〈올드 랭 사인〉 멜로디에 가사를 붙인다.

성자 신손 오백 년은 우리 황실이요
산수 고려 동반도는 우리 본국일세.
무궁화 삼천리 화려강산
조선 사람 조선으로 길이 보존하세

〈올드랭 사인〉은 한국에서 〈작별〉로 불린다. 우리가 졸업식 때 부르는 노래다.

'오랫동안 사귀었던 정든 내 친구여~
안녕이란 웬 말인가? 가야만 하는가?
어디 간들 잊으리오. 두터운 우리 정

다시 만날 그 날 위해 노래를 부르자'

이 노래는 슬픈 멜로디다. 근데 조선은 여기에 나라를 사랑하고 애국심을 고취하는 애국가를 부른다.

1896년 11월 21일 영은문을 헐고 독립문 초석을 놓는 행사에서 이 노래가 울려 퍼진다. 뒷부분 '무궁화 삼천리 화려강산 조선 사람 조선으로 길이 보존하세'는 '대한 사람 대한으로 길이 보존하세'로 바뀌어 오늘날까지 불리고 있다.

1906년 윤치호는 최초의 실업학교 〈한영서원〉을 세운다. 학교가 처음 설립될 때부터 윤치호는 벽장에 '애국가' 노랫말을 붙여 놓고 가르치고, 특별활동 시간에도 직접 가르친다. 윤치호는 한영서원 교재로 편찬한 노래 모음집 '찬미가'에 애국가를 실어 널리 알린다. 현재 우리가 부르는 애국가 가사도 이때 완성된 것으로 추정된다.

나라를 잃은 국민은 애국가를 부르며 조국 광복 의지를 불태운다. 1919년 3·1 운동을 할 때도 이 노래를 부른다. 이때 전국적으로 널리 알려진다. 또 상해 임시정부의 국가(國歌)대신으로 계승된다.

한국의, 한국을 위한, 한국에 의한 애국가가 탄생하다.

젊은 음악가 안익태는 3·1운동 때 〈올드 랭 사인〉에 맞춰 불리는 '애국가'를 접한다. 그가 다닌 평양 숭실학교는 우리나라 최초로 성악과 기악을 가르치는 음악 명문교다.

숭실학교 학생은 3·1운동 때 독립선언서와 태극기를 군중에 나누어주며 '애국가'를 부른다. 안익태가 선배에게 '집 밖에서는 절대 부르지 말라'라

는 말을 들은 게 이때다. 그는 우리나라 노래를 외국 민요에 맞춰 부르는 현
실, 함부로 부를 수 없는 상황에 분개한다.

만세 운동이 끝나고 안익태는 10월에 일본유학을 떠난다. 1921년 '동경국
립음악학교'에서 첼로를 전공한다.

안익태는 졸업연주 때 실력을 인정받아서 평양과 서울에서 첼로 독주회를
연다. 이때 평양 YMCA 총무 이상재와 민족 지도자 조만식을 만나 다시 뜨거
운 애국심을 가진다.

안익태는 배움에 목말라 다시 미국 유학을 떠난다. 이때가 1930년 10월이
다. 그는 토요일에 친척의 소개로 샌프란시스코에 있는 한인교회에 간다. 이
곳에서 태극기와 다시 만난다. 그리고 교회 신도의 애국가 연주 부탁으로 안
익태는 올드 랭 사인에 맞춘 애국가를 연주한다. 이때 조국의 색깔이 짙은
애국가 작곡을 결심한다.

"감동적인 가사, 박력 있고 아름다운(애국가) 가사에 남의 나라의 민요곡, 그것
도 이별곡(올드 랭 사인)을 붙여 부르다니……. 1, 2년이 걸려도 꼭 작곡하고
싶습니다."

_애국가와 안익태, 1978년

1931년, 안익태는 신시내티 음대 1학년에 입학한다. 이때부터 틈틈이 애
국가에 대한 악상을 정리한다. 그리고 작곡과 지휘법을 공부하기 위해 필라
델피아 음대 3학년으로 편입한다. 이곳에서 세계 40여국의 국가와 민속음악
을 공부한다. 그 후에 지휘와 작곡에 좀 더 깊이 파고들기 위해 커티스 음대
에 들어간다. 이때가 애국가의 전반부를 완성한 상태다. 하지만 애국가 후반

부 '무궁화 삼천리' 부분을 완성하지 못한 채 괴로워하고 있었다. 그러다가 1935년 11월 아침 후렴부에 대한 악상을 얻는다.

여기서 아침에 악상을 얻었다는 점에 주목해야 한다. 음악인이 작곡하는 모습을 보면 엄청나게 몰두할 때 악상이 떠오르는 게 아니다. 오히려 마음을 비우고 내버려둘 때 좋은 악상이 떠오른다. 비틀스 멤버 폴 매카트니도 세계적인 명곡 hey Jude를 자동차 안에서 완성한다. 가수 임재범도 대표곡 '고해'를 10분 만에 완성한다. 임창정은 대표곡 '소주 한잔'의 가사를 30분 만에 완성한다. '갑자기 악상이 떠올랐다. 순식간에 완성됐다.'는 절대 과장되거나 허황된 말이 아니다.

안익태는 신한민보라는 신문에서 자신의 심정을 밝힌다.

"아시아 동반도의 도덕적인 대한 애국가인 만큼 경솔히 작곡되는 것이 결코 아니었습니다. 5년간 고심 끝에 약 2년 전에 처음 절은 마쳤습니다만 후렴 부를 완성하지 못하고 지나는 도중 지난 11월 하순 어느 날 이른 아침에 실로 하나님의 암시로 후렴 전부를 작곡하였습니다."

안익태는 애국가 악보를 만들어 한인교회의 황 목사에게 전달한다. 황목사는 〈대한인국민회〉라는 이름으로 경제적 여유가 있는 한인의 도움을 받아 악보집을 대량 발간한다. 이때 상해 임시정부, 교민단체, 정부요인에게 보낸다. 비밀리에 국내 학교로도 보냈지만 일제 감시 때문에 전달에 실패한다.

1945년 8월 15일, 대한민국이 일제치하에서 벗어나는 날이다. 이때 가장 필요한 게 국기와 애국가다. 하지만 35년간 일제의 압박 때문에 국기 모양과 애국가 노랫말을 정확히 알지 못한다. 급한 대로 일장기에 태극기를 그리고 아는 대로 애국가를 부른다.

해방을 경험한 기자는 '우리는 이렇게 살아왔다.'라는 책에서 당시 상황을 설명한다.

"애국가를 불러야 하겠는데 누가 잘 알아야지, 그래서 학생들이 종잇조각에 적어가지고 다니는 것을 얻어 가지고 신문사에서 부랴부랴 적어 게시판에 갖다 붙였습니다. 그들은 적으며 합창을 하고(……) 난 그때 들창에서 그것을 내다보고 있으려니까 눈물이 핑 돌았습니다."

애국가는 1946년 5월부터 국내에 악보를 판매한다. 8월에는 직접 음반을 만들어 애국가를 판매한다. 대중가요 음반에도 반드시 애국가를 싣는다. 이런 식으로 애국가가 국민에게 조금씩 알려진다.

2년 후, 1948년 8월 15일 역사적인 대한민국 정부수립, 이때 안익태가 작곡한 애국가가 울려 퍼진다.

한국 역사를 보면 불가능에서 가능으로 만드는 역사다. 일제치하 아래 많은 게 억압되고 통제된다. 그래도 굴복하지 않고 우리만의 것을 찾으려고 계속 시도한다. 애국가도 마찬가지다.

일제는 기미가요와 일본노래를 부르라고 강요하지만 우리는 절대 굴복하지 않는다. 민간에서 애국가를 만들고 해외에서 5년간 노력한 끝에 공식적인 애국가를 만든다. 이때도 일제치하에 있어서 국내 도입이 쉽지 않았다. 그래도 우리 선배는 포기하지 않고 암암리에 애국가를 알리고 독립운동을 펼친다. 이 글을 쓰는데 눈시울이 뜨거워진다. 철학자 프리드리히 니체는 피로 쓰는 글만 읽는다고 하던가? 글을 쓰면서 내 눈가에 눈물이 맺힌 건 처음이다.

애국가는 단순히 나라를 사랑하는 노래가 아니다. 일제치하에 강력한 저항이자 독립하겠다는 강렬한 의지다. 고난과 역경 속에 탄생한 애국가는 지금까지 우리에게 불리고 있다.

{ 일천만 조선 여성이여, 다 내게로 오라
일제강점기 여성해방운동가 차미리사 }

성공이란 무엇일까? 자기 분야에서 최고가 되고 돈을 많이 벌고 명성을 얻는 걸까? 나도 한때 이렇게 생각했다. 다른 사람이 보면 부러워하고 자기 분야에서 최고가 되는 게 진짜 성공이다.

그런데 어느 날부터 이런 생각이 조금씩 사라진다. 역사를 공부하면서 그런 생각이 더욱 깊어진다.

조선은 일제 강점기에 엄청난 억압과 무시, 살육을 당한다. 이때는 처절하고 절망적이지만 희망의 끈을 놓지 않는 시기다. 모두가 단합하고 하나가 되어야 한다. 하지만 세상은 그리 아름답게만 돌아가지 않는다. 제 한 몸 챙기자고 나라를 팔고, 일본에 정보를 주는 사람이 많다. 우리는 그런 자를 친일파라고 부른다.

이 시기에 조선 여성은 두 번 지배당한다. 첫 번째는 일본이다. 두 번째는 조선 남성이다. 남아선호사상이 뭔지, 유교사상이 뭔지 나는 모르겠다. 여성을 억압하는 부분이 제일 마음에 들지 않는다.

이렇게 조선 여성이 억압받는 시기에 그들을 깨우치고 자립할 수 있게 도와주는 여인이 있다. 사회 운동가 차미리사다. 그녀는 1920년 조선 여자교육회를 창립한다. 그곳에서 학생에게 삶에 대한 주인 의식을 갖고 끌려가는 삶이 아닌 끌고 가는 삶을 살기를 요구한다. 여성이 인격적으로 존중받지 못하는 시절, 그게 당연하게 여겨지는 시대, 차미리사는 그런 거대한 벽과 싸운 차 미리사는 여성이 해방하는 방법은 교육을 받아서 자의식을 가지고, 남성과 평등하게, 아니 더 뛰어나게 자신을 규정하는 일이라고 생각한다. 여성을 집안에 두는 게 아니라 밖으로 진출하게 하고 직업을 갖게 한다.

나는 이런 인생이 진정한 성공이라고 본다. 자기 혼자 잘 먹고 잘사는 게 무슨 의미가 있는가? 우리는 누군가의 도움 때문에 여기까지 왔다. 컴퓨터를 만들고, 옷을 만들고, 신발을 만들고, 음식을 만들고, 우리를 낳아준 부모님 때문에 여기에 있다. 인간은 누구나 도움받으면서 산다. 그래서 자신도 능력이 될 때 남에게 베풀어야 한다.

왜 자꾸 주식으로 30억을 벌어들인 사람, 부자가 된 사람, 이런 인물만 조명하는가? 우리 사회가 '성공이 무엇인지, 어떤 게 위대한 삶인가?'에 대한 인식이 잘못되어 있음을 보여준다.

살되, 네 생명을 살아라.
생각하되, 네 생각으로 하여라.
알되, 네가 깨달아 알아라.
_여성운동가 차미리사

1879년 8월 21일 한성부 서부 공덕리에서 한 아이가 태어난다.
"아이고, 섭섭이가 태어났구나?"
차미리사를 처음 본 아버지의 말이다. 그는 위로 다섯 아이를 모두 잃고 슬픔 속에서 지내다가 나이 50에 차미리사를 얻는다. 그런데 여자라서 섭섭하다. 조상의 대를 이어가지 못하기 때문이다. 차미리사는 여자로 태어났다는 이유로 섭섭이가 됐다.

조선에서 딸은 환영받지 못한다. 남에게 시집보내는 존재, 부모를 모시지 못하는 존재, 제사를 지낼 수 없는 존재다. 여성의 가장 큰 의무는 시집가서 아들을 낳는 일이다. 아들을 낳으면 두 다리를 뻗고 잔다. 딸을 낳으면 시어머니, 남편의 눈치를 본다. 이 정도로 여성이 억압받는 시대다.

그런데 차미리사 아버지의 행동은 말과 다르다.

부모가 죽으면 차미리사는 혼자가 된다. 의지할 사람이 없다. 아버지는 그녀에게 단단한 가슴을 갖고 독립심을 기르라고 말한다.

"누구에게든지 네 마음속을 다 털어놓지 말고, 무슨 일을 당할 때에 남의 도움으로 살아가겠거니 하는 마음을 절대 갖지 마라. 완전히 독립하여 살아갈 생각을 하여라. 내게 혈육이라고 너뿐이니 우리 내외가 죽으면 누가 너를 보살피고 도와주겠느냐. 그러니 절대로 남의 힘을 믿고 살 생각을 말아라."

인물이 시대를 만들지만 시대가 인물을 만들기도 한다. 5형제가 죽고 50줄에 혼자 태어난 차미리사. 이런 환경에 있었기에 아버지는 그녀에게 독립심을 강조한다. 만약 형제가 많고 의지할 사람이 있다면 절대 이런 말을 하지 않았으리라.

차미리사 인생에서 아버지의 말은 큰 영향력을 가진다. 차미라사가 조선 여성에게 자주 내뱉은 말도 '자립'이다. '누군가에게 기대지 마라, 의지하지 마라, 스스로 살아가라' 이게 그녀의 좌우명이다.

차미리사는 17세에 무교동에 사는 김진옥과 결혼한다. 그런데 남편은 3년 만에 죽는다. 이 시대는 여자가 재혼하면 신분이 떨어지고 자녀는 출세가 막힌다. 그녀는 결국 어린 딸과 함께 친정에 돌아온다.

차미라사는 자신과 처지가 같은 어머니, 고모와 함께 교회에 나가기 시작한다. 이 시기는 여자가 외출할 때 얼굴을 가려야 한다. 차미리사도 쓰개치마를 쓰고 교회에 출입한다.

이 교회는 청년을 중심으로 한 단체 활동, 상동청년회가 있다. 개혁을 통해 독립 국가를 만들려는 사상이 짙은 곳이다. 차미리사도 이곳에서 많은 영향을 받는다.

차미리사는 이곳에서 스크랜턴 선교사에게 '미리사'라는 세례명을 받는다. 섭섭이에서 미리사로 변하는 순간이다.

조선시대 여성은 이름이 없다. 김 씨 여자라고 해서 김성녀다. 그래서 사회적 활동도 제약을 받는다. 차미리사는 섭섭이에서 미리사가 되면서 정체성을 갖기 시작한다. 차별적인 유교 관점을 버리고 기독교적 인간관을 갖게 된 것도 큰 역할을 한다.

이 교회는 중산층이 많지만 가난한 사람도 많다. 그래서 교회는 일자리를 구해주고 가난한 자를 돕는 데 힘쓴다. 차미리사도 이런 활동을 통해 약자를 사랑하고 자립심을 키워주는 게 얼마나 중요한지 깨닫는다.

차미리사는 견문을 넓히기 위해 유학을 결심한다. 같은 교회의 '여신도' 역시 그녀에게 미국으로 유학가라고 권유한다. 하지만 차미리사는 망설인다. 70 넘은 노모, 자기만 바라보는 딸, 가난한 집안이 큰 문제다.

그런데 이런 망설임을 모조리 깨뜨릴 사건이 일어난다. 미리사는 한국 최초 여의사가 되어 모국에 돌아온 박에스더를 보게 된다. 그녀는 미국 일자리를 뿌리치고 한국에서 의사, 교육자로 활동한다. 이런 행보에 큰 감명을 받은 차미리사는 외국 유학을 결심한다. 그때 지인의 소개로 서양 선교사 헐버트를 만난다. 그는 차미리사를 중국 감리교 계통의 목사와 연결해준다. 차미리사는 중국으로 떠난다.

그녀는 타지 생활, 의사소통 단절, 넉넉하지 못한 자금같은 스트레스로 열병을 심하게 앓는다. 그 결과 귀가 어두워져 청각 장애가 생긴다.

하지만 이런 장애도 그녀의 열정 앞에서 무의미하다. 차 미리사는 1905년 10월 27살에 미국으로 유학을 떠난다. 원래 목표는 미국이다. 이 곳에서 8년을 머문다. 이때는 학업보다 사회활동에 더 집중한다. 그게 조선의 현실이고 바꿔야 할 모습이다.

같은 해 12월 장경, 김우제, 변창수, 이병호, 서택원 ,방사경, 차미리사는 국권이 상실되는 위기에 힘을 합해 나라를 구하자는 취지의 '대동교육회'를 창립한다. 이때 조선은 을사늑약이 강제로 체결되고 샌프란시스코는 동양인 배척운동이 일어난다. 대동교육회는 한인을 모아서 교육하고, 이를 통해 인재를 길러서 나라를 구하고자 한다. 차미리사는 독립운동, 언론운동, 사회운동을 활발하게 펼치고 1912년 8월 서른네 살에 조국으로 돌아간다. 그녀의 입을 빌리면 '나라를 빼앗긴 처지에서 외국에 있느니보다는 차라리 고국에 돌아와서 여러 동지와 손 잡고 직접 사회생활도 하며 청년 여성을 교육해 우리 실력을 양성하는 것이 무엇보다 필요하다.' 는 생각 때문이다.

이때 배화학당은 기독교 신앙심이 강하고 서양 근대문명을 체험한 여교사를 찾고 있다. 배화학당은 차미리사의 이력을 보고 교사로 발탁한다. 이곳은 1898년 미국 켄터키 남감리 교회 여선교부에서 조선을 위해 병원과 함께 세운 여학교다. 차미리사는 이곳에서 성경과 영어를 담당한다. 하지만 여기에 그치지 않고 학생에게 주인의식과 독립심을 심어준다. 나는 이게 가장 중요한 교육이라고 생각한다. 아무리 공부를 잘해도 주인의식과 독립심이 없다면 고급노예에 불과하다. 특히 주도권을 상실하고 그것을 당연하게 받아들이는 조선여성에게 필요한 교육이다.

1919년 3·1운동이 발발하자 차미리사는 본격적인 여성계몽을 시행한다. 그녀는 전통사회에 관습이 짙고 남편에게 억압받는 가정부인을 학교로 불러 어린 학생과 함께 교육한다. 가정주부가 평생 눈뜬장님으로 살다가 죽는 일을 막기 위해서다. 하지만 가정부인은 회의적이다. '배워서 뭐하나? 나는 글 하나도 읽을 줄 모른다. 늦었다'며 신세 한탄만 한다. 그러면 차미리사는 이렇게 동기부여한다.

우리나라는 절름발이 나라다. 절름발이 나라는 흥하지 못한다!
여자도 배워야 한다!
장옷을 벗고 긴 치마를 잘라 버리고 첩첩이 닫힌 속에서 뛰쳐나오너라!

그녀의 말을 듣고 열 명 남짓한 학생이 모인다. 차미리사는 어린아이와 부인을 모으고 자정까지 교육한다. 집이 가난해서 학용품을 사지 못하면 직접 사비를 털어 연필과 공책을 제공한다. 정말 눈물 나는 이야기다.

차미리사는 학생을 모아서 혁명을 시작한다. 1920년 3월 1일 새벽, 배화학당 기숙사생 전체가 필운대 언덕 위로 올라가 '대한독립 만세!'를 부른다. 3·1운동 1주년을 기념하기 위해서다. 이 때문에 종로 경찰서에서 일본 형사가 찾아온다. 조사 결과 사건의 공모자는 차미리사로 밝혀진다. 미국 선교사는 '우리는 선교를 하러 왔지 독립운동을 하러 온 게 아니다'라며 차미리사와 갈등을 겪는다. 차미리사는 결국 이 말을 남기며 배화학당을 관둔다.

"그동안 내가 배화여학교의 일을 보느라고 교육회의 일은 비교적 등한시하였으나 이번에 학교 당국자의 양해도 얻었은 즉, 이제부터는 나의 한 몸을 조선 여자교육에 바치어 아주 헌신하려 합니다."

진짜 멋진 사람이다. 그녀는 서양문물을 배우고 남보다 뛰어난 통찰력을 지녔지만 혼자 앞서가지 않는다. 조선 여성과 처음부터 다시 시작하고 함께 잘되려고 한다. 이게 진짜 배울 점이다.

차미리사는 훌륭한 선생님이다. 여성에게 능력과 재능이 없음을 비판하지 않는다. 집에서 부모의 통제를 받고, 결혼해서 남편과 시어머니의 압박을 받고, 가수 태양의 노래 '나만 바라봐'의 가사 "내가 바람 펴도 넌 절대 피지 마, 나는 너를 잊어도 넌 나를 잊지 마"처럼 남자는 첩을 둬도 되지만 여자는 첩을 두면 안 되고 질투조차 금지하는, 육아, 식사, 세탁 같은 노동을 매일 10시간씩 해도 아무도 알아주지 않는, 머리를 짧게 잘라도 큰 문제가 되는, 심지어 활발한 걸음걸이조차 제지하는 사회는 그냥 받아들이는 태도를 강력하게 비판한다.

"사람의 사회라 하는 것은 본래 '사나이'와 '여자' 두 가지로 된 것인데 종래에 여자는 사람 대접받지 못하고 살지 않았습니까? 혹자는 '이것은 여성의 수치다'라고 합니다. 하지만 나는 '인류의 큰 수치다'라고 하겠습니다."

차미리사는 첫째도 교육, 둘째도 교육을 강조한다. 사람은 자기 수준보다 높은 생각, 뛰어난 사상이 들어와야 새로운 모습으로 태어난다. 그녀는 1920년 2월 19일 조선 여자교육회를 창립한다. 남자와 동등한 인격체, 사회활동을 하는 방법은 교육이라고 믿는다.

"조선 여자의 교육! 이것이야말로 우리 사회에서 제일 큰 문제올시다. 지금 우리 사회에는 여러 가지 할 일이 많이 있고 해결해야 할 문제가 허다하지만 교육 문제처럼 큰 문제는 없다고 생각합니다. 그리고 교육 문제에서도 가장 급한 것은 여자교육이라고 생각합니다."

그녀가 가장 집중한 대상은 가정주부다. 아동은 그나마 학교가 있지만 가정주부를 위한 교육기관은 없다. 이 상황이 지속되면 가정주부는 교육기회를 박탈당하고 평생 억압받고 눈뜬장님으로 산다. 교육으로 인격을 해방하고 자립심을 키우는 게 차미리사의 목표다. 그녀는 전국 어디를 가든지 이런 멘트로 강연을 시작한다.

"전 조선 일천만 여성을 다 내게로 오너라! 차미리사한테로 오너라!

남편에게 버림받은 여성, 과부된 여성, 남편에게 압제받는 여성, 천한 데서 사람 구실을 못하는 여성, 뜨고도 못 보는 무식한 여성들은 다 오면 어두운 눈, 광명하게 보여주고 이혼한 남편 다시 돌아오게 해주마!

그저 고통받는 여성은 다 내게로 오너라."

이혼한 남편 다시 돌아오게 해주겠다는 멘트는 부담스럽다. 이것만 제외하면 엄청난 혁신이다. 조선시대에 여성해방을 위해 이렇게 한 몸 불사르는 사람이 있던가?

처음 교육받는 가정주부는 신문 한 장 읽지 못하고 편지 한 글자 쓰지 못하는 사람이 많다. 조선 여자교육회는 이렇게 낮은 곳부터 혁명을 시작한다.

야간강습 설립 때 학생이 10명 정도 참가한다. 그런데 지원자가 꾸준하게 늘어서 한 달 만에 100명이 참여한다. 그만큼 배우지 못한 게 한이 됐다는 뜻이다. 차미리사가 물꼬를 터주니까 용기를 얻고 배움에 열정을 가진다. 조선 여자교육회와 차미리사의 활동은 초교파 영문 잡지 〈코리아 미션 필드〉에 실리기도 한다.

야간강습에 오는 학생은 가난한 자가 많다. 그 때문에 배우러 오지 못하는 여성도 넘친다. 그래서 조선 여자교육회는 연필, 공책을 무료로 제공하고 수업료도 받지 않는다.

　그런데 차미리사는 교육을 하다가 한 가지 딜레마에 빠진다. 수업, 강연만으로 전국 가정부인을 계몽하는 건 불가능하다는 생각이다. 농촌은 야학도 존재하지 않는다. 그래서 차미리사는 여성계몽과 문명인에게 필요한 사상을 소개하는 월간지 〈여자시론〉을 발행한다. 이렇게 남을 위할 때, 타인의 성공을 도울 때 좋은 생각과 아이디어가 떠오른다. 우리는 이 부분을 배워야 한다. 뼈가 부서져라고 노력하지만 일이 잘 풀리지 않는 사람은 한 번 생각해 보라. '내가 나만을 위해 살고 있지 않은가? 타인을 생각하는가?' 하고 말이다. 소설가 이외수는 일이 풀리지 않을 때 선행을 하면 일이 풀린다고 한다. 의도적이든 아니든 말이다. 세상은 우리 생각을 뛰어넘는 훨씬 오묘한 이치가 있다. 자기만 생각하는 사람은 절대 성공하지 못한다. 설사 성공했다 하더라도 반드시 무너진다.

　1921년 5월 19일 조선 여자교육회는 온갖 어려움을 극복하고 창립 1주년 행사를 가진다.

　48세 가정주부는 원래 글자도 읽지 못하는 여인이다. 그런데 열심히 교육받고 스스로 공부한 결과 1주년 행사에서 언문을 낭독하고 능숙한 글솜씨를 보여준다. 이게 진짜 성공이다. 걷지 못하는 아기가 걸음마를 떼는 순간, 평생 도전하지 않는 사람이 도전해서 작은 열매를 맺는 순간, 이게 진짜 성공이다. 차미리사도 같은 맥락의 말을 한다.

　"나는 학교에 갈 수 있는 사람을 인도하려는 것은 아닙니다. 학비가 없어 학교에 갈 수 없고 나이가 많아서 입학할 수도 없는 부녀에게 신문 한 장이라도 읽을 만한 눈을 뜨게 하려는 것입니다."

　차미리사는 다시 딜레마에 빠진다. 아무리 좋은 사상도 현실과 동떨어지면 공허한 염불에 불과하다고 생각한다. 그래서 교육과 현실을 연결할 수 있게 실업교육을 시행한다. 여성에게 사진, 편물, 재봉, 자수를 가르쳐서 사회에 진출할 수 있게 돕는다.

이 시기에 여성은 똑똑하고 돈 잘 버는 남자를 만나 시집가는 게 성공이라고 생각한다. 공부하고, 꾸미고, 노력하는 건 오로지 돈 잘 버는 남자를 위한 수단으로 여긴다. 차미리사는 이런 썩어빠진 생각을 모조리 뒤엎고 여성이 자립하고 경제력을 가질 수 있게 교육한다. 사람의 의식을 바꾸는 게 진짜 혁명이다. 내 눈에 차미리사는 체 게바라, 호치민, 마틴 루서 킹 주니어, 간디, 김구, 안중근에 버금가는 혁명가다.

"조선사람은 부자될 도리가 없는가? 아니다. 아니다. 조선사람에게도 부자될 도리가 있다. 그것은 한푼 두푼 모으는 방법으로는 절대 불가능하다. 단번에 천금을 잡아야 한다. 만금을 움켜쥐어야 한다. 그리하려면 금광이다.

> 금광 하나만 잘 만나면 하루아침에 '나리 낀'(졸부)되기는 무난한 일이다. 이것이 조선사람, 그중에서도 중학, 전문학교, 대학을 마치고 금시세가 어떻고, 광산이란 어떻고, 광업령이란 어떻다는 것을 짐작할 만한 역시 유식 계급 인물들이 발견한 치부법이다. 그리 하야 중학교에 교편을 잡고 있던 친구도 교편을 집어 던지고 광산으로 달아난다."
>
> _우석, '현대 조선의 시대광' 제일선, 1932년 9월

무릇 그 시대에 당연시되는 게 있다. 90년대는 HOT, 핑클, 잭스키스, SES를 좋아하는 게 당연하다. 이 네 팀이 한국 음악의 흐름을 바꿨다고 해도 과언이 아니다.

현재는 어떤가? 대학을 가는 게 당연시된다. 한국인이라면 무조건 대학을

나와야 한다는 풍조다. 대학을 가지 않으면 그게 이상하게 여겨진다.

이렇게 시대마다 항상 당연하게 생각되는 게 있다. 1930년, 일제강점기 조선에 금광 열풍이 불었다면 믿겠는가? 농부는 낫을 집어 던지고, 노동자는 연장을 버리고, 소설가는 펜을 놓는다. 생업을 내팽개친 채 곡괭이 하나 들고 금광을 찾아 나선다.

오디션 프로그램 슈퍼스타K같은 열풍이다. 이 프로그램은 1세부터 99세까지 노래만 할 줄 알면 누구나 참가할 수 있다. 출연자를 보면 다양한 직업에 종사하지만 숨겨 둔 꿈을 실현하기 위해 나와서 노래 부르는 사람이 많다. 슈퍼스타K의 매력은 연습생 기간을 거치지 않고 바로 프로가수로 데뷔한다는 점이다. 그래서 10만 명이 넘는 참가자가 오디션에 참가한다. 나도 슈퍼스타K 시즌 1에 참가한 적 있다. 지역 오디션에서 휘성의 '살아서도 죽어서도'를 부른 후 이효리 성대모사를 하다가 바로 떨어졌다.

조선에 불어 닥친 금광 열풍도 슈퍼스타K에 맞먹는다. 모든 사람이 인생을 바꾸겠다고 금광 찾기에 뛰어든다. 오늘날 생업을 버리고 금광을 찾겠다고 하면 미친 사람이라고 한다. 하지만 1930년대는 반대다. 생업을 버리고 금광을 찾지 않으면 미친 사람이다.

금광은 단순한 유행을 넘어서 산업으로 자리 잡는다. 공학자는 한반도의 지질구조와 최신 채굴법을 소개한다. 경제학자는 토론회에서 금광 열풍이 생긴 원인을 분석한다. 변호사는 금광을 캐려면 광업 관련법부터 익히라고 충고한다. 신태악이라는 작가는 금광 자기계발서를 집필해서 베스트셀러 작가에 등극한다. 전직 조선일보 영업국장, 상해임시정부에서 활동하는 독립운동가, 여성운동가까지 모조리 금광을 찾아 나선다. 왜 이런 일이 생겼을까?

1929년에 발생한 세계 경제 대공황은 두 달 만에 일본과 조선에 상륙한다.

쌀값은 반 토막 나고 물건값은 폭락하고 사회는 어수선하다. 농부와 상인은 일터를 떠나야 했다. 그런데 유일하게 값이 오른 게 바로 '금'이다. 금광을 캐는 데 자본, 스펙, 학력, 능력, 재산은 필요하지 않다. 성실함과 집요함 그리고 운이 있으면 된다. 또 금광 열풍을 보여주듯 금광을 캐서 성공한 사람의 기사가 속출한다. 경제폭탄을 맞은 조선인은 금광에 목숨을 건다.

조선에 상륙한 금광은 열풍을 넘어 집착으로 변한다. 금광이 있을만 한 곳이라고 생각되면 험난한 산기슭을 오르고, 논밭을 갈아엎고, 바다에 뛰어들고, 집을 허물고, 불에 타서 잿더미가 된 곳을 조사하고 무덤을 파헤친다.

규모가 어마어마하다. 신규 금광 1,933년, 3,222개, 다음 해에 5,972개, 그다음 해에 5,813개다. 이 정도면 토끼, 바퀴벌레 번식력과 맞먹는다.

1931년 12월 조선은 금 수출을 금지한다. 하지만 이런 포위망을 뚫고 수출된 금이 1천관에 달한다. 만주 안동현 세관과 압록강철교 북안에 있는 일본 국경수비대 사이 거리는 100미터도 안 된다. 그런데 금값은 10~50퍼센트 정도 차이를 보인다. 신 씨가 금을 항문에 넣어서 만주로 가져갈 만하다. 그 심정 이해된다.

"1935년 5월 1일, '국경 이동 감찰반'은 신의주착 북행열차 안에서 평양에 사는 신 씨(53)와 정 씨(63)를 금괴 밀수출 용의자로 검거했다. 감찰반은 두 용의자를 신의주경찰서로 이송, 엄중 취조해 보았지만 아무런 증거를 찾지 못했다. 다음날 오후 9시 35분경 유치장 안에서 신 씨가 몸속에서 무명조각 같은 것을 꺼내 변기 속에 넣으려는 것을 감시 경관이 발견하고 이를 제지한 후 조사하여 보았더니 이는 범죄를 감추기 위해 항문 속에 넣어둔 60돈가량의 금괴 3개였다는 것이다."

_별건곤 1933년 6월

60돈 3개면 567g이다. 신 씨는 항문에 금괴를 끼우고 이틀을 버틴다. 조금 더 비싼 값에 금을 팔기 위한 욕망이다. 항문에 금을 숨겼다고 해서 '에로 (eros)금괴 밀수출 사건'이라고 불린다. 이외에도 금괴를 숨기기 위한 다양한 수법이 있다.

비누 속에 숨기기

이동경찰반은 금괴 밀수출 용의자라는 밀고를 접하고 기차칸에서 한 영감을 체포했다. 그러나 소지품을 낱낱이 조사하고 몸속까지 뒤져보았으나 아무런 단서도 찾지 못했다. 이동경찰반이 포기하고 돌아서는 순간 세면도구 케이스가 떨어져 바닥에 타올, 비누, 칫솔, 등이 흩어졌다. 미안한 마음에 떨어진 물건을 챙겨주던 경찰관이 비누가 유난히 무겁다는 생각을 하고 쪼개 보았더니 금 연봉 2개가 나왔다.

구두 뒤축에 숨기기

이동경찰반이 금괴 밀수출 용의자로 밀고가 들어온 청년을 체포하여 소지품은 물론 머리끝부터 발끝까지 샅샅이 뒤져보았으나 금 부스러기 하나도 나오지 않았다. 경찰관들이 머리를 맞대고 상의한 결과 새 구두 속에 무슨 조화가 있으리라는 결론을 얻어 그의 구두를 구석구석 조사하여 조금 무거워 보이는 것이 금이 감춰져 있는 것으로 추정하였으나 어디에 있는지 좀처럼 찾을 수 없었다. 할 수 없이 구두를 분해해 보았더니 구두 뒤축에 금 연봉 3개가 나왔다.

여자 몸에 감추기

대규모의 금괴 밀수출은 대개 남자가 주모가 된 경우가 많았으나 조금씩 밀수출하는 데는 여자가 주로 동원되었다. 여자들에 대해서는 경찰이나 세관의 감시가 엄격하지 않았을 뿐만 아니라 생리적으로 몸에 숨길 곳이 많았기 때문이다.

머리카락 속에 감추기, 배를 헝겊으로 감싸고 그 속에 감추기, 가짜 금니를 해 넣기, 항문에 감추기, 음부에 감추기 등 응용할 수 있는 수법이 다양했다.

'에로 금괴 밀수출 사건'으로 알려진 신 씨 사건이 신문 지상에 보도된 이후에는 유사 범죄도 속출하여, 1934년 4월에는 50대 노파가 시아버지와 함께 이 방법을 썼다가 적발된 일도 있었다.

위장에 감추기

금괴를 삼키는 것은 노다지를 삼키는 것보다는 훨씬 쉽고 안전한 방법이었다. 표면이 부드러웠고, 부피도 덜 나갔기 때문이다. 어떤 청년이 금괴 2개를 삼키고 국경을 넘으려다가 밀고에 의해 체포되었는데, 유치장에서 배 아픔에 못 이겨 금괴 먹은 것을 자백했다. 이후 세 번이나 위장 세척을 받았으나 도무지 금괴를 토해내지 못하고 최후의 수단으로 배를 가르고 꺼내야 할 형편에 이르러서야 겁을 집어 먹었는지 황금 똥을 쌌다.[12]

너도나도 금광을 찾는 시대이니 금반지를 낀 젊은 부부의 손을 잘라 도망간 사건도 있다.

"손에 금반지를 끼고 마차를 타다가 도적놈에게 손가락을 잘린 일은 바로 요전에 안동현에서 생겨난 일이다.

1932년 9월 18일, 안동현에서는 일본 관민과 만주국 관청에서 만주사변이 생겨난 일주년 기념식을 거행하게 되었는데 중국 사람의 시가지나 일본사람의 시가지에는 구경꾼이 평소보다 자못 복잡하였다. 그 여러 사람 중에 어떤 중국 사람의 젊은 부처(夫妻)가 두 손에 금반지를 번쩍번쩍하게 끼고 마차를 타고 일본인 시가지로, 진강산 공원으로 한참 돌아다니며 구경을 하고 구시가에 머무는 때에 난데없는 도적놈이 벼락불같이 달려들어 잘 드는 칼로 마차 변두리에 나란히 얹고 있던 두 부부의 손목을 잘라가지고 도망하여 유혈이 낭자하고 일서 대소동을 일으킨 일이 있었다."

진짜 소름 돋는 이야기다. 만약 전 세계에 아이 폰이 10개만 보급된다면 아이 폰 주인은 어떻게 될까? 번화가에서 아이 폰을 만지다가 손목이 잘릴까?

부자 중에 검소하게 살고 평범한 옷차림을 하는 사람이 있다. 이 글을 보니 왜 그렇게 사는지 이해가 간다.

나는 금광에서 기적을 만났다

양이 많으면 질이 나온다. 전국에서 금광을 캐면 성공하는 사람도 나온다. 그는 인생이 완전히 바뀐다. 평범한 금광꾼은 성공사례를 보면서 동기부여를 얻는다.

1934년 예순 넘은 노인은 글 한 자 쓸 줄 모르는 사람이다. 그는 강원도 횡성 군청에서 세금을 내지 않아서 경매가 붙은 광산 하나를 3백 50원 주고 산다. 노인은 그곳에 모든 재산을 쏟아 부어 삽질을 시도한다. 노력의 보답으로 연말에 좋은 금맥을 발견한다. 이 땅을 경매에 부쳐 20만원에 낙찰받은 예순 노인은 일약 십만 장자의 반열에 오른다.

이 외에도 간호부, 전화교환수를 전전하다 금광을 발견하고 부자가 된 8남매의 엄마가 있다. 이들의 공통점은 '평범함' 이다. 우리와 같은 위치이다. 금광을 발견하기 전에 자신과 같은 처지다. 그런데 금광을 발견하고 일약 십만 장자의 반열에 오른다. 이런 성공사례는 금광열풍에 불을 지피기 충분하다.

그중 최창학이라는 인물을 보자. 그는 1910년에 금을 찾아 나선다. 이때는 금광열풍이 불기 전이다. 이 사람은 금광에 목숨 걸었다. 1919년 3·1운동이 벌어지는데 자신은 금광을 캔다. 그에게 민족독립보다 황금이 우선이다. 10년 동안 허탕만 쳤으니 그 심정 오죽하겠는가? 그만큼 금광꾼은 어려운 일이다. 희망 하나를 갖고 버텨야 한다. 조악동 산기슭을 가득 채운 백 명의 금광꾼은 하나둘 포기하고 결국 최창학만 남는다.

1932년, 금광꾼 생활 22년째다. 승부를 봐야 한다. 여기서 멈추면 죽도 밥도 안 된다. 최창학은 모든 사람이 포기하고 돌아간 조악동에 홀로 남아서 죽어라고 바위를 깬다. 이게 제일 무섭다. 미래가 보이지 않을 때, 가장 열심히 무언가를 하지만 앞이 보이지 않을 때 제일 막막하다. 희망을 안고 바위를 깨지만 나오는 건 돌멩이뿐이다. 그런데 최창학의 근성도 대단하다. 매일 허탕쳐도 다음 날 다시 바위를 깬다.

그런데 오늘 아침, 뭔가 느낌이 다르다. 한 분야에 오래 종사한 사람만 가질 수 있는 '감'이다. 최창학은 흥분한 상태로 망치질을 시작한다.

툭

툭

툭

쨍!

조악동 돌산에 조선 최대 금맥이 발견된다. 1924년 서른다섯 최창학의 금광개발은 시작 1년 만에 조선 최고 금광이 된다. 또 4~5년 후에는 미국인 소유 운산금광과 프랑스인 소유 창성 대유동금광과 함께 조선을 대표하는 3대

금광 반열에 오른다.

최창학은 금광이 가장 풍부한 광구만 직접 경영하고, 나머지 광구는 분광업자에게 구역에 해당하는 착수금을 받고 채광을 허락한다.

최창학의 착수금은 정말 비싸다. 30×30m: 1백 평 남짓한 넓이를 6개월간 개발권을 얻으려면 최하 20원에서 최고 8만원까지 달한다. 더 놀라운 건 이런 거금을 주고도 이익을 남길 정도로 최창학의 금광은 말 그대로 황금광이다.

하지만 1941년 태평양 전쟁, 1945년 조선 해방으로 일본을 통해 거래하는 금은 유통경로를 잃는다. 최창학은 위기에서 살아남기 위해 독립운동가 김구에게 2백 90평짜리 약옥, 죽첨장을 바친다. 최창학은 1924년에 독립자금을 요청하는 김구의 부탁을 거절한 적 있다. 자신을 보호해주는 일본이 사라졌으니 최창학은 김구에게 충성심을 보여야 한다. 그런데 공교롭게도 5년 후 이곳에서 김구는 안두희의 총에 암살당한다.

너무 티 나게 김구를 지원한 최창학은 이승만 정부에게 찍혀서 2년간 검찰청과 법정을 오가면서 괴롭힘을 당한다.

금광열풍은 어디서 왔는가?

'황금광 시대' 라는 책을 보면 일본은 1930년대 심각한 금 유실로 신용 경색 위기에 몰린다. 전 세계가 금본위제가 정지되면서 금을 수입하는 유통경로가 막힌다. 또 만주사변 이후 처리문제를 둘러싼 국제여론은 일본에 불리하게 돌아간다.

당시 일본 권력을 장악한 세력은 '군대' 다. 이들은 국제연맹에서 탈퇴하고 영국, 미국과 전쟁을 시작하려 한다.

　그런데 전쟁을 치르려면 유사시에도 효험을 발휘하는 국제 통화인 금 확보가 절실하다. 하지만 상황이 만만치 않다. 금을 쌓아두고 있는 나라는 모조리 금 수출을 금지하고 있다. 남은 방법은 하나다. 땅을 파서 금을 찾아야 한다.

　일본은 돈으로 국민의 환심을 산다. 금 채굴을 위한 보조금을 지급하고, 생산된 금을 높은 가격에 사들인다. 세계경제대공황속에 모든 물가가 떨어지는데 금 가격만 상승한 이유가 여기에 있다. 금광 열풍은 일본군대가 전쟁을 준비하기 위한 수단에 불과하다.

나는 억압받고 구속되고 통제받는 걸 싫어한다. 음악을 해서 그런 성향이 생긴 것도 있다. 가장 근본적인 이유는 타고난 성격이다. 어린 시절부터 어른이 정말 싫었다. 소리 지르고, 때리고, 시키는 대로만 하라는 권위주의적 태도, 나는 그 모든 걸 경멸한다.

인간은 자유로워야 한다. 평생 누군가 시키는 대로 사는 톱니바퀴 부품이 아니다.

이렇게 반항적인 성향 때문에 군대에서 정말 힘들었다. 말도 통제하고, 행동도 규격화하고, 머리를 빡빡 밀고 같은 행동을 해야 하는 게 아직도 이해가 안 된다. 나는 그냥 넘어가는 걸 싫어한다. 굳이 이유를 묻고 질문한다. 그래서 선임에게 많이 혼났다.

군대를 다녀온 사람은 누구나 공감한다. 1억을 줘도 다시 가고 싶지 않은 곳이다. 시간이 흐르면서 군대도 많이 나아졌다고 한다. 그러나 군대는 여전히 군대다. 상사 명령에 복종해야 하고, 감정을 제거하고 기계처럼 명령을 수행한다. 이게 군대다. 평범한 사람도, 선량한 사람도 간부가 되면 군대 통치 방식에 물들어서 독재자로 변한다. 군대는 사람을 개조하는 곳이다.

이렇게 딱딱하고 규격화 된 정신을 가진 군인이 나라를 통치하면 어떻게 될까? 군인이 예술을 판단하고, 통제하고, 심의규정을 매기면 어떻게 될까? 문화 후진국이 된다. 실제로 박정희 정권은 말도 안 되는 이유를 대면서 대중음악을 통제한다. 이때가 금지곡이 가장 많이 양성된 시기다. 그 결과 한국 음악은 한 단계 퇴보한다.

군사정권은 성실, 근면을 강조한다. 그런 사람에게 예술, 낭만, 자유, 반항을 갈망하는 청년문화는 곱게 보이지 않는다. 경제개발의 불필요한 인력일 뿐이다. 청년을 낭만과 자유에 물들이지 않고 성실한 기계로 만들려면 어떻게 해야 할까? 문화를 통제하면 된다. 그게 장발단속, 복장검사, 금지곡이다.

박정희는 1971년 4, 27대선과 1971년 5, 25 총선에서 고전한다. 이제 정상적인 방법으로는 재집권할 수 없다고 판단한다.

1972년 10월 17일 박정희 대통령은 비상계엄을 선포한다. 헌법의 일부 조항을 정지하고 국가 발전에 적합한 개혁을 하겠다는 '대통령 특별선언'을 발표한다.

"급변하는 국제 정세와 남북 관계, 국내 정치 상황에 효과적이고 능동적으로 대처하기 위해서는 일대 개혁이 필요하다. 한국적 민주주의를 토착화할 그 개혁의 내용은 정상적인 방법으로는 오히려 혼란만 부추길 뿐이다. 따라서 부득이하게 '약 2개월간 헌법 일부의 효력을 중지시키는 비상조치'를 취하지 않을 수 없다. 국회를 해산하고, 정당과 정치 활동을 금지한다. 그동안 비상 국무회의가 정지된 헌법의 기능을 담당할 것이다."

중앙청 앞에 탱크가 등장한다. 전국에 비상계엄령이 내려지고 국회는 해산된다. 모든 정당의 정치활동이 중단된다. 12월 15일, 대통령을 뽑을 권한을 갖는 '통일주체국민회의' 대의원 선거가 치러진다. 12월 23일, 장충체육관에서 2,359명의 의원이 모여 통일주체국민회의가 열린다. 단독 출마한 박정희는 99.99%의 지지율로 당선된다.

유신체제는 완벽한 1인 독재다. 대통령 혼자 다 한다. 그는 모든 법을 바꿀 수 있는 권한을 가진다. '선거제도'도 바꿀 수 있다. 북한 1인 체제가 남한에서 실행된다.

유신체제는 지도자 1인이 이끄는 권력에 대해 개인과 사회의 일체화를 요구한다. 불신이나 반감을 조장할 수 있는 대중매체는 모조리 통제한다. 뉴스, 신문, 잡지를 통해 대통령에게 유리한 기사만 쓰도록 요구한다. 대중가요도 그중 하나다.

박정희 정권은 1975년 긴급조치 9호를 발표한다. '공연 활동과 대중음악 정화'라는 핑계로 예술 심의를 강화한다. 외래 풍을 무분별하게 도입한 노래, 패배, 자학, 비관적인 내용, 퇴폐적인 노래는 무조건 퇴출 대상이다. 시키는 것만 할 줄 알고 음악에 미개한 군사정권과 공연윤리위원회는 황당한 이유로 금지곡을 선정한다.

가수 김추자의 노래 '거짓말이야'의 가사다.

거짓말이야
거짓말이야 거짓말이야 거짓말이야 거짓말이야~
사랑도 거짓말 웃음도 거짓말

이 노래는 불신감을 조장한다는 이유로 금지한다. 도대체 어떤 불신감을 조장할까? 1971년 박정희는 대통령 선거유세에서 이렇게 말한다.

"나를 대통령으로 한 번 더 뽑아주십시오. 하는 이런 정치연설은 오늘 이 기회가 마지막 연설이 될 것이라는 것을 확실히 말씀드립니다."

마지막이라던 박정희는 1년 후 장기집권을 시작한다. 그에게 김추자의 노래 〈거짓말이야〉는 불신조장의 대상이다.

키다리 미스터 김은 싱겁게 키는 크지만
그래도 미스터 김은 마음씨 그만이에요

이금희의 〈키다리 미스터 김〉이다. 이 노래는 1년간 방송 정지당한다. 방송 관계자가 키 작은 대통령을 의식해 알아서 금지한다.

야간통행금지를 아는가? 밤 12시부터 새벽 4시까지 밖을 돌아다니지 못한다. 치안유지를 목적으로 하는 제도다. '불타는 금요일이다. 주말이다' 하면서 새벽까지 술 마시는 청춘은 이 제도가 사라진 걸 감사해야 한다.

배호라는 가수는 '0시의 이별'이라는 노래를 발표한다. 군사정권은 통행금지시간인 0시에 무슨 이별이냐? 며 노래를 금지한다.

1970년대에 20대 문화는 장발, 미니스커트, 청바지, 통기타가 분류된다. 장발은 영국 락밴드 비틀스의 몹(mob)헤어스타일이 그 토대다. 쉽게 말해서 더벅머리다.

미니스커트는 귀국한 가수 윤복희가 처음 입고 무대에 오르면서 시작된다. 최초에 미니스커트는 어린아이가 입는 옷이라며 비웃음의 대상이 된다. 그러다가 젊은 여성 사이에 조금씩 유행하면서 스커트 길이가 점점 짧아진다.

1970년대 한국은 포크음악에 강력한 영향을 받는다. 원래 포크음악은 민중의 고단한 삶, 일상을 노래하는 음악이다. 포크음악의 대부 '밥 딜런'의 스승 '우디 거스리'도 그런 사람이다. 그런데 포크음악과 전쟁이 만나면 이야기는 달라진다.

1964년 미국은 베트남 전쟁에 참전한다. 그 결과 히피를 중심으로 사랑, 평화, 저항을 외치는 반전 운동이 일어난다. 그리고 포크음악도 사회적이고 정치적인 색을 띤다. 포크음악은 기성세대의 정치가 마음에 들지 않고 반항하고 싶은 청춘의 열망을 대변한다.

포크음악은 투박하고 솔직하다. 청바지를 입고 통기타를 연주하면서 노래한다. 대중과 차원이 다른 문화가 아닌, 눈앞에 대중과 함께 호흡하는 문화다. 이런 소박함과 질박함 덕분에 통기타와 청바지는 청년 세대에 빠르게 퍼진다.

포크음악의 등장으로 한국은 통기타 붐이 일어난다, '기타 못 치면 간첩'이라는 말, 기타 제조회사가 생산량을 14배 늘렸다는 사실이 그 영향력을 말해준다.

군사정권이 좋아하는 건 통제, 복종, 순응이다. 싫어하는 건 자유, 반항, 혁명이다. 젊은이를 자유롭게 놓아주면 말을 듣지 않는다. 그래서 문화를 억압하기 시작한다.

청량리역에 경찰이 대기해서 놀러 가는 젊은이의 통기타를 모조리 압수한다. 소란과 무질서를 불러올 수 있다는 이유다.

젊은이가 자주 가는 번화가는 경찰이 장발 단속을 한다. 뒷머리가 셔츠에 닿지 말아야 하고 옆머리는 귀를 덮으면 안 된다. 규정을 어기면 죄다 이발소로 끌고 가서 바리캉으로 밀어버린다.

치마는 무릎 위 17cm 이상 올라가면 안 된다. 경찰은 30cm 자를 들고 젊은 여성의 치마 길이를 측정한다. 군사정권에서 나올 수 있는 억압적인 사고방식이다.

심각한 문제는 아직도 학교에서 두발과 치마길이를 단속한다는 점이다. 내가 중학교, 고등학교에 다닐 때 학생 주임은 죄다 유신체제를 경험한 사람이다. 자신이 경험한 부조리를 끊지 않고 학교에서 다시 시행한다. '우리가 당했으니 너희도 당해봐라?' 이건가? 내가 다닌 고등학교는 학생주임이 수업시간에 교실로 들어와서 바리캉으로 옆머리와 뒷머리를 밀어버린다. 자신이 젊은 시절에 당했던 부조리를 학생에게 그대로 시행한다. 의식 수준이 낮으면 이런 일이 발생한다.

그러나 하지 말라고하면 하고 싶고, 억압할수록 분출하는 게 청춘이다. 한대수, 송창식, 김민기, 양희은, 윤형주, 서유석, 양병집, 박인희, 이연실은 한국 포크음악의 붐을 불러온다. 청년의 저항정신은 커지고 군사정권의 통제도 심해진다.

1975년 영화 바보들의 행진에 나오는 장면이다. 번화가를 걷는 장발 청년 두 명이 경찰에게 걸린다. 두 청년은 경찰을 무시하고 냅다 달린다. 이때 울려 퍼지는 노래가 송창식의 〈왜 불러〉다.

왜 불러~ 왜 불러~ 돌아서서 가는 사람을 왜 불러~

장발 단속하는 경찰을 피해서 도망가는 두 청년, 그들을 쫓는 경찰, 왜 불러~ 라는 배경음악, 이 노래는 방송 부적격으로 금지한다.

아아아……. 아아아……. 아아아……. 아아아…….
물 좀 주소, 물 좀 주소, 목 마르요, 물 좀 주소

한 대수 노래 〈물 좀 주소〉는 가사가 물고문을 연상하게 한다고 금지한다. 물고문으로 많은 사람을 괴롭힌 군사정권이 스스로 찔리는 모양이다.

자~ 떠나자~ 동해 바다로

신화처럼 숨을 쉬는 고래 잡으러~

송창식의 노래 〈고래사냥〉이다. 왜 금지됐는지 감이 오는가? '고래'가 누구를 뜻 하냐는 이유다.

박정희 정권 하면 '새마을 운동'이다. 전 국민이 근면, 자조를 앞세워 '잘살아 보세' 하는 운동이다. 일종의 강제적 자기계발이다. 성실해지려면 무엇을 멀리해야 하는가? 술이다.

마시자~ 한 잔의 술 마시자~ 한 잔의 추억

이장희의 노래 〈한 잔의 술〉은 새마을 운동의 사기를 떨어뜨린다는 이유로 금지한다.

새마을 운동은 강제적인 자기계발이다. 대중매체를 동원해서 서민에게 동기부여를 해야 한다. 맨땅을 딛고 개척하려면 부정적인 생각은 버려야 한다. 무조건 긍정적인 생각을 주입해야 한다.

안녕~ 안녕~ 목 매인 그 한 마디

이루어질 수 없는 사랑이었기에

양희은의 노래 〈이루어질 수 없는 사랑〉은 '사랑이 왜 이루어질 수 없느냐? 부정적이다'는 이유로 금지한다.

한 번 보고 두 번 보고 자꾸만 보고 싶네.

신중현과 엽전들의 노래 〈미인〉이다. 당시 박정희는 영구집권을 위해 헌법까지 뜯어고친다. 젊은이는 그를 풍자하는 뜻으로 노랫말을 '한 번 하고 두 번 하고 자꾸만 하고 싶네.'로 바꿔 부른다. 당연히 금지곡이다.

그건 너~ 그건 너~ 바로 너 때문이야

이장희의 노래 〈그건 너〉다. 이 노래는 전국적으로 인기를 얻는다. 왜 금지하겠는가? 군사정권 때문에 국민은 힘들다. 그런데 이장희가 그건 너~ 바로 너 때문이야 라고 젊은이를 대변한다. 그래서 금지한다.

태양은 묘지 위에 붉게 떠오르고
한 낮에 찌는 더위는 나의 시련 일지여~
나 이제 가노라 저 거친 광야에~
서러움 모두 버리고 나 이제 가노라~

김민기가 만들고 양희은이 부른 〈아침이슬〉이다. '태양은 묘지 위에 붉게 떠오르고.' 군사정권에 이 가사가 북한을 떠올리는 모양이다. 그래서 금지한다. 그런데 이 곡은 유신체제에 저항하는 젊은이가 가장 많이 부르는 노래가 됐다.

아아, 나는 살겠소. 태양만 비친다면
밤과 하늘과 바람 안에서

비와 천둥의 소리 이겨 춤을 추겠네.

나는 행복의 나라로 갈 테야

한 대수의 〈행복의 나라로〉이다. 군사정권은 그러면 지금은 행복하지 않다는 말이냐? 행복의 나라는 북한이냐? 저속하다. 불신을 조장한다. 는 이유로 금지한다.

절대 행복하지 않다. 자유를 억압하고 통제하는데 누가 행복한가? 공장 노동자는 저임금에 시달리고 최악의 대우를 받는다. 노동 운동가 전태일의 분신 자살사건도 이때 발생한다. 누가 행복하겠는가? 상위 1퍼센트만 행복하다. 자유와 억압, 최소한의 권리를 빼앗고 경제개발에만 집중한 게 이 시대다. 누가 행복하겠는가? 경제학자의 눈으로 봐야 행복한 시대다.

군사정권은 결과적으로 예술인의 창작 의욕, 자유, 발전을 더디게 만든 주범이다. 이렇게 단속이 심해지자 음악가의 창작욕도 시들어간다. 70년대 중반부터 후반이 그렇다.

그런데 80년대 갑자기 4인조 록 그룹 들국화가 〈그것만이 내 세상〉을 들고 대중 앞에 나타난다. 모든 게 다운되고 주춤거리는 청춘에게 들국화의 노래는 한 줄기 빛이다.

하지만 후회 없지~ 울며 웃던 모든 꿈

그것만이 내 세상

하지만 후회 없어~ 찾아 헤맨 모든 꿈

그것만이 내 세상

그것만이 내 세상~

청년문화를 대변할 수 있는 노래가 다시 등장한다. 그러나 이 노래도 가사 전달이 안 되고 창법이 미흡하다는 이유로 금지된다.

들국화는 음악과 자유를 억압하고 통제하는 사회가 유치하고 촌스러워서 노래 한 곡을 만든다.

제발 그만해 둬, 나는 너의 인형은 아니잖니 너도 알잖니

다시 생각해 봐 눈을 들어 내 얼굴을 다시 봐 나는 외로워

난 네가 바라듯 완전하질 못해 한낱 외로운 사람일 뿐이야~

제발~ 숨 막혀 인형이 되긴 제발 목말라~

마음 열어 사랑을 해줘~

두 바퀴로 가는 자동차 네 바퀴로 가는 자

전거

물속으로 나는 비행기 하늘로 뜨는 돛단배

복잡하고 아리송한 세상 위로 오늘도 애드벌룬 떠 있건만

포수에게 잡혀 온 잉어만이 한숨을 내 쉰다

시퍼렇게 멍이 들은 태양 시뻘겋게 물이든 달빛

한겨울에 수영복 장수 한여름에 털장갑 장수

복잡하고 아리송한 세상 위로 오늘도 애드벌룬 떠 있건만

태공에게 잡혀온 참새만이 눈물을 삼킨다.

남자처럼 머리 깎은 여자 여자처럼 머리 긴 남자

백화점에서 쌀을 사는 사람 시장에서 구두 사는 사람

복잡하고 아리송한 세상 위로 오늘도 애드벌룬 떠 있건만

땅꾼에게 잡혀 온 독사만이 긴 혀를 내민다

가수 양병집의 노래 '역'이다. 가사를 보면 말도 안 된다. 비행기가 물속으로 나는가? 포수가 잉어를 잡는가? 한겨울에 수영복을 파는가? 태공이 참새를 잡는가? 말이 안 된다. 그렇다. 이 노래는 말도 안 되는 사회 현상을 풍자하는 노래다. 비상식적인 일이 상식이 되고, 상식적인 일이 비상식적인 일이 되는 시대.

무등산 타잔 박흥숙 사건은 우리 사회 최하층의 절규를 보여준다. 나는 어려운 말도 할 줄 모르고 머리가 비상한 사람도 아니다. 하지만 도덕적으로 무엇을 해야 하고 하지 않아야 하는지 안다. 세상에는 암묵적으로 지켜지는 예의가 있다. 절대 해서는 안 되는 행동이 있다. 그런데 소수는 그걸 무시한다. 그 결과 21살 청년은 살인자가 됐고 결국 사형 당한다. 박흥숙은 백번 죽어도 사죄할 길이 없다며 사형당하는 날까지 자신이 저지른 잘못을 인정한다. 하지만 국가에는 날카로운 직언을 날린다.

"당국에서는 아무런 대책도 없으면서도 그 추운 겨울에 꼬박꼬박 계고장을 내어 이에 응하지 않았다고 마을 사람을 개 취급했고, 집을 부숴버리는 것까지는 좋았는데 당장 올데갈 데 없는 우리에게 불까지 질러, 돈이며 천장에 꽂아두었던 봄에 뿌릴 씨앗 등이 깡그리 타버리고 말았다. (중략) 하물며 당국에서까지 이처럼 천대와 멸시를 받아야 하는 우리에게 누가 달갑게 방 한 칸 내줄 수 있겠는가? (중략) 옛말에도 있듯이 태산은 한 줌의 흙도 거부하지 않았으며 대하 또한 한 방울의 물도 거부하지 않았다고 하지 않는가? 세상에 돈 많고 부유한 사람만이 이 나라의 국민이고, 죄 없이 가난에 떨어야 하는 사람들은 모두가 이 나라의 국민이 아니란 말인가?"[13]

1970년대는 수출, 경제개발, 근대화시대다. 경제가 발전한 만큼 빈부 격차도 증가한다. 사회계층 꼭대기와 밑바닥의 격차가 점점 커지는 시기다. 한 노인은 현대를 사는 우리에게 불쌍하다고 한다. 적어도 자신이 젊었을 때는 가난해도 서로 나누고 도와주면서 살았다고 한다. 그런데 요즘 세상을 보면 사는 건 나아졌지만, 빈부 격차가 더욱 심하고 이웃의 두터운 정을 잃었다고 한다. 오로지 성장, 성공만을 달려가는 기계 같다고 표현한다.

대한민국의 현주소를 그대로 보여주는 통찰력이다.

박정희 정권이 추진한 개혁은 경제발전과 외형적 성장이다. 그 과정에서 인간은 뒤로 밀려난다. '새마을 운동, 잘살아 보세' 근대화를 갈망하는 강제적 자기계발을 울부짖어도 혜택은 거대기업과 기업주, 노동주에게 돌아간다. 뼈가 부서지도록 노력한 서민과 하층민은 기득권 세력의 억압과 착취 대상일 뿐이다.

인간은 높은 곳에 있으면 낮은 곳을 신경 쓰지 않는다. 그래서 '대의를 위한 소수의 희생'이라는 폭력적인 논리가 탄생한다. 만약 그 희생자가 자기 자신이라면? 자기 자식이라면 그렇게 할 수 있을까? 못한다. 그런데 왜 '대의를 위한 소수의 희생'이라는 논리가 탄생할까? 사회적 약자에 대한 공감 능력을 상실했기 때문이다.

대중이 시대를 사는 방법은 두 가지다. 사회에 순응하거나 저항한다. 그런데 저항은 잘못된 방법으로 나타나기도 한다. 그래서 21살 청년이 살인자가 됐다.

박흥숙은 1956년 전남 영광군 군서면에서 가난한 농부의 둘째 아들로 태어난다. 가족은 구멍가게를 하면서 생계를 유지한다. 하지만 아버지는 지독한 폐결핵 때문에 박흥숙이 6학년이 되던 해 죽는다. 같은 해에 형도 세상을 떠난다. 남은 식구는 박흥숙, 외할머니, 어머니, 남동생 둘, 여동생. 여섯 식구다.

박홍숙의 초등학교 기록은 이렇다. '머리가 비상하게 좋고 가정형편으로 고민하나 자립하려고 노력한다.' '마음이 착하고 남에게 동정받지 않으려 하고 혼자 자립하려 든다.'

초등학생이 가정형편을 걱정하고 그 모습을 타인에게 들킨다면 상당히 심각한 수준이다.

박홍숙은 중학교에 수석 합격할 정도로 인재다. 하지만 가난 때문에 교과서를 팔아서 광주로 간다. 그의 일기를 보면 당시 처참한 심정이 그대로 나타난다.

"합격자 발표 날 가보았더니 정말로 꿈에 그리던 1등 합격이었다. 실력이 나만 못한 애들도 교복을 맞추고 야단인데 우리 집안은 가난하여 그야말로 풍전등화다."

15세에 꿈 많은 소년은 어린 시절부터 가난이 무엇인지 온몸으로 겪는다. 박홍숙은 생계유지를 위해 철공소 점원, 열쇠수리공을 전전한다.

당시에 농촌은 엄청난 타격을 입는다. 박정희 정권은 수출을 위해 저임금 정책을 펼친다. 이걸 유지하려면 저곡가 정책이 필요하다. 그 결과 농촌이 몰락하기 시작한다. 이후에 시작된 중화학, 공업 우선 정책은 경차를 더욱 벌여놓는다. 그래서 박홍숙 가족처럼 가난을 벗어나고자 농촌에서 도시로 상경하는 사람이 급증한다. 이 과정에서 엄청난 도시 빈민층이 발생한다. 이들은 일자리를 구하기 쉬운 청계천 하천과 야산에 자리 잡는다. 그런데 이곳은 법적인 매매계약이 이루어진 곳이 아니다. 조폭이 관리한다. 빈민운동가 이철용 씨의 증언을 보자.

"정식으로 매매계약이 이루어진 게 아니라 동네 건달들이 말뚝 박아 놓고 '야, 이거 십만원에 사, 얼마에 사!' 이런 식으로 해 가지고 권리용으로 다 산

겁니다.

처음에는 비닐하우스 움막집을 치다가요. 행정단속을 하니까 그걸 피해서 블록을 짓고, 이렇게 해서 판자촌과 산동네가 시작된 겁니다."

판자촌이 무허가니까 나라는 그들을 신경 쓰지 않는다. 박정희 정권의 저임금 수출 중심은 싼 가격에 노동력을 제공하는 빈민이었는데도 말이다.

박흥숙 가족은 무등산 덕산골에 자리 잡는다. 판자촌도 구하지 못하는 빈민의 마지막 주거지다. 하지만 시내가 멀어서 하루 먹고 살기도 어렵다. 15살 박흥숙은 야산에 집을 짓다가 영양실조로 쓰러진 적도 있다. 당시에 그와 대화를 나눈 이웃은 이렇게 상황을 회상한다.

"흙 범벅이 되어 누워있어 밥 한 그릇 가져다줬다. 끼니를 거르며 칡뿌리나 산나물을 캐 먹으며 집을 지었다."

15살 어린 아이가 감당하기에 너무나 커다란 삶의 무게다. 실질적으로 가족을 먹여 살려야 하는 건 박흥숙이다. 공부보다 생계유지에 집중해야 한다. 가난 때문에 교과서를 팔아야 하는 그가 중학교를 수석 합격할 정도로 인재라는게 정말 슬프다.

이웃은 박흥숙이 집을 짓는 과정을 이렇게 증언한다.

"흙으로 해 가지고, 돌로 해 가지고 그냥 지붕은 양철 헌 놈, 고물상에서 사다가 지었어요. 부엌 하나, 방 하나, 불 때는 것은 나무 가지고 했으니까. 벽지 살 돈도 없었죠. 신문 같은 거 주워 다가 바르고, 밀가루 부대 같은 거"

박흥숙은 움막집에서 호롱불을 켜고 공부한다. 15살 박흥숙은 의학서를 해독할 만큼 공부에 탁월한 재능을 보인다. 중학교 검정고시에 합격하고 사법고시를 준비한다. 여동생은 오빠가 공부할 시간이 없으면 목걸이에 메모지를 걸어서 공부할 정도였다고 한다.

보통 성공담을 보면 가난하고 어렵게 살아온 사람이 불굴의 의지로 노력해서 성공을 이뤄낸다. 그는 과거를 회상하며 눈물을 흘리고 청년에게 희망 메시지를 전달한다. 이런 사람을 보는 우리는 엄청난 희망과 용기를 얻는다.

하지만 박흥숙의 사례에서 보듯이 가난하지만 노력한 자가 반드시 성공하는 건 아니다. 우리가 보는 성공사례는 가난한 사람 100명 중에 10명 아니 2명 정도에 불과하다. 가난을 이기지 못하고 국가의 폭력에 시달리다가 죽는 사람도 있다. 내가 왜 이런 이야기를 하느냐면 균형 잡힌 시각이 중요하다. 자기계발은 완전히 개인에게 집중한다. 사회 부조리는 완전히 잊혀진다. 자기 자신만 노력하고 생생하게 꿈 꾸면 성공할 수 있다는 논리다. 개천에서 용이 날수록 사회가 개선하고 개혁해야 할 부분이 모조리 개인에게 씌워진다. '내가 노력하지 않았다.' 라는 무서운 자기합리화를 한다. 사회와 성공에 대한 균형 잡힌 시각을 갖춰야 이런 함정에서 벗어날 수 있다.

사람은 시대를 잘 만나야 한다. 박흥숙은 산에 움막을 짓고 공부할 만큼 열정적인 인물이다. 하지만 시대를 잘못 만났다.

박정희 정권은 도시미관을 해친다는 이유로 판자촌 집단철거를 시작한다. 그런데 이주대책을 전혀 세우지 않는다. 빈민은 국가 폭력에 속수무책으로 당한다. 박흥숙 가족의 보금자리 무등산은 도립 공원으로 지정된다. 또 이동하는 케이블카 가시거리에 있는 무허가 움막은 모조리 철거 대상이다. 광주시는 박흥숙 가족에게 철거 계고장을 발부한다. 하지만 이주계획이 전혀 세워지지 않는다. 갈 곳이 없는 박흥숙 가족은 이사 날짜를 미루고 또 미룬다.

이런 예를 들어보자. 당신이 사는 곳은 재개발 지역이다. 그런데 아무런 이주계획도 없이 강제로 철거한다. 어떻게 생각하는가? 이렇게 비상식적인 일이 우리 사회에 일어났다.

1977년 4월 20 오후 2시, 사건이 시작된다. 철거반원은 박흥숙 집에 불을 지른다. 불길이 집을 덮치자 박흥숙 어머니는 집으로 뛰어들려고 한다. 새로운 집을 마련하려고 자식 몰래 모아둔 거금 30만원 때문이다. 엄마가 입지 않고 먹지 않고 모은 돈이 순식간에 잿더미가 된다. 그 모습을 지켜보는 자식의 마음은 어떨까? 철거반원이 불을 지르지 않았다면 사건이 커지지 않았을 수 있다. 보통 철거는 집을 때려 부수지, 불 지르지 않는다. 당시에 광주시 동구청에서 철거 업무를 담당한 이재수 씨도 "자신이 사는 집이 불이 났어도 눈이 뒤집힐 판국인데, 불을 질렀다는 것은 현지에서는 제가 안 했지만, 우리가 했던 절차가 잘못됐다."고 말한다.

박흥숙 집을 불태운 철거반원은 더 위로 올라간다. 그 곳은 몸이 불편하고 건강이 나쁜 할아버지 할머니가 있다. 순간 박흥숙의 눈은 뒤집히고 들짐승을 쫓는 화약 딱총을 공중에 발포한다. 소리를 들은 두 명의 철거반은 도망가고 남은 철거반은 다섯 명, 박흥숙은 철거반원을 서로 묶게 한다. 그리고 광주 시장에게 가서 따지자고 한다. 그 말을 듣자 철거반은 강력하게 저항한다. 박흥숙은 철거반원 머리에 작업용 쇠망치를 휘두른다. 네 명의 철거반이 죽고 한 명은 중상을 입는다. 박흥숙은 체포 당한다.

그런데 언론은 경제개발 그날에 가려진 빈민의 삶, 살인사건이 일어난 시대적 배경을 전혀 설명하지 않는다. 사건을 완벽하게 왜곡한다.

박흥숙은 공부만 하다가 건강이 나빠지는 걸 염려해서 무등산에서 수련한다. 그의 몸은 근육으로 가득하고 산을 날아다닐 만큼 날렵한 몸짓을 자랑한다. 언론은 이 부분을 이용해서 사건을 왜곡하고 박흥숙을 사이코로 몰아간다. 당시 신문을 보면 "뻔뻔하게 태연하다. 때때로 웃음을 터뜨린다.", "무등산 타잔이다.", "칼 던지기를 연마한다.", "독기 품은 얼굴에 잔인한 미소가 있다.", "이소룡에게 지지 않는다.", "평소에 뒤틀린 영웅 심리가 잠재해 있을 것이다." 이런 식으로 박흥숙을 사이코로 만든다. 또 그가 공부방을 만들려고 파 놓은 60센티의 구덩이는 철거반원을 생매장하기 위한 구덩이로 둔갑한다.

왜 이럴까? 공정하고 정확해야 할 대중매체가 왜 사건을 왜곡할까? 외압 때문이다. 전두환 정권 때 모든 대중매체가 그를 찬양하는 방향으로 고개를 돌린 것도 같은 이치다.

당시 전남매일 기자이자 한겨레신문 편집국 사회부 국장 박화강 씨는 "시청에서 고위관료가 찾아와서 기자 옆에 붙어서 '불'이라는 단어를 쓰지 말아 달라고 요구했다."고 증언한다.

결국 이 사건은 사이코 청년과 철거반원 사이에 일어난 우발적인 범죄가 됐다. 꿈 많고, 재능 많은 청년 박흥숙은 1980년 12월 24일, 24살의 꽃다운 나이에 형장의 이슬로 사라진다.

이 사건은 박흥숙과 철거민 사이에 일어난 문제가 아니다. 좀 더 깊은 어둠이 개입되어 있다. 박흥숙이 사람을 죽인 건 백 번 잘못한 일이다. 철거민도 상부에서 시키는 대로 일하고 돈을 받는 사람이다. 그렇다면 이 사건에 대해 누가 책임을 져야 하는가? 결정권자다. 철거반원에게 불을 지르라고 지시한 사람이다. 더 나아가서 판자촌이 강제 철거되는 상황을 만든 권력자다.

당시 두 명의 철거원 생존자 중 한 명은 훗날 이렇게 단서를 제공한다.

"철거하고 소각하고, 잔재물을 정리하라는 것까지 다 상부의 지시가 있었어요. 시, 군청에서 이렇게 철거하고 소각한 뒤 보고하라는 공문이 내려왔어요."

하지만 아무도 사건에 책임지지 않는다. 당시에 근무하던 시, 군청 관계자는 입을 굳게 다문다. 사건에는 두 명의 작은 피해자와 한 명의 거대한 가해

자가 있다. 하지만 거대한 가해자는 언론에서 일절 다루지 않고 사건의 피해자인 박흥숙과 철거반만 다룬다.

경영컨설턴트 찰스 핸디는 "누군가의 거대한 톱니바퀴로 머물 수 없다. 삶은 그 이상의 무엇이어야 한다."라면서 성과, 물질주의에 집착하는 사회를 비판한다. 그런데 텍스트만 바꾸면 이 사건에 적용할 수 있다. 박흥숙과 철거반은 누군가의 거대한 톱니바퀴를 위한 부품이다. 톱니바퀴 부품이 낡으면 새로 갈아야 한다. 청계천 판자촌 주민과 박흥숙 가족을 포함한 무등산 움막집 주민은 낡은 부품이자 대체대상이다. 그리고 낡은 부품을 갈아버리기 위해 또 다른 부품인 철거반원을 투입한다. 두 개의 부품은 거대한 톱니바퀴를 위한 희생양이 됐다. 같은 하늘아래 인생은 참 불공평하다.

박흥숙의 움막집이 불타던 그해 12월 22일, 대한민국은 수출 100억 달러 달성기념 축제를 벌인다.

"사내들은 황급히 내 입을 틀어막았다. 나는 옆방으로 끌려 들어갔다. 그들은 그 방을 미리 빌려놓은 듯했다. 내가 반항하자 무릎뼈 발로 차고 턱을 쳤다. 사람 때리는 기술자 같았다. 어떻게 손을 써 보지도 못하고 제압당했다. 그들은 나를 침대 위에 팽개치더니 손수건을 코에 대고 눌렀다. 순간 마취제일 것이라는 생각이 뇌리를 스쳤다. 한순간 정신을 잃었다가 다시 깨었다. 의식이 몽롱했다. 내가 깨어난 것을 보면 마취제가 독하지 않았던 모양이다. 아니면 내가 마취약이 잘 안 듣는 체질인지도 몰랐다.

'조용히 해, 말 안 들으면 죽여 버리겠다.'

유창한 한국말이었다. 나는 순간 '큰일이 벌어지고 있구나. 이러다 죽을 수도 있겠구나.' 하고 생각했다. 머릿속에서 빨간불이 홱 지나갔다. 정신은 가물가물했지만, 의식을 잃은 것처럼 일부러 축 늘어져 꼼짝하지 않았다. 얼마나 지났을까, 사내들은 방문을 열고 복도를 살피더니 나를 양쪽에서 끼고 엘리베이터 안으로 끌고 갔다. 힘이 대단했다.

엘리베이터는 17층인가 18층인가에서 멈췄다. 젊은 남자 두 명이 들어왔다. 나는 이때다 싶어 일본말로 고함을 질렀다.

'살인자다. 구해 달라! 살인자다. 구해 달라!'

그러나 두 남자는 다급한 외침에 두려웠는지 7층에서 황급히 내렸다. 그러자 납치범들은 끼고 있던 팔을 옥죄더니 주먹으로 때리고 발로 찼다"[14]

"어떻게 집으로 돌아왔습니까?"

"이야기하자면 깁니다."

1973년 8월 8일 한국 야당지도자이자 대통령 자리를 두고 박정희와 맞붙은 김대중이 납치된다. 그리고 129시간 만에 집으로 돌아온다. 이때 김대중은 40대다.

1962년에 만든 제3공화국 헌법은 대통령 임기는 4년, 1차에 한해 대통령직을 할 수 있다. 1969년 박정희는 헌법을 뜯어고쳐 대통령이 3선 연임할 수 있도록 한다. 그리고 1971년 7대 대통령 선거에 출마한다.

야당 신민당은 40대 기수론에 힘입어 김영삼, 김대중, 이철승이 40대 후보로 나선다. 유력한 후보 당선자는 김영삼이다. 예상대로 1차 투표에서 1위에 오르지만 절반을 넘지 못한다. 그런데 2차 투표에서 반전이 일어난다. 1차 투표에서 2위를 한 김대중이 후보로 당선된다.

젊은 김대중은 패기 있는 목소리로 자신의 포부를 밝히며 선거운동을 시작한다. 박정희는 김대중의 지지율이 올라갈수록 초조함을 느낀다. 그래서 지역감정을 부추기고, 선거 정국을 지역 대결로 몰아간다. 상황이 얼마나 심각했냐면 영남사람은 호남에서 주유를 못 하는 사태가 발생할 정도다.

4월 27일 대통령 선거에서 박정희는 95만 표 차이로 김대중을 누르고 7대 대통령에 당선된다. 그런데 정치 중심지 서울에서 김대중에게 20퍼센트 뒤처진다. 박정희는 경상도에서 몰표를 받았는데 권력이 개입된 결과라는 말이 있다. 그래서 국민의 불만은 커진다. 선거는 자신이 이겼다. 하지만 여론은 김대중에게 열광한다. 박정희는 더는 합법적인 방법으로 대통령직을 하지 못한다는 사실을 깨닫는다.

유신, 독재의 시작

1972년 10월 17일, 박정희는 비상계엄령을 선포하고 국회를 해산한다.

"친애하는 국민 여러분! 나는 우리 조국의 평화와 통일, 그리고 번영을 희구하는 국민 모두의 절실한 염원을 받들어 우리 민족사의 진운을 영예롭게 개척해 나가기 위한 나의 중대한 결심을 국민 여러분 앞에 밝히는 바입니다."

탱크가 중앙청 앞에 등장하고 모든 집회가 금지된다. 대학은 휴교를 내리고 언론과 출판, 방송은 철저한 검열을 받는다. 이렇게 살벌한 분위기 속에 11월 21일 유신헌법 투표를 진행한다. 투표율 91.9퍼센트에 찬성 91퍼센트다. 유신헌법이 탄생한다.

이는 대통령을 통일주체국민회의에서 간접 선거로 선출, 국회의원 3분의 1을 대통령이 추천, 대통령에게 헌법의 효력을 정지할 수 있는 긴급조치권 부여한다. 또 대통령은 국회를 해산할 수 있지만, 국회는 대통령을 탄핵할 수 없다. 대통령이 3권, 위에 군림할 수 있고, 6년 임기에 연임 제한을 철폐하여 '종신 집권'이 가능하다.

이 헌법을 등에 업고 8대 대통령에 단독으로 출마해 11월 30일에 실시한 선거에서 99.99퍼센트 지지율로 당선된다. 박정희는 언제부터 유신 체제를 구상했을까? 최소 7대 대선 기간인 1971년 4월이나 그전이다. 김대중의 대통령 선거 유세를 통해 이 사실을 알 수 있다.

"서울 시민 여러분! 나는 그동안 전국 방방곡곡을 돌아다녔습니다. 지금 전국에서는 모든 국민들이 '이번에야말로 기어이 정권 교체를 이룩하자'고

경상도에서 전라도에서 충청도에서 강원도에서 궐기했습니다. 나는 전국 유세 결과 필승의 신념을 가졌습니다만 오늘 여기 장충단 공원의 백만이 넘는, 대한민국에서 뿐만이 아니라 세계에 그 유례가 없을 이 대군중이 모인 것을 보고, 서울 시민의 함성을 보고 이제야말로 정권 교체는, 우리의 승리는 결정이 났다는 것을 나는 여러분 앞에 말씀드릴 수 있습니다.

여러분! 이번에 정권 교체를 하지 못하면 이 나라는 박정희 씨의 영구 집권의 총통 시대가 오는 것입니다. 공화당은 지난 개헌 때 이미 박정희 씨를 남북통일이 될 때까지 대통령을 시키려고 했으나, 그 당시는 아직 자기 공화당 내부나 야당이나 국민이나 거기까지는 할 수 없어서 못했던 것입니다. 나는 공화당이 그런 계획을 했다는 사실과 이번에 박정희 씨가 승리하면 앞으로는 선거도 없는 영구 집권의 총통 시대가 온다는 데 대한 확고한 증거를 가지고 있습니다."[15]

그러나 김대중은 선거에서 패배한다. 그래도 여전히 박정희에게 위협적인 인물이다. 그를 미행하는 자가 생기고 행동 하나하나를 철저하게 통제 당한다. 언론에서 김대중이라는 이름이 서서히 지워진다. 선거 1년 후 김대중이 우려한 독재가 시작된다. 김대중 아내도 그를 걱정하며 서울에 오지 않는 게 좋겠다고 한다. 김대중 입장에서 절망적인 상황이다. 한국은 이제 박정희 손바닥에 있다. 독재 앞에서 누가 말 한마디 제대로 하겠는가? 군대를 다녀와 본 사람은 안다. 장님, 귀머거리, 봉사로 살아야 한다. 중대장, 대대장의 개혁에 말 한마디 못하고 '예, 예' 라고 할 뿐이다.

김대중은 미국, 일본 같은 해외로 눈을 돌린다. 이곳에서 자유롭게 의사를 피력하고 유신반대 투쟁을 벌인다. 그는 일본에서 유신 쿠데타를 반대하는 성명을 발표한다.

"계엄령에 대하여

박정희 대통령의 이번 조치는 통일을 말하면서 자신의 독재적인 영구 집권을 목표로 하는 놀랄 만한 반민주적 조치이다.

이는 완전한 헌법 위반 행위인 동시에 한국 내에서 민주 역량의 성장을 통해 북한과 대결하는 입장에서 하루속히 조국 통일을 성취시키려는 국민의 염원을 무참하게 짓밟은 것과 다름없다.

나는 박 대통령의 행위가 세계의 여론으로부터 준엄한 비판을 받는 동시에 민주적 자유를 열망하면서 이승만 독재 정권을 타도한 위대한 한국민의 손에 의해 반드시 실패하리라는 것을 확인하는 바이다."

_1972년 9월 18일, 동경에서 김대중

이런 발언은 목숨 걸고 하는 일이다. 독재, 박정희는 문화를 억압하고 예술을 탄압한다. 청년의 두발을 억제하고, 여성 치마 길이를 간섭한다. 그의 앞에 문화, 예술은 없고 표현조차 자유롭지 못하다. 그런데 김대중이 정면으로 반박하는 성명을 발표하는 건 정말 목숨 걸어야 가능한 일이다.

그는 일본신문, 잡지, 텔레비전을 통해 박정희 정권을 비판한다. 또 미국으로 넘어가서 '한민통(한국민주회복통일촉진국민회의)'을 조직한다. 김대중은 도쿄에도 이 조직을 창설하기 위해 1973년 7월 10일 일본에 입국한다. 이곳에서 한민통을 창립하고 궁극적으로 세계적인 기구로 만들려는 야망을 가진다.

김대중은 해외에서 자신을 미행하는 움직임을 직감했는지 8월 1일 하라다 맨션, 2~3일, 오쿠라 호텔, 4일 퍼시픽 호텔, 5일 하라다 맨션, 6일 퍼시픽 호텔, 7일, 도쿄 힐튼 호텔, 이런 식으로 숙소를 옮긴다.

1973년 8월 8일 아침, 10시 30분, 김대중은 양일동 민주통일당을 만나러 택시를 타고 그랜드팔레스 호텔에 간다. 양일동과 김대중은 2211호에서 한국의 정세에 관해 이야기를 나눈다. 그러다가 밖에서 김대중의 친척뻘이자 민주통일당 소속 국회의원 김경인이 들어온다. 세 사람은 함께 점심을 먹는다. 김대중은 아카사카에서 자민당의 기무라 토시오와 약속 때문에 오후 1시 15분 호텔방을 나선다. 김경인도 김대중 뒤를 따라 나선다.

김대중 납치사건

호텔 복도에서 일곱 걸음을 떼자, 옆방, 2210호에서 3명, 앞방, 2215호에서 2명이 튀어나와 김경인과 김대중을 습격한다. 아이러니한 사실은 이 호텔은 묵고 싶은 방을 선택하지 못한다. 약속이나 한 듯 괴한이 어떻게 그 방에 있었는지 의문이다.

김경인과 김대중이 깜짝 놀라서 소리를 지르자 괴한 2명이 김경인을 끌고 양일동의 방으로 들어간다. 괴한 3명은 김대중의 입을 틀어 막고 옆방으로 끌고 간다. 그래도 김대중이 반항하자 무릎을 발로 차고 턱을 때린다. 그리고 김대중을 침대 위에 던진 후 손수건으로 코를 누르면서 압박한다. 한순간 정신을 잃었다가 깨어난 김대중을 보자 괴한은 이렇게 말한다.

"조용히 해, 말 안 들으면 죽여 버린다."

괴한은 방문을 열고 복도를 살핀 후 엘리베이터로 김대중을 끌고 간다. 17층에서 젊은 남자 두 명이 타자 김대중이 일본말로 소리친다.

"살려 달라!, 나는 납치됐다. 살려 달라!"

괴한은 깜짝 놀라서 7층에서 황급히 내린다. 그리고 다시 엘리베이터를 타고 지하로 내려간다. 괴한은 대기하고 있는 승용차에 김대중을 태운다. 그의 양옆에 한 명씩 타고 앞좌석에 두 명이 탄다. 괴한은 김대중을 뒤좌석 바닥에 앉힌 후 다리로 머리를 누른다. 차량은 주차요원이 주차증을 확인할 틈도 주지 않고 서둘러 빠져나간다.

괴한이 김대중을 끌고 들어간 방은 여러 가지 물품이 남아 있다. 김대중 소유로 추정되는 파이프, 120cm 대형 배낭과 로프, 드링크 병에 담긴 마취약, 화장지, 그리고 이해 불가능한 물건도 있다. 헌 탄환이 들어있는 탄창이다. 쓰고 남은 탄창을 다시 사용하는 건 당시 야쿠자의 전형적인 수법이다. 또 정면에 '백두산' 오른쪽 측면에 '조선 인민공화국'이라고 적힌 담배가 있다. 괴한은 왜 이런 물건을 남겼을까? 혼란을 주기 위해서다.

김대중이 납치되자 김경인은 김대중과 절친인 우스노미아 의원에게 전화를 건다. 이때가 오후 1시 30분이다. 그의 비서 무라카미는 전화를 받고 경시청의 국가공안위원장에게 연락한다. 이때가 오후 1시 35분이다. 또 전직 경찰 간부에게 긴급출동을 의뢰한다.

오후 1시 55분 무라카미는 차를 몰고 김대중이 납치된 팔레스 호텔에 도착한다. 그런데 그가 도착했을 때 현장에 경찰이 없다. 한 시간이 지나서야 순경이 찾아온다. 공교롭게도 그는 김대중 비서의 전화를 받고 영문도 모른 채 찾아 온 경찰이다. 무라카미의 신고를 받은 경찰은 왜 아무런 조치를 취하지 않았을까? 이 때문에 김대중 납치사건에 일본이 연관되어 있다는 주장도 있다.

김대중을 태운 차량은 한참을 달리다가 빌딩 안에 도착한다. 그 곳에서 김대중의 시계, 현금, 신분증, 명함을 빼앗고 허름한 옷을 입히고 운동화를 착용하게 한다. 그리고 화물 포장용 강력 테이프로 얼굴을 제외한 몸 전체를 둘둘 감고 끈으로 몸을 묶는다. 괴한은 김대중을 끌고 다시 나간다. 30분 정도 달려서 도착한 곳은 해안이다. 보트 위에서 괴한은 김대중의 머리에 보자기를 씌우고 팔에 30킬로그램 쇳덩이를 달아 놓는다.

"이만하면 바다에 던지더라도 풀리지 않겠지?"

김대중은 자신이 상어밥이 될지도 모른다고 생각했다. 하지만 하반신이 뜯기더라도 살고 싶은 게 그의 심정이다. 괴한은 김대중을 갑판 위에 세운다. 그때 갑자기 배가 웅성거리기 시작한다. 김대중의 눈에 붉은빛이 번쩍 스쳐 지나간다. 엔진 소리가 폭음처럼 요동치더니 배가 미친 듯이 달린다. 선실에 있는 괴한은 '비행기다' 하고 외치며 갑판으로 뛰쳐나간다.

김대중은 바다에서 죽지 않고 배는 한국으로 들어온다. 다시 항구에 기다리고 있는 차를 타고 어딘가로 달린다. 김대중은 정체모를 집에 연금된다. 괴한은 김대중에게 밥을 제공한다.

"정체가 무엇인가?"

"구국동맹행동대다"

"무엇을 하는 단체인가?"

"더는 말할 수 없다. 저절로 알게 된다."

김대중은 괴한이 주는 영양제를 가장한 수면제를 두 알 먹고 잠든다. 8월 12일 아침, 김대중은 다른 건물로 이송되어 하루를 보낸다. 8월 13일 사내 한 명이 다가와 김대중에게 말을 건다.

"왜 해외에서 국가에 반대하는 투쟁을 벌이는 겁니까?"

"내가 박정희 정권을 반대하는 건 사실이오. 하지만 대한민국에 반대하는 투쟁을 벌인 적은 없소. 내가 반대하는 건 독재 정권이요."

"국가가 정권입니다. 뭐가 다릅니까?"

한참 뜸을 들이는 사내가 다시 입을 연다.

"협상합시다."

"무엇이오?"

"상부 명령입니다. 선생을 차에 태워 근처에 풀어 줄 겁니다. 차에서 내리면 그 자리에서 소변을 봐주십시오. 그 사이 붕대를 풀어도 안 되고, 소리를 내도 안 됩니다. 소변을 본 후에는 집으로 들어가도 좋습니다. 어떻습니까?"

"알겠소."

8월 13일, 김대중은 자유의 몸이 된다. 그는 조국을 떠나 반유신운동을 벌이다가 납치되어 10개월 만에 집으로 돌아온다.

김대중은 어떻게 살았는가?

당시 미 국무부 한국과장으로 있던 레너드의 증언이다.

"우리는 김대중 씨의 무사와 안전에 대한 관심을 표명했습니다. 우리는 김대중을 높이 평가하고 있다고 말했는데 그는 한국의 존경받는 정치가였기 때문입니다."

납치사건 11시간 후 레너드는 김대중의 안전을 표명한다. 김대중이 살기를 바란다는 메시지가 김대중 납치에 관련된 사람에게 전달되기를 바랐다. 71년 대통령 선거 당시 자유 민주주의를 옹호하는 그의 사상을 알고 보호를 시작한다.

김대중 납치 사건이 일어난지 두 시간 후 서울, 그레그는 용산부대에서 점심을 먹는 중이다. 하비브 대사는 인력을 총 동원해 24시간 안에 사건의 진상을 보고하라고 지시한다. 하비브 대사는 그레그에게 이렇게 말한다.

"나는 이 나라가 어떻게 돌아가는지 안다. 그들은 김대중을 24시간 동안은 죽이지 않고 내가 무슨 말을 하는지 지켜보고 있을 것이다. 내일 아침 청와대에 가서 누가 납치했으며 어디 있는지 말할 수 있다면 김대중을 살릴 수 있다."

하비브의 예상대로 납치범은 여러 번의 암살 기회가 있었지만 고의로 시간을 끈다. 그레그는 분주하게 움직인다. 이 사건을 아는 사람과 접촉해서 누가 명령했는지 김대중의 현재 상황은 어떤지 어디에 있는지 알아낸다. 그레그의 보고를 받은 하비브 대사는 청와대로 향한다. 몇 시간 후 김대중이 납치된 배 위로 비행기가 날아온다. 비행기는 일본 모델이다. 하비브가 박정희를 만나 '김대중을 죽이지 말라'고 한 것이다. 그 후 모든 상황이 바뀐다. 김대중을 결박한 밧줄이 풀리고 음식이 제공되고 의사를 불러 영양제를 주사한다.

납치의 배후는 누구인가?

괴한이 호텔 복도에서 나오는 김대중을 자신이 묵고 있는 방으로 끌고 간 시점으로 돌아가자. 범인은 혼란을 주기 위해 일본 야쿠자가 탄창을 사용하는 수법과, 북한산 담뱃갑을 남긴다. 하지만 사건 현장에 결정적인 증거를 남긴다. 유리컵에 선명하게 찍힌 지문! 그런데 경찰청은 지문 감식 결과가 나오고도 15일 후에 용의자를 발표한다. 그는 김동운, 김대중 납치 이틀 전 카타라가라는 가명으로 김대중의 숙소 옆방에 투숙한다. 그는 도쿄주재 한국 대사관 1등 서기관이다. 주차원이 목격한 차량도 한국 총영사관 유영복의 차다. 사건에 한국대사관 직원이 관련되어 있다는 뜻이다. 훗날 폭로된 중앙정보부 비밀문서에 명단이 적혀있다. 차량 소유주 유영복, 투숙객 김동운 그 외 12명의 정보부를 지휘한 사람은 김기완이다. 그가 지휘한다면 상부부서는 한국의 중앙정보부다. 당시 해외담당 차장보는 이철희, 중앙정보부장은 이후락이다.

이후락은 김대중 납치사건을 박정희가 지시했다는 주장에 반박하는 기자회견을 벌인다. 논리적으로 상황을 설명하면서 반박한 건 아니다. 그냥 공권력이 개입되어있지 않습니다. 사실이 아닙니다. 라고 할 뿐이다. 그런데 80년 서울의 봄 당시에 친구 최영근에게 이렇게 말했다는 주장도 있다.

"박 대통령이 어느 날 부르더니 '김대중을 없애라' 고 했다. 그 소리를 듣고 너무 놀라서 일을 미루니까 한 달 후에 박정희 대통령이 나를 다시 불러서 '당신, 시킨 것을 왜 안 하느냐, 총리와도 다 상의했다. 빨리 해라' 라고 호통을 들었다."

하지만 박정희가 사건을 지시했다는 문서나 증언은 남아 있지 않다.

"충치가 몇 개냐?"

"뭐?"

"나 전당포 한다. 금이빨은 받아."

".........................."

"금이빨은 빼고 모조리 씹어 먹어줄게."

영화 아저씨의 최고 명장면이 시작된다. 원빈은 5분 동안 화려한 액션을 선보이며 솜이를 납치한 일당을 모조리 사살한다. 영화를 본 여성은 남자친구가 오징어로 보인다는 슬픈 전설이 있다. 그만큼 영화에서 원빈은 멋있게 나온다. 남자인 내가 봐도 짜증 날 정도로 멋있다. 하지만 영화가 끝난 후 나는 슬퍼졌다. 원빈의 인생은 도대체 무엇인가? 젊은 시절 북파공작원으로 활약한 그의 은퇴 후 모습은 처참하다. 사회부적응자가 되어서 전당포를 운영하고 사람과 말 한 마디 섞지 않는다. 그가 총에 맞고 찾아간 북파공작원 동료는 쓰레기 더미에서 처참한 인생을 보내는 중이다.

도대체 원빈의 인생은 무엇인가? 젊은 시절 나라를 위해 목숨 걸고 임무를 수행한다. 전역 후 어떠한 보상도 받지 못하고 밑바닥 생활을 전전한다. 유일한 친구 솜이가 납치당하자 왕년의 실력을 발휘해서 사람 장기를 파는 만석이 종석이 일당을 모조리 사살한다. 그리고 경찰서에 끌려간다. 이게 영화에 나온 원빈의 인생이다.

실제 북파공작원의 인생은 원빈보다 더 처참하다. 그들은 군 면제, 가족생계유지, 엄청난 월급을 준다는 말에 속아서 북파공작원에 지원한다. 그리고 동물만도 못한 대접을 받으며 훈련한다. 훈련이나 임무수행 중에 사람이 죽어도 아무도 신경 쓰지 않는다. 말년에는 북파공작원 공로도 인정하지 않고 아무런 보상도 하지 않는다. 더 충격적인 사실은 10대 북파공작원도 있다.

영화 아저씨의 명대사를 아는가?

"니들은 내일만 보고 살지? 내일만 사는 놈은 오늘만 사는 놈한테 죽는다."

"뭐래는 거야 이 병신?"

"나는 오늘만 산다. 그게 얼마나 좆같은 건지 내가 보여줄게"

이 대사는 북파공작원의 실상을 압축해서 보여준다. 언제 죽을지 모르는 북파공작원에게 내일은 없다. 오늘 목숨을 부지하면 그게 기적이다.

조국을 위해 목숨을 바쳤지만 개, 돼지만도 못한 취급을 받은 북파공작원, 그들의 말년은 처참하다. 세상을 등지고 산에서 혼자 살거나 몸이 말을 듣지 않아서 40분 이상 숙면하지 못하는 사람도 있다. 나라를 위해서 희생한 이들을 철저하게 버린 것이다. 어느 북파공작원은 이렇게 말한다.

"조국이 우리를 버렸을지라도 우리는 조국을 버린 적이 없다."

1951년, 최초로 북파공작 육군첩보부대 HID를 창설한다. 이 부대는 전쟁 중에만 400명의 요원을 편성한다. 전쟁 후에도 시설물 폭파, 납치, 살상 같은 음지 활동을 계속한다. 북파공작원이 활성화된 건 1968년 1월 21일에 발생한 김신조 침투사건이다. 그를 포함한 특수부대 31명이 서울에 침투한다. 생포 당한 김신조는 몸이 묶인 채 기자회견을 시작한다.

"우리 31명의 임무는 박정희 모가지 땔 임무고"

진짜 무서운 이야기다. 한 나라의 대통령을 죽이겠다고 서울 한복판으로 북한 특수부대가 침투한다. 나라의 기강을 흔들만한 대 사건이다. 한국은 당시 중앙정보부장 김형욱, 대북공작 책임자 이철희, 대통령 박정희의 계획에 따라 북파공작원을 모집한다. 혹자는 북파공작원이 범죄자로 구성된 집단으로 알고 있다. 하지만 사실이 아니다. 물색꾼은 생계유지가 어렵거나, 전쟁고아이거나, 가족 생계를 책임져야 하는 젊은이를 주 타깃으로 삼는다. 모집 규모가 커지니까 범죄자로 시야를 넓힌 것뿐이다.

물색꾼은 달콤한 말로 청년을 현혹한다. 가족의 생계를 책임지겠다. 군대를 면제해주겠다. 취직을 보장하겠다. 장관이 받는 만큼 돈을 주겠다.' 이런 식으로 유혹한다. 지금 봐도 상당히 솔깃한 제안이다. 20대의 혈기왕성한 나이는 이성보다 감성이 앞선다. 특히 60~70년은 대한민국이 지금처럼 잘 사는 나라가 아니다. 학벌을 쌓기보다 당장 돈을 벌어서 집안을 살려야 하는 시기다. 80년대는 유혹하는 방법이 진화한다. UDU요원 신상균 씨는 물색꾼이 자신에게 이런 말을 했다고 한다.

"대통령 경호, VIP 경호, 아시안게임과 88경기 특수임무요원으로 들어간다고 했고요. 금전적으로도 국가 9급 이상 공무원 대우에다 월수입 300~500만 원 정도 된다고 했으니까요."

이뿐만 아니다. 8살, 14살, 18살 아이를 유혹해서 북파공작원으로 만든 사례도 있다.

북파공작원은 살인 병기로 거듭난다. 뱀, 도마뱀, 다람쥐를 산 채로 씹어 먹는다. 어떤 공작원은 법이 허용한다면 지금도 사람을 먹을 자신이 있다고 한다. 산악훈련과 사격, 투검술, 태권도, 항해술, 침투법, 납치, 살해, 은신 30킬로그램 모래배낭을 메고 1시간에 12킬로미터 주파하기. 묘지를 파헤쳐 해골 빼오기 같은 교육을 받는다. 나도 수색대에 입대하여 생명수당을 받고 근무한 사람이다. 그 때문에 아직도 오른쪽 무릎과 오른쪽 손목이 아프다. 그런데 북파공작원이 받은 훈련 강도는 내가 근무한 곳의 1,000배쯤 된다.

더 심각한 문제는 북파공작원에게 인권이 없다. 그냥 살인기계일 뿐이다. 첩보부대 고위직에 있었던 인사는 이렇게 말한다.

"과거 경험이나 지위 및 지식수준에 상관없이 어떤 인간도 특정 조직에 의해 2~3주 정도의 밀봉교육을 통한 세뇌를 받게 되면 완전히 다른 인간형으로 개조될 수 있다."

개조라는 건 사람을 완전히 바꾼다는 말이다. 어떤 훈련을 받고 어떤 대우를 하기에 이런 말이 나올까? 증언을 들어보자.

"1980년대 설악산에서 훈련받던 차준호는 동료 이효종의 죽음 현장을 생생하게 기억했다. "앞에 보이는 능선이 있지 않습니까? 저 능선을 타고 올라가면 길이 가팔라 서서는 못 가요. 40킬로 군장을 메고 네 발로 기어 올라가요. 그러는데 '아 떨어졌다' 이러는 거예요. 갈가리 찢겨 형체를 알아볼 수 없을 정도였어요. 그런데도 '죽은 놈은 죽은 놈이니 너희들은 뛰어라' 하더군요."

눈앞에서 동료가 투신했지만 달려야 했고, 시신은 수습되지 못했다. 그때 자살은 조국에 대한 배반이었다. 그러나 배반하지 않고 살아남은 사람들은 늘 자살에 대한 유혹에 시달려야만 했다. UDU 요원인 신상균은 당시를 이렇게 회고한다. '그냥 자결하고 싶은 마음이 한두 번이 아니었죠. 압박감이 있는데도 그 와중에서도 참아나간 것은, 조국을 위해서 이 목숨이 있는 것이고, 우리가 동지로서 특명을 받았을 때는 적지에 가서 같이 한몸이 돼서 같

이 싸워야 하는데 이래선 안 된다. 자제를 하는 거였죠.'

그들의 훈련은 죽음보다도 가혹했고 훈련 과정을 견디지 못한 대원들은 자살을 선택하기도 했다. 한편 사소한 일로 구타를 당해 사망하는 일도 많았다. 고(故) 전영재는 배식 도중에 국물을 흘렸다는 이유로 무자비한 몽둥이질을 당해 결국 사망했다고 한다. 현장에 함께 있던 동기 서정묵은 "그 당시엔 무서웠다. 현실 자체가. 영재가 죽어가는 걸 보면서도 아무 표정도 지을 수 없었고 내색할 수도 없었다."고 말한다. 또한 훈련을 견디다 못해 탈영한 임종호는 나흘 뒤 잡혀와 쇠사슬에 묶여 온몸에 피멍이 들도록 맞았고, 그 후 집으로 보내졌다. 동료 노세현은 당시에 목격한 상황을 이렇게 진술했다. "목에다가 '나는 배신자'라고 쓰인 팻말을 걸고는……. 사람이 아니에요. 눈은 뒤집히고 온몸에 멍인데, 피멍이 아니라 온몸이 갈라진 멍이었죠."[16]

이제야 원빈의 대사 "니들은 내일만 보면서 살지? 나는 오늘만 산다. 그게 얼마나 좆같은 건지 내가 보여줄게"가 무슨 말인지 이해된다.

3년에서 5년간 비인간적인 훈련을 받으면 엄청난 사망자와 자살자가 나온다. 1999년 7월 30일 자 한겨레21을 보면 실종, 사망자가 7,726명이다. 북파 공작원은 한두 번 임무에 성공하면 끝나는 게 아니다. 목숨이 붙어있는 그날까지 임무를 수행한다. 그래서 원빈이 '나는 오늘만 산다.'고 처절한 눈빛으로 울부짖는다.

실미도 사건

실미도 부대는 김신조 사건을 계기로 중앙정보부가 주도하여 창설한다. 북한이 31명의 대원을 앞세워 남한 대통령을 죽이려고 시도했다. 우리도 31명을 앞세워서 본때를 보여주자. 이런 취지다.

모집대상자는 무기수, 사형수, 방랑자다. 임무에 성공하면 죄를 면제해주 겠다는 달콤한 말로 유혹한다. 실미도 부대는 68년 4월에 창설한다. 낙하산 강하 훈련, 암벽 등반 훈련, 허공에서 밧줄을 잡고 이동하는 훈련, 배의 밧줄 에 매달린 채로 바닷속에서 버티는 훈련, 총검술, 사격, 격투, 폭탄 설치, 북 한식 말투와 북한군 제복착용, 말 그대로 지옥훈련이다. 실미도 부대는 같은 해 8월에 북한침투 임무를 받았지만 계획은 취소된다.

첫째, 북한군에 나포된 푸에블로호와 승무원을 돌려받기 위해 미국에서 북한을 자극하지 않으려고 한다. 또 미국은 베트남전에 집중하고 있다. 실미 도 부대가 북한을 쳐도 미국의 지원을 기대하기 어렵다.

둘째, 남한은 70년 8.15 선언 이후 남북관계의 변화를 모색한다.

셋째. 실미도 부대 중심인물 김형욱은 이후에 퇴출당한다. 너무나 많은 세 력이 그를 비난해서 박정희도 더는 감싸줄 수 없다. 김형욱은 충격을 받고 후임자에게 실미도부대 인수인계를 제대로 하지 않는다.

약속한 3개월이 지나자 상부의 지원과 보급은 줄어든다. 실미도부대 환경 은 점차 열악해진다. 부대원은 완전히 자유를 빼앗긴다. 외박, 외출금지, 편 지금지, 부대에 대한 어떠한 기록도 금지한다. 불만이 쌓인 훈련병 3명은 인 근 마을 학생 3명을 인질로 잡고 처녀 2명을 강간한다. 사건을 일으킨 병사 두 명은 자살하고 한 명은 실미도에 끌려가서 처형된다.

이런 상황에서 남은 부대원은 억지로 희망을 품고 지옥훈련을 견딘다. 하 지만 작전은 계속 보류되거나 연기된다. 아무런 기약 없이 훈련만 받은 게 3년이다.

실미도 부대는 결국 1971년 8월 23일 오전 5시 50분에 반란을 일으킨다. 훈련병은 기간병 내무반으로 들어가서 기간병을 총으로 사살한다. 24명의 기간병 중 살아남는 사람은 6명에 불과하다.

실미도 부대는 옆에 있는 무의도에 건너가서 이장에게 부대장이 급성맹장에 걸렸다며 배를 빌려달라고 부탁한다. 부대는 오후 12시 20분, 인천 독배부리 해안에 상륙한다. 12시 53분 인천 송도역 삼거리에서 시내버스를 탈취해 서울로 향한다. 그 과정에서 연락을 받은 육군 24명과 총격전을 벌인다. 버스 오른쪽 뒷바퀴에 구멍이 나자 맞은편에서 달려오는 버스를 탈취해서 서울로 진격한다. 승객 증언에 따르면 부대원은 '헤치지 않을 테니 몸을 숙이라고' 말했다고 한다. 부대원은 박정희를 직접 만나서 실미도 부대의 가혹한 현실을 말하고 사건을 해결하려는 절박한 마음이다. 당시 버스에 탔던 증언자도 버스에서 먼저 총을 쏘지 않았다고 말한다. 바깥에서 선제 사격이 시작됐다. 무기와 숫자에서 밀리는 실미도 부대는 총격전에서 패한다. 설상가상 버스에서 수류탄이 터지자 16명이 죽고 8명이 다친 채로 체포된다. 남은 부대원은 1972년 3월 10일 전원 총살된다.

그런데 정부는 실미도 부대를 공부, 죄수, 특수범, 특수부대 요원, 이런 식으로 왜곡한다. 실미도 부대를 은폐하려는 속셈이다. 다행히 장성 출신 야당 국회의원 이세규가 실미도 부대는 국군 소속 특수부대원이라고 폭로한다. 하지만 박정희 정권은 부대원과 유족에게 어떤 보상이나 후속 조치를 하지 않고 사건은 마무리 된다.

북파공작원이 가장 분개하는 부분은 보상이다. 군 면제, 가족생계 해결, 취업해결, 장관에 버금가는 돈, 이런 게 전혀 지켜지지 않는다.

"나는 제대비로 600원 받았다. 제대할 때 '너희는 대한민국 일등 공신이다. 나가면 다 해준다. 예비군 훈련도 받지 마라' 고 하더니, 평생 감시하고 취직도 제대로 하지 못하게 괴롭혀 왔다. 제대하던 날에는 '입을 막겠다.' 는 서약서를 50장 이상 쓰게 했다.

정보사에 가 보상을 요구할 때마다 '너희들에게 보상을 해줄 수 없다. 너희들에게 보상을 해주면 우리나라가 정전협정을 위반하는 꼴이 된다. 그러므로 남북통일이 된 후 국가유공자 선에서 보상이 될 것이다. 그 시기가 언제인지는 모르겠다.' 는 말이었다. 그러면 내가 1967년 9월에 세운 전공에 대한 보상은 안 해주냐고 따지면 '여기(정보사)에 기록이 다 돼 있다. 집에 가서 기다리면 좋은 소식이 갈 것이다.' 라고 대답한 것이 벌써 30년이 흘렀다."[17]

"북파공작원들은 당시 악전고투 끝에 살아남은 자와 부상당한 자들이 정부와 국방부에 대해 세운 지난날의 공적과 우리의 실체를 공식 인정하고 채용 당시 해당 기관의 물색 요원들이 제시했던 보상금 지불 약속을 이행할 것을 요구해왔으나, 당국은 무책임하고 냉담한 답변으로 일관해왔습니다. 이유는 북파공작원의 실체를 인정하면 국익에 도움이 안 된다는 것이었고, 어느 나라도 첩보요원을 예우해주지 않는다고 말하고 있습니다. (중략) 우린 범법자나 불량한 깡패들이 아니었습니다. 죄 없는 민간인들을 감언이설로 꾀어서 살아 돌아오면 1967년 당시 기준으로 500~700만 원의 보상과 사회에 나갈 때에는 국가기관 특채를 약속했습니다. 어린 나이였던 우리는 그들이 언급한 내용을 문서로 받아낼 수 없었고, 막상 사회로 내보낼 때 관계자들은 피신해서 책임을 회피할 뿐, 현재까지 군사 기밀을 운운하면서 피해 당사자들의 말문과 목줄을 죄어왔던 것입니다. (중략) 북한은 송환된 비전향 장기수인 남파공작원들을 대대적인 환영 행사로 맞이하며 그들 모두가 영웅으로 대접받고 있는데, 북파공작원의 경우에는 1970년대까지 활동한 요원들이 대부분 죽고, 살아서 귀환한 극소수의 사람들은 과거의 전력 때문에 사회생활이 결코 순탄치 못했습니다. 소외 계층으로 전락한 요원들이 이제 와서 정부의 태도에 불만을 갖고, 길거리에서 시위를 펼치며 국가를 원망해야 되겠습니까?"[18]

정말 심각한 문제다. 북파공작원은 몸이 망가지고 세상과 가족을 등진 채 조국을 원망하면서 살고 있다.

다행히 2004년 특수 임무 수행을 위해 파견되거나 관련 교육을 훈련받은 자와 유족에게 실질적인 보상을 하는 '특수 임무수행자 보상에 관한 법률', '특수 임무 수행자 지원에 관한 법률'이 통과한다.

당연히 받아야 할 보상이 치열한 투쟁 끝에 이루어진다는 건 씁쓸한 대목이다. 북파공작원은 전쟁과 북한침투로 나라가 혼란스러울 때 목숨을 바쳐서 국가에 헌신한 애국자다. 하지만 국가는 이들을 제대로 인정하지 않고, 버려두고, 비참한 말년을 보내게 하고, 전혀 책임지지 않는 상황이 안타깝다. 한국이 선진국이 되지 못하는 이유다. 의식수준이 정말 낮다.

독일은 수업진도를 굉장히 천천히 나간다. 그대신 인성교육에 집중한다. 학살범 '히틀러'를 낳은 나라이기 때문이다. 또 '나치소년단'을 주도한 발두어 폰 시라 호는 전쟁이 끝난 후 열린 재판에서 징역 20년을 선고받는다.

독일은 과거 잘못을 인정하고 후손은 이를 바로 잡으려고 한다. 하지만 우리는 어떤가? 사건을 감추고 묵인하기에 바쁘다. 당연히 받아야 할 보상조차 엄청난 투쟁을 통해서 간신히 이루어진다. 이런 사회가 정상은 아니다. 영화 '실미도' 주인공 설경구의 대사를 빌리면 '비겁한 변명'만 일삼는다.

"여러분들은 모두 스스로에게 한번 질문해보라. 왜 미국정부가 공교육을 책임지면서부터 교육 시스템이 바닥으로 추락했는지. 또 왜 우리의 모든 문화가 대중 매체와 오락으로 완전히 포위됐는지, 사실 정부는 그들이 얻는 교육적 부메랑에 대해 약간의 형식적인 대가를 지불할 뿐이다. 정부의 재정지원을 받는 학교는 정부 시책과 일치하지 않는다면 초지를 취할 것이다. 그들은 우리의 자식들이 비판적 교육을 받기를 결코 원하지 않는다. 우리가 깊고 넓게 생각하기를 결코 바라지 않는다. 그래서 세상을 온통 대중매체, TV쇼, 놀이공원, 알코올, 섹스. 마약, 스포츠 등 모조리 선정적이고 흥미 위주로 가득 채워 인간을 단세포적인 동물로 전락시키려는 것이다. 한 마디로 세상 돌아가는 것에 쓸데없이 너무 고민하지 말고 그냥 살아라. 그리고 괜히 골치 아프게 너무 잘난 인물이 되려고 하지 마라. 대충 이런 것이다."[19]

꾸준한 학습과 노력을 통해 높은 위치에 올라 간 사람은 두 부류로 나뉜다. 첫째, 썩어빠진 사회 비리를 바로잡고 세상을 아름답게 바꾸려고 노력한다. 둘째, 기득권에서 빈번하게 일어나는 비리를 답습해 자신도 그 부류에 가담한다. 이 세상이 아름답지 않은 이유는 후자를 선택한 사람 때문이다.

뉴스에는 온갖 고위관료의 비리가 난무한다. 그런데 과연 그게 전부인가? 나는 더 많다고 본다. 평생 밝혀지지 않을 사건도 있다.

이렇게 비리와 잘못된 방법으로 권력을 차지한 인물은 생각하는 사람을 두려워한다. 자신의 의도를 명확히 꿰뚫고 그 속에 숨겨진 음모를 낱낱이 밝히기 때문이다. 특히 요즘은 인터넷, SNS처럼 자기 생각을 표현할 수 있는 매체가 많다. 서민을 적으로 돌리면 무엇을 하든 지지를 받기 어려운 세상이다. 그래서 정치에 무관심한 인간을 만들어야 한다. 대한민국 1년 독서량은 9권에 불과하다. 상당히 낮은 수치다. 우리는 책 읽는 사람을 무시한다. 당장 돈이 되지 않아서다. 정말 이상하지 않은가? 지혜의 보고라고 불리는 책이 대한민국에서 유독 무시당한다. 장차 사회를 이끌어갈 20대는 술, 섹스, 스포츠, 이성, 연예인, 커피, 드라마, 야동에 모든 정신이 집중되어 있다. 물론 이런 문화가 모두 나쁜 건 아니다. 그러나 이성이 마비당할 정도로 대중매체에 빠지는 건 심각한 문제가 있다. 그건 권력자의 목적에 정확하게 부합하기 때문이다. 그들은 우리가 생각하기를 원하지 않는다. 정치에 비판적인 관점을 갖는 걸 바라지 않는다. 지금처럼 즐기고 놀면서 살기를 원한다. 그게 전부다.

내가 군대에 있을 때 대한민국은 18대 대통령 선거 기간이었다. 그때 소대장의 말이 아직도 생각난다.

"야, 괜찮아. 아무나 뽑아, 어차피 누가 당선되든 우리가 사는 데 아무 지장 없어."

그렇다. 이게 가장 큰 문제다. 우리가 정치에 무관심할수록 그들의 의도대로 된다.

12.12 군사반란으로 군권을 장악한 전두환은 대대적인 물갈이를 시작한다. 이제 군대는 그의 차지다. 전두환은 여기서 멈추지 않고 정권 장악을 시

도한다.

1980년 4월 전두환은 중앙정보부 서리에 임명된다. 이때 정치판은 3김, 김대중, 김영삼, 김종필이 주축이다. 세 사람은 전두환의 움직임에 집중하지 않고 자신의 새 정치판 짜기에 집중한다.

1980년 5월 17일, 전두환은 최규하 대통령을 압박해서 계엄령을 발표한다. 그후에 김대중, 김영삼, 김종필을 체포하거나 감금한다. 정계를 대표하는 3인을 제거하고 차기 대통령으로 등극하겠다는 야심이다. 이를 5.17 내란이라고 부른다.

전두환에게 박정희의 모습을 본 시민은 시위를 벌인다. 최초의 시위는 평화로웠다. 경찰은 질서만 지켜달라고 하고 시위대도 문제가 일어나지 않는 선에서 시위를 진행한다.

5월 17일, 정부는 시위대를 회유하기 위해 20일에 104회 임시국회를 소집한다고 발표한다. 여기서 다룰 문제는 '계엄령 해제, 정치일정 단축' 같은 부분이다. 학생운동 지도부는 정부 발표를 보며 상황을 낙관한다. 하지만 이 모든 건 속임수다. 전두환 군대는 5월 18일 0시에 시위에 앞장선 학생, 노조, 종교계 지도부를 순식간에 체포한다. 그리고 1시 40분에 전남대와 광주교대로 진격해 학생을 곤봉으로 치고 군홧발로 밟기 시작한다. 5월, 18일 본격적인 군사통제가 시작된다. 그럴수록 시위대의 불길은 더욱 커진다. 시위규모는 광주 전역으로 퍼진다.

불안을 느낀 신군부는 군사를 추가로 투입해 총을 발포하며 시위대를 진압하려고 한다. 그러나 시위대는 총소리에도 두려워하지 않고 다시 시위를 시작한다. 신군부는 어린 아이, 학생, 임산부, 여자, 노역자, 무고한 시민을 가리지 않고 곤봉으로 폭행하고 죄다 잡아들인다. 광주는 핏빛으로 물든다.

5월 18일에 시작된 학살이 5월 27일까지 지속된다. 사망자 수는 100명에서 2,000명까지 확산되어 수치를 정확하게 알기 어렵다.

전두환은 군인이다. 계급이 올라갈수록 신이 된다. 누구도 자신에게 반박하지 못한다. 이런 사람이 대통령이 되니까 어떻겠는가? 비판 세력을 제거한다. 정치계는 물론이고 방송도 전두환을 찬양하는 발언과 방송만 해야 한다. 또 전두환은 시민이 시위를 일으키지 못하게 경각심을 심어준다. 그게 바로 '삼청교육대' 다.

삼청교육대는 사회악을 제거한다는 명분으로 창설한다. 1980년 8월 4일부터 6만 명의 시민을 체포하고 4만 명을 삼청교육대로 보낸다. 폭력배, 전과자 강간범 같은 불순세력이 주 타깃이다. 그런데 경찰서별로 적절한 인원을 채워야 한다. 만약 인원이 부족하면 누명을 씌워서라도 잡아야 한다. 그래서 술값 3000원을 내지 않거나, 동네에서 평판이 나쁘거나, 노동운동을 했거나, 군부에 비판적인 행동을 하면 모조리 끌고 간다.

정화하는 방법이 굉장히 비인간적이다. 기선제압을 해야 한다는 이유로 구타를 시작한다. 모든 교육은 구타와 욕설로 진행한다. 사람을 개, 돼지처럼 다룬다. 죽으라면 죽는시늉을 하고 조교의 군화를 핥는다. 눈이 쌓인 연병장 위에 유리 조각을 뿌리고 팬티만 입힌 체 포복하게 한다. 삼청교육대에서 죽은 사람이 정말 많다. 그런데 그 수치는 정확하게 드러난 적이 없다. 구타의 주요 대상은 힘없는 자, 가족이 없고 때려도 문제가 되지 않는 약자다.

방송국에서 삼청교육대를 취재하면 일부러 문신하고 건장한 사람을 앞에 세운다. '당해도 싸다' 는 이미지를 심기 위해서다.

삼청교육대를 겪은 사람은 정신병자가 되거나 자살로 생을 마무리한다. 마음잡고 살아보려는 사람도 주민등록증초본에 '삼청교육순화교육 이수자'

라는 꼬리표 때문에 취업이 불가능하다. 이들은 정치희생양이 되어 인생을 빼앗겼지만 아무런 보상도 받지 못하고 있다.

전두환은 이때 중장에서 대장으로 진급하고 전역한다. 그에게 압박을 느낀 최규하는 8월 16일에 관직에서 물러난다. 전두환은 8월 27일 단독으로 대통령 후보에 출마해서 대통령에 오른다.

대통령이 된 전두환은 '피로 세워진' 정권이라는 평판이 가장 부담된다. 그래서 국민의 시선을 돌릴 만큼 매혹적인 당근을 준다. 그게 '3S 정책'이다. 섹스, 스크린, 스포츠를 활성화해서 국민의 생각을 장악하고 문화에 향락하는 노예로 만들겠다는 뜻이다. 전두환 정권은 야간통행 금지를 풀고, 두발자유, 복장 자유를 선언한다. 이때 최초로 컬러 TV가 등장한다.

야간통행이 풀리자 극장가는 심야영화를 상영한다. 12시 전에 집에 들어가야 하는 신데렐라 생활을 하는 대중에게 엄청난 혜택이다. 이 시기에 에로영화는 바퀴벌레처럼 번성한다. 1982년 개봉 영화 56개 중 35개가 에로영화다. 가장 큰 수혜작품은 31만 명의 관객을 동원한 '애마부인'이다.

룸살롱, 안마방, 퇴폐이발소, 사창가가 번성한 것도 이 시기다. 현대사회연구소는 1983년도에 매춘 여성 수가 87만에 달한다고 한다. 술 마시고 노래하고 섹스하고 완전히 타락에 젖는다.

전두환 정권은 '정치에 무관심한 국민 만들기'에 정점을 찍는다. 바로 스포츠다. 대한민국 최초로 프로야구가 출범한다. 이는 청와대 수석비서관인 이상주의 머리에서 나온 발상이다. 그는 프로야구가 정권에 눈을 돌리기 위한 의도가 아니냐는 질문에 이렇게 답한다.

"어떤 사람들은 광주 민중 항쟁에 대한, 광주민주화운동에 대한 국민의 감정을 없애기 위해서, 마음을 탈정치화하기 위해서 프로야구를 했다. 5공 정부에선 3S, 이걸 한다고 비판하는 소리가 그 후에 많이 나왔어요. 그러나 탈정치화, 즉 국민들의 관심을 정치에서 돌리게 한다. 그런 건 아니었어요. 국민들은 국회의원은 누가 되느냐, 장관은 누가 되느냐 등의 정치적인 관심이 굉장히 많았어요. 그래서 일종의 정치적인 관심이 과잉됐다고 볼 수도 있고 해서, 그러면 스포츠 같은 것을 프로화하면 앞으로 국민들 화제도 건실해지고 또 우리나라 문화도 건전하게 바뀔 거 아니냐. 이런 생각으로 한 거예요."

이상주는 자기 논리를 스스로 뒤집는다. 처음은 정치에서 국민의 관심을 돌리기 위한 수단이 아니라고 주장한다. 그러나 뒷부분에 국회의원, 장관부임, 즉 정치에 관심이 너무 많아서 과잉될까 봐 프로야구를 출범했다고 주장한다. 결국, 정치에서 눈을 돌리기 위해 프로야구를 만들었다는 뜻이다.

갑자기 출범한 프로야구에서 학살자로 불리는 전두환은 개막식 시구를 담당한다. 여자 연예인의 등용문이 된 시구의 원조는 피의 정권이라 불리는 전두환이다. 그는 서글서글한 눈매를 구사하며 왼손에 글러브를 끼고 오른손으로 공을 던진다. 타자는 얼마나 떨렸을까? 자칫 전두환이 던지는 공을 때리면 삼청교육대로 끌려갈 수 있다.

어쨌든 전두환은 국민에게 스포츠 대통령, 친근한 대통령이라는 인식을 심어준다. 이때 경향신문 체육 기자 이방원은 전두환의 태도를 비판하며 전두환을 스포츠 대통령이라며 신문 한 면을 장식한다. 그러자 청와대에서 그에게 정말 고맙다고 연락한다.

전두환 정권은 기세에 힘입어 88서울올림픽을 유치한다. 그러나 국내 분위기는 나쁘다. 천문학적인 비용을 어떻게 감당하느냐? 는 문제다. 남덕우 국무총리는 아예 자리에서 물러난다. 올림픽 망국론을 주장하며 올림픽 유치를 강력하게 반대했다는 이유다.

IOC에 유치신청서를 내려면 KOC(한국올림픽위원회)를 거쳐야 한다. 비상소집된 의원은 88년도 올림픽을 유치한다는 계획을 듣고 황당해서 웃는다. 한국경제 상황을 고려하지 않은 허황된 이상이기 때문이다. 그러자 KOC위원장은 품속에서 편지 두 장을 꺼내서 읽기 시작한다. 올림픽 유치를 통해 한국의 능력을 국제적으로 과시하고 분열된 국론을 결집하자는 내용이다. 편지를 다 읽은 위원장은 작성자가 전두환임을 밝힌다. 그리고 '자, 반대할 사람 있습니까?' 하고 묻는다. 누가 반대하겠는가? 내가 거기 있었어도 반대를 못했을 것 같다.

유치단이 떠나기 전날 안기부장 유학성은 전두환의 특명!을 전달한다.

"여러분들이 올림픽을 유치하지 못하면 지중해 푸른 물이 기다리고 있을 겁니다."

현재 군대에서 하는 방식과 똑같다. 소대장이나 부소대장은 자신이 열 받으면 병사에게 불가능한 임무를 부여한다. 그리고 실패하면 엄청난 불이익을 준다고 협박한다. 군대에서 불가능이 없는 이유가 이것이다.

다음 날 유치단이 탑승할 바덴바덴으로 출발하는 비행기 안에 전 청와대 경호실장 박종규가 탑승한다. 그는 부정 축재자로 몰려 가택 연금 상태에 있는 상태다. 하지만 대한체육회장, 사격연맹회장을 역임하면서 국제스포츠계에 엄청난 인맥을 갖고 있다. 그는 올림픽유치의 히든카드다. 얼마나 인맥이 넓으냐면 아디다스 회장 다슬러와 만남을 성사할 정도다. 그는 IOC위원회 수십 명을 움직일 수 있는 스포츠계의 황제다. 다슬러는 지중해 바다로 뛰어들어야 할 위기를 맞은 한국 유치단에 거래를 제안한다. 서울이 개최지가 되면 TV방영권과 마케팅 권한을 전부 달라고 요구한다. 유치단은 올림픽 유치권과 한국 대중매체를 움직이는 힘을 맞바꾼다. 한국은 다음 날 올림픽 개최

유력 후보 일본을 52대 27로 꺾고 올림픽 개최국으로 선정된다. 일등공신 박종규는 IOC위원으로 재기한다.

여기서 한 가지 의문이 든다. 문화 후진국 한국이 어떻게 올림픽으로 여론을 잠재울 생각을 했을까? 전두환은 자신의 악행을 덮어 줄 무언가가 필요했다. 그때 아이디어를 제시한 사람이 일본 우익의 상징적인 존재 세지마 류조다. 전두환은 그에게 국민을 적극적으로 결집하는 방법을 묻는다. 세지마 류조는 '만국박람회 개최'나 '올림픽 유치'를 권한다. 일본은 패전으로 인한 국가의 사기저하를 1964년 도쿄 올림픽으로 다시 끌어올린 경험이 있다. 전두환은 광주학살극과 삼청교육대의 오명을 벗기 위해 올림픽 유치에 집착한다. 스포츠의 힘은 대단하다. 온 국민을 하나로 모은다. 2002년 한, 일 월드컵이 기억나는가? 누가 시키지도 않았는데, 돈도 주지 않는데 대형 카드섹션을 만들어 태극전사를 응원한다. 대한민국 축구 역사상 최초로 4강에 올라간다. 이 과정에서 국민의 즐거움은 하늘을 찌르고 모든 게 용서된다. 가수 싸이가 대마초 흡연으로 자숙기간을 갖고 있을 때 방송에 다시 복귀한 것도 2002년 월드컵을 통해서다.

올림픽이라는 전 세계 스포츠 축제가 서울에서 개최한다면 어떻게 될까? 국민은 전두환 정권의 만행을 잊고 흥분의 도가니가 된다. 미래가 불안하고 막막하다는 20대가 불타는 금요일만 되면 세상을 잡아 먹을듯한 기세를 가지는 것도 같은 이유다. 재미있고 즐거울 때 인간은 무적이 된다.

전두환 정권은 올림픽 개최에 성공한 후 두발, 교복자유, 통금시간 해제를 선언한다. 족쇄가 풀린 국민은 거리에 쏟아져 나온다. 밤늦게까지 놀고 마시고 즐긴다. 그 결과 혼자 조용히 책을 읽고 사색하는 시간이 사라진다. 정권을 날카롭게 비판하는 시선이 점점 퇴화한다. 호프집, 룸살롱, 스탠드바가 생긴 것도 이때다. 5.18민주화운동에 참여해 감옥에 들어간 사람은 출소 후에 달라진 세상에 깜짝 놀랐다고 한다.

전두환 정권은 체육으로 국민을 하나로 묶어야 한다. 그래서 83년에 전국에 국민체조가 보급된다. 학교 운동회에서 몸풀기 할 때 나오는 음악과 우리가 배운 체조가 이거다. 정부는 전국을 체육화 하며 다시 한 번 시선을 돌린다.

그런데 전두환 정권은 다시 한 번 만행을 저지른다. 용역을 동원해 도시미관을 정비한다는 이유로 판자촌을 강제로 무너뜨린다. 전두환 입을 빌리면 이곳은 사각지대다. 서울에 이런 곳에 있으면 안 된단다.

서울은 올림픽 때문에 1년 예산의 두 배가 넘는 빚더미에 오른다. 그런데 판자촌을 허물고 재개발을 통해 분양하면 천 배가 넘는 이익을 볼 수 있다. 이 때문에 70만 명의 빈민이 거리에 내몰린다. 철거민은 서울을 떠나 경기도 부천으로 이동한다. 임시로 집을 짓고 살기 위해서다. 그런데 전두환 정권은 이곳 마저 무너뜨린다. 올림픽 때 고속도로로 성화가 지나간다. 전세계에 생중계하는 방송에서 올림픽 개최국의 가난한 모습을 보여주면 되겠는가? 선진국으로 도약하는 한국에 이런 모습이 있다는 걸 감춰야 한다. 그래서 철거민이 선택한 방법이 무엇인 줄 아는가? 땅굴을 판다. 올림픽이 끝날 때까지 그곳에서 산다. 이게 무슨 양아치 짓인가? 우리가 도덕시간에 배운 건 도대체 무엇인가? 약자를 보호해야 한다. 나쁜 짓을 저지르면 안 된다. 는 상식을 모른다는 말인가? 대한민국이 자랑거리라고 치부하는 88올림픽이 철거민에게는 악몽이다. 그 실상은 정권에 무지한 국민을 만들기 위한 음모, 대의를 위해 소수는 희생해도 상관없다는 폭력적인 논리가 있다. 그래서 '무엇이 될까?' 보다 '어떻게 살까?' 가 중요하다. 백 번 천 번을 강요해도 지나치지 않다. 스펙 좋고, 돈 잘 벌고, 선호도가 높은 직업을 가진 사람을 칭송하는 게 대한민국이다. 그게 현실이다. 그 속에 우리의 도덕성, 인륜은 바닥을 향해 가고 있다.

전두환의 3S정책은 지금도 일어나고 있다. 정권은 비리나 치부가 드러나면 연예인 특종, 사건, 결혼설로 무마한다. 왜 그러겠는가? 정치에 관심 갖지 말라는 뜻이다. 우리는 학습하고 생각하고 비판해야 한다. 그렇지 않으면 평생 누군가의 노예로 산다. 생각하는 게 아니라 생각 당하고 끌고 가는 게 아니라 끌려간다.

이 책을
쓰면서
울었다

철학자 프리드리히 니체는 "글로 쓴 모든 것 중에서, 나는 오직 저자가 그의 피로 쓴 것만을 사랑한다."고 말한다. 내가 책을 쓰면서 가슴이 찢어질 듯 아프고, 죄송하고, 눈물을 흘린 적은 처음이다. 무엇이 내 마음을 슬프게 했을까? 어떤 부분이 나를 화나게 했을까?

첫째는 한국 역사교육에 대한 슬픔이다. 교사는 학생에게 역사를 단순히 사건을 알려주는 주입식으로 교육한다. 학생은 점수를 잘 받기 위해 기계처럼 암기한다. 나도 이런 교육을 받고 이렇게 공부했다. 불행하게도 이 방식으로 역사를 배우면 절대로 역사관을 깨울 수 없다. 오히려 흥미를 떨어뜨리고 더 멀리한다. 내가 진심으로 한국사에 흥미를 갖게 된 건 이 책을 쓰고 나서다. 20년 동안 받아 온 역사교육이 무의미하다. 이 부분이 너무 슬프다.

둘째는 내가 역사를 너무 몰랐다는 거다. 6.25전쟁이 언제 터졌는지 언제 끝났는지 날짜를 암기하는 건 본질이 아니다. 인터넷에 검색하면 알 수 있는 지식을 왜 암기해야 하는가? 중요한 건 한국사에 도움을 준 외국인, 역사에 소외된 자, 정권에 짓밟힌 약자의 심정을 헤아리는 일이다.

우리 대부분은 평범하다. 사회에 주목받지 못한다. 그리고 약자다. 결국 소외된 자, 약한 자의 역사는 곧 우리다. 그런데 이 사실을 무시하고 위인의 업적만 칭송하면 그게 역사 왜곡이다. 그게 세뇌다.

중국은 적의 침입을 막기 위해 만리장성을 세운다. 이는 유네스코 세계 문화유산으로 지정된다. 그런데 이 성을 쌓기 위해 10만 명이 넘는 인부가 죽었다는 사실을 아는가?

우리는 아이폰에 열광한다. 미국인보다 그 정도가 심하다. 그런데 아이폰을 제작하는 노동자가 12시간의 노동을 견디다 못해 자살했다는 사실을 아는가?

사회는 이 모든 걸 무시하고 만리장성, 아이폰의 위대함만 부각한다. 이게 잘못된 부분이다. 역사를 공부해야 하는 건 누구나 안다. 한국인이라면 한국 역사는 반드시 알아야 한다. 당연한 상식이다. 하지만 뼛속까지 진정으로 느끼는 사람은 드물다. 나 역시 그렇다. 문학, 역사, 철학을 하도 강조하니까 읽어봐야겠다는 생각이 들었다. 나는 이렇게 인문학을 시작했다.

하지만 단순히 읽는 것과 쓰는 건 완벽히 다르다. 책을 쓰기 위해 한국사를 공부하고 그중에서 독자의 흥미를 일으킬 수 있는 사건을 모았다. 도서관에 있는 모든 역사책을 읽었다고 해도 과언이 아니다. 서고 책을 찾아달라고 할 때마다 사서의 눈치를 봤던 게 아직도 기억난다.

나는 절대로 의무감과 사명감 때문에 책을 쓰지 않는다. '이 책을 써서 세상을 바꿀 거야, 혁명을 일으킬 거야.' 이렇게 거창하게 생각하지 않는다. 내가 책을 쓰는 이유는 기쁨이다. 그게 전부다.

그런데 스캔들 한국사를 쓰면서 사상이 바뀌었다. 마음이 경건해지고 내면에 묵직한 무언가가 생긴다. 왜 역사를 알아야 하는지, 특히 우리나라 역사를 왜 공부해야 하는지 뼛속까지 깨달은 시간이다.

나의 작가인생은 스캔들 한국사를 쓰기 전과 쓰고 난 후로 많이 바뀔 것이다. 앞으로는 사회에서 소외된 자, 불합리하게 억울한 일을 겪은 사람을 조명하고 싶다.

스캔들 한국사를 쓰면서 100퍼센트 확신하게 됐다. 역사는 반복이다. 현재에 발생하는 사건과 개혁이 과거에 그대로 일어난다. 반대로 과거에 일어난 사건과 개혁이 현재에 그대로 발생한다. 어느 사회나 성공하고 부자가 된 인물은 상위 1퍼센트다. 시대의 무대는 승자의 몫이다. 대중매체와 대중의 관심은 그들이 차지한다.

그 결과 우리는 승자의 자료를 공부하고 승자의 업적을 배운다. 자연스럽게 성공자, 유명인물에게만 초점을 맞춘다. 소외된 자, 약자, 숨어있는 영웅은 관심 밖이다. 이게 우리나라 현실이다.

성공자, 위인, 유명인만 답습하고 그들만 주목하면 현재와 미래에 같은 사건이 발생한다. '대의를 위한 소수의 희생' 같은 폭력적인 논리와 개혁이 다시 나올 수 있다. 또 거대한 인물과 사건에 가려져서 역사에 진정한 이면을 놓칠 수 있다. 심하게 말하면 우리가 배운 역사는 모두 거짓말일 확률도 있다. 역사는 승자의 기록이기 때문이다.

과거의 잘못을 반복하는 건 바보짓이다. 인생은 실수를 바로잡고, 새롭게 앞으로 나가는 데 의미가 있다. 이제라도 소외된 자, 약자, 숨은 영웅에게 집중해보라. 세상을 바꾸는 건 의외로 평범한 사람이다.

연인이 늦은 밤 공원에서 분위기를 잡고 키스할 수 있는 이유는 조명탑 설치사 덕분이다. 산악 붐이 불어 닥친 대한민국 국민을 지키는 건 벌집 채

취사다. 짜장면, 짬뽕, 야끼 우동의 파트너 단무지를 만들기 위해 무려 10가
지 과정이 필요하다.

성공과 역사를 만드는 건 개인의 힘으로 절대 불가능하다. 그를 도와주는
수천, 수만 명의 사람이 있다. 또 개혁을 위해서 강제로 희생당한 사람도 정
말 많다. 우리는 이 모든 걸 기억해야 한다. 그게 역사를 역사답게 공부하는
방법이다.

사국시대 스캔들

이차돈 순교 x파일
이차돈 순교는 치밀한 정치 조작이다?

1. HD 역사스페셜 2 | KBS 역사스페셜 원작 | 표정훈 해저 | 효형출판 143~144P |
   2006.02.25

재밌어서 밤새 읽는 한국사 이야기 | 박은화 | 더숲 | 2014.11.21
한국사를 움직인 100대 사건 | 이근호, 박찬구 | 청아출판사 | 2011.05.30

왕이 죽은 밤, 왕의 동생을 찾아가다
역사상 유일하게 두 번 왕후가 된 여자, 우 씨

2. 여자라면 힐러리 처럼 | 이지성 | 다산라이프 | 서문 참조 | 2010.01.21. | 천추태후 | 김정
   미 | 아름다운사람들 | 2009.01.10

고구려는 천자의 제국이었다. | 이덕일, 김병기 외 1명 저 | 역사의 아침 | 2007.08.25
원문과 함께 읽는 삼국사기 II | 김부식 | 박장렬 외 2명 역 |한국인문고전연구소 |2012.08.20
한국사전 4 | KBS 한국사전 제작팀 저 | 한겨레출판사 | 2008.12.19
인물로 보는 고구려사 | 김용만 | 창해 | 2001.09.25

바둑으로 나라를 무너뜨린 스파이
바둑알 한 개에서 시작된 개로왕의 멸망

한 권으로 읽는 백제왕조 실록 | 박영규 | 웅진 닷컴 | 2004.11.18
한 권으로 읽는 고구려왕조 실록 | 박영규 | 웅진 닷컴 | 2004.11.18
다시 쓰는 간신열전 | 함규진, 최용범 | 페이퍼로드 | 2007.01.29
학교에서 가르쳐 주지 못한 우리 역사 | 원유상 저 | 좋은날들 | 2013.07.15
인물로 보는 고구려사 | 김용만 | 창해 | 2001.09.25
이야기 삼국 야사 | 김형광 | 시아출판사 | 2008.05.06

그건 아마도 전쟁 같은 사랑!
사랑하는 여자를 위해 전쟁을 일으킨 안장왕

왕조실록 | 송건호 | 북마당 | 2011.08.25
제왕들의 야사 | 송건호 | 새벽이슬 | 2010.10.01
한국유사 | 박지은 | 앨피 | 2014.10.05
인물로 보는 고구려사 | 김용만 | 창해 | 2001.09.25
다시 찾은 백제문화 | 엄기표 | 고래실 | 2005.07.15

고려, 조선시대 스캔들

악마를 보았다
충혜왕, 전설로 기억 될 난봉꾼

신돈과 그의 시대 | 김창현 | 푸른역사 | 2006.02.24
고려왕가 스캔들 | 이경채 | 현문미디어 | 2012.07.16
한국유사 | 박지은 | 앨피 | 2014.10.05
고려왕조실록 | 박영규 | 들녘 | 2000.03.25
하룻밤에 읽는 고려사 | 최용범 | 랜덤 하우스 코리아 | 2003.08.20
읽기 쉬운 고려왕 이야기 | 한국인물사연구원 | 타오름 | 2009.09.27
심리학으로 읽는 고려왕조실록 | 석산 | 평단문화사 | 2014.04.18

제비뽑기로 왕을 결정한다고?
소름끼치게 왕이 되기 싫은 공양왕

3. 오바마의 속임수 | 알렉스 존스 | 김종돈 역 | 노마드북스 | 45p 참조 | 2010.02.28
심리학으로 읽는 고려왕조실록 | 석산 | 평단문화사 | 2014.04.18
고려사| 이상각 | 들녘 | 2010.06.11
역동적 고려사 | 이윤섭 | 필맥 | 2004.11.01
고려왕조 오 백년사 | 안정희 | 청솔 | 2001.12.10

노비를 사랑한 왕의 여자
장경궁주와 근육질 노비의 섹스 스캔들

고려 왕가 스캔들 | 이경채 | 현문미디어 | 2012.07.16

드라마 같은 노비의 인생역전
반석평, 재상이 된 노비

조선 노비들 | 김종성| 역사의아침 | 2013.03.04
조선 노비열전 | 이상각 | 유리창 | 2014.11.10
문 밖에서 부르는 조선의 노래 | 이은식 | 타오름 | 2009.02.27

세종대왕은 불행한 사람이다
위대한 세종대왕, 그러나 불행한 세종

천추태후 | 김정미 | 아름다운사람들 | 2009.01.10
조선왕들의 생로병사 | 강영민 | 이가출판사 | 2009.12.12
왕의 밥상 | 함규진 | 21세기북스 | 2010.10.01
조선왕조실록 1 (TV) | KBS TV조선왕조실록제작팀 저 | 가람기획 | 1997.08.04
4. 조선왕들의 생로병사 88~89p
5. 조선왕들의 생로병사 f89p
6. 조선왕들의 생로병사 91p

18세 소녀와 사랑에 빠진 퇴계 이황
이황과 두향, 가슴 저미는 사랑 이야기

조선을 뒤흔든 16인의 기생들 | 이수광 | 다산초당 | 2009.07.30
서정윤—초혼가

세상에서 가장 황당한 사형집행
사약을 여덟 번 마셔도 죽지 않는 남자, 임형수

7. 소크라테스의 변명 | 플라톤 | 박병덕 옮 | 육문사 | 315~316p
한국유사 | 박지은 | 앨피 | 2014.10.05
경연, 왕의 공부 | 김태완 | 역사비평사 | 2011.08.16

한 권으로 읽는 조선왕조실록 | 박영규 | 웅진 닷컴 | 2004.11.18
조선 4대 사화 | 김인숙 | 느낌이 있는 책 | 2009.02.06
살기를 탐하고 죽기를 두려워하며 | 윤용철 | 말글 빛냄 | 2008.08.10

궁녀, 그것이 알고 싶다
TV가 알려주지 않는 궁녀의 일생

조선전문가의 일생 | 규장각한국학연구원 | 글항아리 | 2010.12.20
역사스페셜 3 | KBS 역사스페셜| 효형출판 | 2008.05.01.
궁녀 | 신명호 | 시공사 | 2012.05.30
왕의 여자 | 김종성 | 역사의아침 | 2011.06.27
내시와 궁녀, 비밀을 묻다 | 박상진 | 가람기획 | 2007.10.31
궁녀의 하루 | 박상진 | 김영사 | 2013.03.12

조선을 집어삼킨 자연자해
조선 최악의 대기근, 백만 명을 죽이다

대기근, 조선을 뒤덮다 | 김덕진 | 푸른역사 | 2008.12.09

나는 아들을 죽였다
영조는 왜 아들을 죽였을까?

조선왕비 실록 | 신명호 | 역사의아침 | 2007.05.11
조선왕비 오 백년사 2 | 윤정란 저 | BF북스 | 2012.01.30
왕을 참하라 하편 | 백지원 | 진명출판사 | 2009.02.13
영조의 세 가지 거짓말 | 김만중 | 올댓북 | 2010.03.22
사도세자가 꿈꾼 나라 | 이덕일 | 역사의 아침 | 2011.11.24
한중록 | 혜경궁 홍씨 | 구인환 역 | 신원문화사 | 2002.11.25

기상천외한 조선 직업실록
조선시대 별난 직업 극한 직업

8. 조선직업실록 | 정명섭 | 북로드 | 2014.04.21
역사채널E 시즌 2013년 _책의 신선 책쾌

니들이 담배 맛을 알아?
담배의 나라 조선

9. 연경, 담배의 모든 것 | 이옥 | 안대회 역 | 휴머니스트 | 111~112p참조 | 2008.01.14
친절한 조선사 | 최형국 | 미루나무 | 2007.12.10
흔적의 역사 | 이기환 | 책문 | 2014.08.14
조선시대 왕들은 어떻게 병을 고쳤을까 | 정지천 | 중앙생활사 | 2007.06.28
역사채널 e 시즌 2014년, 조선을 덮은 하얀 연기 담배
담배의 사회문화사 | 강준만 | 인물과 사상사 | 2011.06.29
한국 근대사 산책 2 | 강준만 | 인물과 사상사 | 2007.11.19

왕에게 반말을?
술이 만든 아찔한 사건사고

조선왕들, 금주령을 내리다 | 정구선 | 팬덤 북스 | 2014.05.09
아무도 조선을 모른다 | 배상열 | 브리즈 | 2009.08.10

'디스패치'도 울고 갈 취재력
조선판 '사생기자' 사관

친절한 조선사 | 최형국 | 미루나무 | 2007.12.10
노컷 조선왕조실록 | 김남 | 어젠다 | 2012.05.25
조선을 뒤집은 황당무계 사건들 | 정구선 | 팬덤 북스 | 2014.09.12
사관 위에는 하늘이 있소이다. |박홍갑 | 가람기획 | 1999.10.29
역사채널 e 시즌 2014년, 기록의 나라

소외된 자의 역사
조선시대 장애인은 어떻게 살았을까

역사 속 장애인은 어떻게 살았을까 | 정창권 | 글 항아리 | 2011.11.22
세상에 버릴 사람은 아무도 없다 | 정창권 | 문학 동네 | 2005.04.11
조선의 승부사들 | 서신혜 | 역사의 아침 | 2008.09.30

한국 장애인사 | 방귀희, 정창권 외 2명 저 | 솟대 | 2014.03.15
조선을 사로잡은 꿈들 | 안대회 | 한겨레출판사 | 2010.09.01
역사채널E 시즌 2013년, 세상에 버릴 사람은 아무도 없다 1
역사채널E 시즌 2015년, 세상에 버릴 사람은 아무도 없다 2

근현대 시대 스캔들

350건의 살인, 무차별 강간, 거액의 금전갈취
조선을 뒤흔든 사이비 종교, 백백교

경성기담 | 전봉관 | 살림 | 2006.07.22
대한민국12비사 | 이수광 | 일상과 이상 | 2011.03.25
정감록 미스터리 | 백승종 | 푸른 역사 | 2012.08.07
오늘 역사가 말하다 | 전우용 | 투비북스 | 2012.10.25
종교, 근대의 길을 묻다. | 김삼웅 | 인물과 사상사 | 2005.01.29

기생을 무시하지 마세요.
다시 쓰는 조선기생실록

10.기생, 조선을 사로잡다. | 신현규 | 어문학사 | 123p참조 | 2010.03.12
11.기생, 조선을 사로잡다. | 신현규 | 어문학사 | 125~126p참조 | 2010.03.12
기생, 푸르디푸른 꿈을 꾸다 | 신현규 | 북페리타 | 2014.11.30
조선기생 관찰기 | 요시카와 헤스이 | 김일권 외 1명 역 | 민속원 | 2013.11.08
기생(말하는 꽃) | 가와 무라 미나토 | 유재순 역 | 소담출판사 | 2002.05.20
기생은 어떻게 만들어졌는가.|이경민 | 사진아카이브연구소 그림 | 아카이브북스 |
2005.02.05

애국가의 역사를 아시나요?
대한민국 애국가, 나라를 사랑하는 노래

역사채널e 시즌 2015년, 대한민국 애국가
대한유사 | 박영수 | 살림FRIENDS | 2011.07.29

한국 근대사 산책 4 | 강준만 | 인물과 사상사 | 2007.11.19
이이화 한국사 이야기 19권 | 이이화 | 한길사 | 2003.12.15
애국가와 안창호 | 오동춘, 안용환 | 청미디어 | 2013.03.31
10대와 통하는 문화로 읽는 한국 현대사 | 이임하 | 철수와영희 | 2014.11.13
애국가 이야기 | 김연갑 | 청송 | 1998.04.10
우리도 몰랐던 근대사의 비밀 19 | 이수광 | 북오션 | 2014.11.25

일천만 조선 여성이여, 다 내게로 오라
일제강점기 여성해방운동가 차미리사

차미리사 평전 | 한상권(교수) | 푸른 역사 | 2008.07.16

경성에 상륙한 금광 신드롬
슈퍼스타k에 맞먹는 열풍, 경성 골드러쉬

12. 황금광시대 | 전봉관 | 살림 | 113~116p참조 | 2005.01.15
역사채널e 2012년 시즌, 금광을 찾는 사람들
일약 20만원의 졸부, 삼천리, 1935년 7월

금지가요와 한국사회
기가 막히고 코가 막히는 한국 금지가요사

낭만광대 전성시대 | 오광수 | 세상의 아침 | 2013.10.25
세시봉 이야기 | 김종철 | 강모림 그림 | 21세기북스 | 2011.04.30
럭키 서울 브라보 대한민국 | 손성진 | 추수밭 | 2008.10.06
10대와 통하는 문화로 읽는 한국 현대사 | 이임하 | 철수와영희 | 2014.11.13
우리가 정말 알아야 할 우리 대중가요 선성원 | 현암사 | 2008.02.29
MBC 〈이제는 말할 수 있다〉 21회 금기의 시대, 건전가요와 금지곡 (2000.08.20.)
유튜브 동영상, 박정희 유신 독재 시절 금지된 노래들 (금지곡)

국민을 위한 개혁은 없다
경제개발이 만든 스물한 살의 살인자, 박흥숙
13. 우리들의 현대 침묵사 | 이채훈, 정길화 외 2명 | 해냄 | 15p | 2006.09.25
MBC 〈이제는 말할 수 있다〉 94회 무등산 타잔 박흥숙 (2005.05.15)

김대중이 납치됐다!
시대의 무서움을 보여주는 김대중 납치 사건
14. 김대중 자서전 1 | 김대중 | 삼인 | 243p참조 | 2011.07.20
15. 김대중 자서전 1 | 김대중 | 삼인 | 309p참조 | 2011.07.20
MBC〈이제는 말할 수 있다〉 017회, KT 공작의 실체, 김대중 납치 사건(2000.07.16)
대한민국 12비사 | 이수광 | 일상과 이상 | 2011.03.25
두개의 한국 현대사 | 임영태 | 생각의길 | 2014.02.28
국민을 위한 권력은 없다 | 임영태 | 유리창 | 2013.07.15
한 권으로 읽는 대한민국 대통령 실록 | 박영규 | 웅진지식하우스 | 2014.01.02

영화 '아저씨'에 속지 마라
북파공작원은 원빈처럼 멋지거나 화려하지 않다
16. 우리들의 현대 침묵사 | 이채훈, 정길화 외 2명 | 해냄 | 64~65p참조 | 2006.09.25
17. 우리가 지운 얼굴 | 김성호 | 한겨레출판사 | 97~98P | 2006.04.25
18. 국가의 거짓말 | 임승수, 이유리 | 레드박스 | 26P참조 | 2012.03.09
국가의 배신 | 도현신 | 인물과사상사 | 2015.02.05
MBC〈이제는 말할 수 있다〉 50회 북파공작, 조국은 우리를 버렸다(2002.02.24).
MBC〈이제는 말할 수 있다〉 12회 실미도 특수부대(1999.12.19)
SBS〈그것이 알고 싶다.〉 978회 소년 북파공작원 우리는 총알받이였다 (2015.03.28)

놀아라! 즐겨라! 생각하지 마라!
정치에 무관심한 국민 만들기, 3S정책
19. 시대정신 |피터 조셉| 김종돈 역 | 노마드북스 | 139p참조 | 2009.08.01
우리들의 현대 침묵사 | 이채훈, 정길화 외 2명 | 해냄 | 64~65p참조 | 2006.09.25
한 권으로 읽는 대한민국 대통령 실록 | 박영규 | 웅진지식하우스 | 2014.01.02
5.18민중항쟁 | 김진경 | 민주화운동기념사업회 | 2003.12.30.

MBC〈이제는 말할 수 있다〉 95회, 스포츠로 지배하라! 5공 3S정책(2005,05,22)

스캔들 한국사

: 예능보다 재미있는 한국사

1판 1쇄 발행 2015년 10월 10일
지은이 이상효　**펴낸곳** 북씽크　**펴낸이** 강나루
주 소 서울시 성동구 행당동 192-29 성동샤르망 1019호　**전 화** 070-7808-5465
등록번호 제206-86-53244
ISBN 978-89-97827-72-5　**이메일** bookthink2@naver.com
Copyright ⓒ 2015 이상효